旅游专业系列教材

旅游电子商务 第4版

LÜYOU DIANZI SHANGWU

主　编　张　琼
副主编　张　弛　惠林彬

旅游教育出版社
·北京·

图书在版编目（CIP）数据

旅游电子商务 / 张琼主编. -- 4版. -- 北京：旅游教育出版社, 2025.1（2025.11重印）
旅游专业系列教材
ISBN 978-7-5637-4702-3

Ⅰ.①旅… Ⅱ.①张… Ⅲ.①旅游业—电子商务—教材 Ⅳ.①F590.6-39

中国国家版本馆CIP数据核字(2024)第031096号

旅游专业系列教材
旅游电子商务
（第4版）

主　编　张　琼
副主编　张　弛　惠林彬

策　　划	何　玲　何　丹
责任编辑	何　玲
出版单位	旅游教育出版社
地　　址	北京市朝阳区定福庄南里1号
邮　　编	100024
发行电话	（010）65778403　65728372　65767462（传真）
本社网址	www.tepcb.com
E - mail	tepfx@163.com
排版单位	北京旅教文化传播有限公司
印刷单位	北京泰锐印刷有限责任公司
经销单位	新华书店
开　　本	710毫米 × 1000毫米　1/16
印　　张	18
字　　数	243千字
版　　次	2025年1月第4版
印　　次	2025年11月第2次印刷
定　　价	49.00元（配教学资源包）

（图书如有装订差错请与发行部联系）

立体化教学资源

前　言

党的二十大报告指出："育人的根本在于立德。全面贯彻党的教育方针，落实立德树人的根本任务，培养德智体美劳全面发展的社会主义建设者和接班人。"在新发展阶段，旅游业的高质量发展对从业人员的专业素质提出了更高的要求。

旅游业作为信息密集型产业，与电子商务的结合创造了现代旅游电子商务的辉煌成果。从最初的商业概念化到如今的行业理念化，旅游电子商务已经超越了简单的互联网在线销售，成为旅游企业之间、企业与消费者之间、企业与政府管理部门之间的信息交流平台。通过信息互联互通，不断推动旅游企业的生产和经营方式升级，增强了企业与消费者之间的沟通效率，得到了政府部门对旅游产业发展的更多支持，最终实现了旅游行业结构的优化和升级。

如今，旅游电子商务已成为全球旅游产业的主要推动力，正在引领各类旅游组织或企业在结构、运营和管理方面进行全面的变革，推动全球经济结构的调整。它对旅游行业各级参与者的思维和行为产生了深远影响，为旅游企业带来了巨大的商机，同时也提升了旅游者的用户体验。

在撰写本教材的过程中，我们充分考虑了最新的旅游电子商务发展现状与动态，在书中做了进一步补充。随着新媒体的兴起和普及，旅游电子商务正在经历一场革命性的变革，本教材的改编，也在捕捉这一变革的精髓，为读者提供一个全面更新的视角，以理解旅游电子商务与新媒体结合的深远意义。并增加了新媒体在旅游电子商务中成功应用的案例研究，以期为读者提供最前沿的信息。同时提供了一些在线教学资源，如二维码案例、视频教程等来增强学习体验。本教材在总结和参考众多研究者成果的基础上，结合最新的旅游电子商务发展实践，构建了系统的理论框架和实用的知识体系。希望通过本教材，读者能够全面了解旅游电子商务的发展现状、理论基础和实际应用，掌握应对新挑战的策略和方法，推动旅游产业在新技术环境下持续创新发展。我们期待读者能够通过本教材的学习，把握行业发展的脉搏，成为这一领域的领跑者。

目前，旅游电子商务的理论体系尚未成熟，仍处于探索和成型阶段。本教材在参考众多研究者成果的基础上，将旅游与电子商务有机结合，构建了本书的理论框架。在内容安排上，本书分为十一章：第一章介绍电子商务的概念、要素、特点及基本组成。第二章详细阐述旅游电子商务的概念、特点及发展优势。第三章解释旅游电子商务的模式，提供相关主要概念，并结合具体实例对各种模式进行分类与特点分析。第四章分类并解析主流旅游电子商务网站的基本构成，详细分析网页构成的基本要素，并总结网站策划、设计和运营的核心内容。第五章介绍旅游电子商务的信息安全，包括应对威胁的主要安全技术和旅游电子商务法治建设。第六章涵盖网络银行与网络支付技术，介绍网络银行的起源及发展趋势、中国网络银行的发展状况，以及网络支付的定义、组成和第三方支付的概念。第七章解析旅游电子商务网络营销，针对目前的新媒体营销在旅游行业的应用做了重点介绍。第八章探讨旅行社电子商务，包括其定义、功能和运营策略。第九章介绍酒店电子商务，重点解析其概念、要素及基本组成，探讨酒店产品的网络营销和酒店信息管理系统。第十章讨论旅游目的地电子商务的应用，包括目的地电子商务的基础和目标、景区电子商务应用。第十一章展望旅游电子商务的未来，讨论其发展背景、遇到的问题和机遇，并预测未来的发展方向。

本书是旅游专业的基础课教材，不仅适合高职院校的旅游专业学生学习使用，也适用于电子商务、市场营销、工商管理等专业学生参考学习，同时可以作为旅游企业，如旅行社、酒店等企业的培训教材。

本教材由北京财贸职业学院旅游与艺术学院教师张琼主编，负责编写第一章、第二章、第三章、第四章、第五章、第六章、第九章和第十一章。北京财贸职业学院旅游与艺术学院教师张弛，河南牧业经济学院惠林彬任副主编，其中张弛负责编写第七章，惠林彬负责编写第八章、第十章。张琼负责全书的校对、统筹、修改和统稿。

本书是旅游教育出版社及旅游电子商务教师团队合作的产物，得到了北京财贸职业学院旅游管理系同人的大力支持，在此向为此书辛苦付出的老师表示衷心的感谢。在本书的编写过程中参考了相关专家编写的著作，借鉴了最新的行业培训案例、杂志及网站资料，谨向这些作者表示我们真挚的谢意。旅游电子商务理论与实践发展迅速，行业发展日新月异，加之编者水平有限，时间仓促，书中难免存在不足，敬请广大专家和读者批评指正，真诚希望同人批评和赐教。

张　琼

2025 年 1 月

目 录

第一章 电子商务概述 …………………………………………… 001

  第一节 电子商务的概念 ………………………………… 002
  第二节 电子商务的演进 ………………………………… 006
  第三节 电子商务的特点及功能 ………………………… 010
  第四节 电子商务的分类和应用 ………………………… 018
  第五节 电子商务对社会的影响 ………………………… 026
  第六节 电子商务的发展趋势 …………………………… 030

第二章 旅游电子商务概述 ……………………………………… 033

  第一节 旅游电子商务的基本概念 ……………………… 034
  第二节 旅游电子商务的体系结构 ……………………… 040
  第三节 在线旅游的发展历史 …………………………… 045
  第四节 旅游电子商务的产业影响 ……………………… 047

第三章 旅游电子商务模式及主要网站 ………………………… 057

  第一节 代理商服务商业模式 …………………………… 058
  第二节 平台商业模式 …………………………………… 062
  第三节 在线旅游垂直搜索比价商务模式 ……………… 065
  第四节 用户自主定价的商业模式 ……………………… 068

第五节　社交媒体化的商业模式 …………………………………… 071
　　第六节　在线直销平台模式 ………………………………………… 075
　　第七节　线下结合线上模式 ………………………………………… 076
　　第八节　全球分销模式 ……………………………………………… 078

第四章　旅游电子商务网站及 APP ………………………………… 081

　　第一节　旅游电子商务网站及 APP 的形成 ……………………… 082
　　第二节　网页基本元素介绍 ………………………………………… 085
　　第三节　网站及 APP 建设流程 …………………………………… 089
　　第四节　网站设计 …………………………………………………… 096

第五章　旅游电子商务网络与信息安全 …………………………… 103

　　第一节　网络与信息安全技术威胁分析 …………………………… 104
　　第二节　网络与信息安全技术 ……………………………………… 115
　　第三节　旅游电子商务法治建设 …………………………………… 124

第六章　网络银行与网络支付 ……………………………………… 135

　　第一节　境内网络支付方式和手段 ………………………………… 136
　　第二节　境外网络支付方式和手段 ………………………………… 144

第七章　旅游电子商务网络营销 …………………………………… 151

　　第一节　旅游电子商务网络营销的概念和作用 …………………… 152
　　第二节　旅游电子商务网络营销的方法 …………………………… 154

第八章　旅行社电子商务……………………………………… 169

第一节　旅行社电子商务概述 …………………………………… 170
第二节　旅行社电子商务发展模式 ……………………………… 172
第三节　旅行社电子商务系统建设 ……………………………… 185

第九章　酒店电子商务…………………………………………… 195

第一节　酒店电子商务概述 ……………………………………… 196
第二节　酒店电子商务外部网站的建设策略 …………………… 201
第三节　酒店网络营销策略 ……………………………………… 205
第四节　酒店预订网站案例 ……………………………………… 210
第五节　酒店管理信息系统 ……………………………………… 212
第六节　智慧酒店 ………………………………………………… 226

第十章　旅游目的地电子商务…………………………………… 229

第一节　旅游目的地电子商务概述 ……………………………… 230
第二节　旅游目的地营销系统 …………………………………… 233
第三节　旅游目的地网站建设 …………………………………… 239
第四节　景区电子商务 …………………………………………… 244
第五节　智慧旅游服务和智慧景区 ……………………………… 252

第十一章　旅游电子商务的未来………………………………… 263

参考文献…………………………………………………………… 274

第一章
电子商务概述

【本章内容】

本章是旅游电子商务课程的前导内容。通过本章的学习,应该了解以下内容:电子商务的概念、要素及基本组成;电子商务的特点及功能;电子商务的分类;电子商务这一新兴方式对商业活动的影响。

【学习目标】

通过本章的学习,了解电子商务,掌握其基本流程,能够利用电子商务的特性分析电子商务中的部分现象。能够熟练运用电子商务的基本原理和方法解决实际问题。

【关键概念】

电子商务;B2B;B2C;C2C;EDI

第一节 电子商务的概念

一、电子商务的定义

如果一定要为近十年的商业发展找一个关键词的话,那无疑就是"电子商务"。随着互联网的广泛发展,电子商务已经渗透到了人类生活的方方面面,改变了人类的生活,也受到了人们越来越多的关注。电子商务在20世纪60年代出现,90年代末开始迅猛发展,"电子商务"这个词也引起了人们巨大的关注。那么,到底什么是电子商务?目前国际上对"电子商务"尚无统一的定义,国内外不同的书籍、机构等对于电子商务的定义都有差异。下面,我们就比较有概括性的定义给大家进行简单介绍,方便大家理解。

任何商务活动必然存在一个载体,而电子商务和其他商务最大的不同就是使用电子作为媒介的载体,也就是各级参与者利用计算机网络技术与现代的信息技术进行的各种商务活动。既然电子商务是一种商务活动,那么它和传统的商务活动又有什么不同呢?传统的商务活动在交易过程中是使用纸质媒介如交易合同、文件、凭证、支票、现金等作为载体,而电子商务是利用互联网及现代通信技术作为载体进行的任何形式的商务运作、管理和信息的交换。简单地说:电子商务指的是利用简单、快捷、低成本的电子通信方式,买卖双方不谋面地进行的各种商贸活动。复杂一点说:电子商务是指在全球各地广泛的商业贸易活动中,在互联网开放的网络环境下,基于浏览器/服务器应用方式,买卖双方不谋面地进行各种商贸活动,实现消费者的网上购物、商户之间的网上交易和在线电子支付等商务活动的一种新型的商业运营模式。

目前具有代表性的定义如下:

1. 世界电子商务会议的定义

1997年11月6日至7日,国际商会在巴黎举行了世界电子商务会议。其中一项重要内容是共同探讨电子商务的概念。会议从商业角度提出了电子商务的概念：电子商务（Electronic Commerce）是指实现整个贸易活动的自动化和电子化。它涵盖的业务包括：信息交换、售前售后服务、销售、电子支付、运输、组建网上企业等。

2. IBM 公司（国际商业机器公司）定义的电子商务概念

IBM 公司对电子商务的描述是：电子商务是指采用数字化电子方式进行商务数据交换和开展商务业务的活动，是在互联网广阔联系与传统信息技术系统的丰富资源相结合的背景下产生的一种相互关联的动态商务活动。其给出的电子商务定义为：

电子商务 =IT（Information Technology，信息技术）+WEB+BUSINESS。

3. 惠普公司对电子商务的定义

惠普公司对电子商务的定义是：电子商务是通过电子化手段来完成商业贸易活动的一种方式。电子商务使我们能够以电子交易为手段完成物品和服务的交换，是商家和客户之间的联系纽带。它包括两种基本形式：商家之间的电子商务及商家与最终消费者之间的电子商务。

4. EB 与 EC

李琪教授在《电子商务概论》一书中首先就将电子商务划分为广义和狭义的电子商务，因此电子商务也可以从广义和狭义两个角度加以理解。

广义的电子商务（Electronic Business，简称 EB）是指各行各业，包括政府机构和企业、事业单位各种业务的电子化、网络化。EB 也可以称为电子业务，其业务主要包括电子商务、电子政务、电子军务、电子医务、电子教务、电子公务、电子事务、电子家务等。

狭义的电子商务（Electronic Commerce，简称 EC）是指人们利用电子化手段进行以商品交换为中心的各种商务活动，如公司、厂家、商业企业、工业企业或消费者个人利用计算机网络进行的商务活动。EC 也可称为电子交易，包括电子商情、电子广告、电子合同签约、电子购物、电子交易、电子支付、电子转账、电子结算、电子商场、电子银行等不同层次、不同程度的电子商务活动。

二、电子商务的基本组成

1. 电子商务的四个基本要素

电子商务的核心仍是商务活动，因此它仍具有作为商务交易活动的一般性特征。任何一笔交易行为，买卖双方交易的是需求，体现价格伴随的是信息流、资金流、物流和商流。电子商务作为电子化的商务活动，同样也是如此，电子商务中任何一笔交易，都包括信息流、资金流、物流和商流四个基本要素。通常，不管是"以物易物"的交易方式，还是"一手交钱，一手交货"的交易方式，信息流、资金流和物流都是合一的，至少物流和资金流是合一的，只有电子商务使得"三流"彻底分离，这种分离使得人类交易活动呈现出更加丰富多彩和复杂的特征以及更大的风险。

（1）信息流。信息流是指电子商务交易各主体之间的信息传递与交流的过程，包括商品信息、技术支持信息、企业资质信息等的传递过程，也包括询价单、报价单、付款通知单等商业贸易信息的传递过程。

（2）资金流。资金流是指资金转移过程，包括支付、转账、结账等。目前，在电子交易中通常综合利用电子支付结算方式和传统支付结算方式实现资金的转移。电子商务中常用的网上支付工具有银行卡网上支付、电子现金、电子支票、电子钱包等。这些支付工具主要通过网上银行支付平台及第三方支付平台实现支付转账操作。

（3）物流。物流是指商品或服务的流动过程，具体指运输、储存、配送、装卸、保管等各种活动。电子商务中物流主要运作模式为第三方物流。所谓第三方物流是指在商品的流通过程中，由商品交易的供应和需求之外的第三方以合同形式对企业提供一定期限内物流服务额的一种物流运作方式。

（4）商流。商流是指商品在交易过程中发生的有关商品所有权的转移活动，即商品交易的一系列活动，包括交易前的宣传、贸易双方选择及谈判磋商、合同签订、发货、售后服务等，通常涉及商检、税务、海关、运输等各行业。信息流、资金流、物流的最终目的都是成功实现商品所有权的转移，即实现商流。

2. 电子商务的系统组成

一个电子商务系统最基本的组成要素有：网络基础环境、电子商务用户、电子商务商家(网上商场)、认证中心、物流配送中心和网上银行等。图1-1是电子商务基本构成示意图。

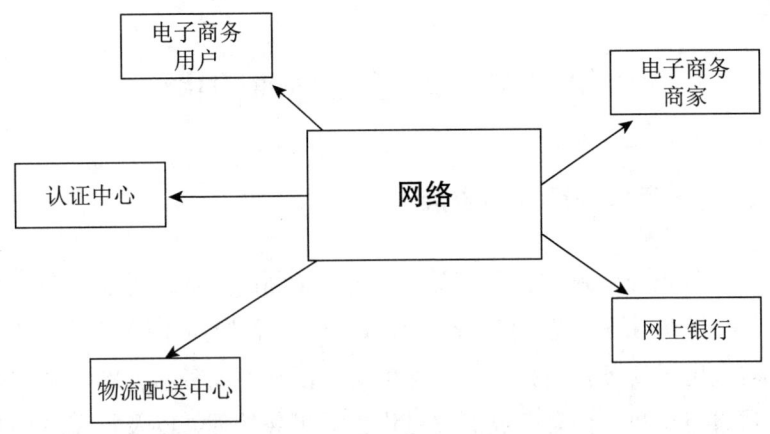

图1-1 电子商务基本构成示意图

(1) 网络。网络是连接电子商务系统各要素的纽带,是开展电子商务活动的中心,它包括互联网、企业内部网、专用网,是电子商务的基础。

(2) 电子商务用户。电子商务用户可分为个人用户和企业用户,他们使用浏览器在网上市场或网上商店搜索信息,查找自己所需的商品,或者发布产品信息,招徕顾客,签订电子合同、电子报税或者报关、处理商务。

(3) 电子商务商家。电子商务商家是指利用电子商务网站发布产品信息并接受订单的站点。

(4) 认证中心。认证中心是受法律承认的权威机构,负责发放和管理电子证书,使网上交易的各方能互相确认身份。

(5) 物流配送中心。接受商家的送货要求,组织运送无法从网上直接得到的商品,跟踪产品的流向,将商品送到消费者手中。

(6) 网上银行。在Internet上实现传统银行的业务,为用户提供24小时实时服务。与信用卡公司合作发放电子钱包,提供网上支付手段,为电子商务交易中的用户和商家服务。

第二节 电子商务的演进

一、电子商务的产生与发展

电子商务是一个新的名词,而并非一种全新的事物,现在社会上所讲的电子商务是指在网络环境下特别是 Internet 网上所进行的商务活动。从广义的角度来看,电子商务就是指人们应用电子手段从事商务活动的一种方式,其目的是通过电子数据信息完成商贸过程中的事务处理,以及将商品和服务的信息通过电子交换把企业、消费者和其他相关的社会团体连接起来。从这个概念出发,在 1839 年当电报刚开始出现的时候,人们就开始使用电子手段从事商务活动了。随着电话、传真等工具的应用,现代商务一直与电子技术密切地联系在一起。但是,真正意义上的对电子商务的研究和应用始于 20 世纪 70 年代末。我们可以把电子商务的发展分为两个阶段,即始于 20 世纪 80 年代中期的 EDI 电子商务和始于 20 世纪 90 年代初期的 Internet 电子商务。

早在 20 世纪 70 年代末,就出现了作为企业间电子商务应用系统雏形的电子数据交换 EDI(Electronic Data Interchange)和电子资金传送 EFT,而实用的 EDI 商务在 20 世纪 80 年代得到了较大的发展。EDI 电子商务主要通过增值网络 VAN(Value-Added Networks)实现,通过 EDI 网络,交易双方可以将交易过程中产生的询价单、报价单、订购单、收货通知单和货物托运单、保险单和转账发票等报文数据以规定的标准格式在双方的计算机系统上进行端对端的数据传送。到了 20 世纪 90 年代,EDI 电子商务技术已经十分成熟。应用 EDI 使企业实现了"无纸贸易",大大提高了工作效率,降低了交易成本,减少了由于失误带来的损失,加强了贸易伙伴之间的合作关系。因此,EDI 在国际贸易、海关业务和金融领域得到了大量的应用。众多的银行、航空公司、大型企业等纷纷建立了自己的 EDI 系统,在贸易界甚至提出了"没有 EDI 就没有定单!""EDI 引发了贸易领域的革命!"等口号。然而,EDI 电子商务的解决方式是建立在大量功能单一的专用软硬件设施基础之上，当时网络技术的局限性限制了 EDI 应用范围的扩大。同时，EDI 对技术、设备、人员有较高的要求，并且使用价格极为昂贵。受这些因素制约，EDI 电子商务仅局限在先进国家和地区及大型企业范围内应用，在全世界范围内得不到广泛的普及和发展，大多数中小企业难以应用 EDI 开展电子商务活动。

　　随着互联网和计算机网络技术的蓬勃发展，网络化和全球化已成为不可抗拒的世界潮流，连通全世界的电子信息通道已经形成，应用互联网开展电子商务业务也开始具备现实条件，电子商务获得长足发展的时机已经成熟。在 20 世纪 90 年代初期，计算机网络技术有了突破性的发展，依托互联网的电子商务技术也应运而生。互联网电子商务是主要以飞速发展的遍及全球的互联网网络为架构，以交易各方为主体，以银行支付和结算为手段，以客户数据库为依托的全新商业模式。它利用互联网的网络环境进行快速有效的商业活动，从单纯的网上发布信息、传递信息到在网上建立商务信息中心，从借助于传统贸易某些手段的不成熟电子商务交易到能够在网上完成供、产、销全部业务流程的电子商务虚拟市场，从封闭的银行电子金融系统到开放式的网络电子银行。在互联网网上的电子商务活动给企业在增加产值、降低成本、创造商机等方面带来了很大的益处。除了互联网的发展外，信息技术也得到了全面发展。例如，网络安全和管理技术得到了保证，系统和应用软件技术趋于完善等，这一切为互联网电子商务的发展和应用奠定了基础。

　　互联网网上的电子商务之所以受到重视，是因为它具有区别于其他方式的不同特点，具有诱人的发展前景，它可以使企业从事在物理环境中所不能从事的业务，有助于降低企业成本，提高企业竞争力。对各种各样的企业，无论大小，互联网都为其提供了广阔的发展空间和商机，帮助他们节约成本、拓展市场、提高效率并抓牢客户。中小企业可以用更低的成本进入国际市场参与竞争。同时，它能为广大的网上消费者提供更多的消费选择，使消费者得到更多的利益。电子商务也是一场革命，它打破了时空的局限，改变了贸易形态，使互联网成为一种重要的业务传送载体，汇聚信息，生成新的业务，产生新的收入；它使企业可以进行相互连锁的交易，并逐渐提高自己的适应导航功能。企业通过网上搜索、交换信息，使业务交往个人化并具有动态特征，以赢得用户的欢迎，获得效益。

互联网网上电子商务迅速兴起的另一个深刻的背景是，因为互联网的爆炸性发展，促进了信息技术更加广泛的应用，由此引起的剧烈的全球性竞争要求企业具有比竞争对手更大的灵活性以适应业务需求的变化，提高投资回报率，缩短新产品上市时间，为消费者提供最佳的价格、及时的商品交付和较好的售后服务。为了适应新的市场发展需要，全球企业的经营模式面临新的挑战，企业必须调整自己的经营方式和生产结构，才能够在适者生存的市场竞争中取得立足之地。因此，电子商务的应用已经成为企业在商场上克敌制胜的关键技术。

二、中国电子商务的发展

1. 萌芽与起步期（1997—1999 年）

国内第一批电子商务网站的创办始于1997年起步后的3年。1999年以来，互联网行业得到了飞速发展，中国网民人数翻倍，到发生金融危机的2008年，中国网民人数接近3亿，庞大的网民数量以及当时互联网全新的概念鼓舞了第一批新经济的创业者，他们认为传统的贸易信息会借助互联网进行交流和传播，商机无限。于是，1997—1999 年，美商网、中国化工网、阿里巴巴、携程网、易趣网和当当网等知名电子商务网站先后涌现。这个时期是中国互联网的起步时期，也是互联网的媒体阶段。其典型特点是以海量信息展示为主导，门户网站称雄。

2. 冰冻与调整期（2000—2002 年）

2000—2002 年，在互联网泡沫破灭的大背景下，电子商务的发展也受到了严重影响，创业者经受了严峻的考验，尤其是部分严重依靠外来投资"输血"，而自身尚未找到营利模式具备"造血"功能的企业，经历了冰与火的严峻考验。于是，包括美商网和阿里巴巴在内的知名电子商务网站进入残酷的寒冬阶段，而依靠"会员＋广告"模式的行业网站集群，则大都实现了集体盈利，安然度过了互联网最为艰难的"寒潮"时期。

3. 复苏与回暖期（2003—2005 年）

电子商务经历低谷后，2003年一场突如其来的SARS使电子商务出现了快速复苏回暖的趋势。2003年的非典让全国很多人陷入了紧张的氛围中，非典让人与人之间面对面的交流变得困难，在人们只能宅在家里躲避病毒感染、消磨大量无聊时间的日子里，网上交流、网络购物等带给了人们一个全新的生活方式和娱乐天地。部分电子商务网站在这种紧张的气氛中，嗅到了另一种商业的气息，经历过泡沫破灭的电子商务公司，更加谨慎实务地对待营利模式和低成本经营。2003年，马云推出了个人对个人的C2C业务的淘宝网，可以让人们通过一个虚拟的平台实现生意上的无障碍的沟通，而刘强东在非典之后推出了"京东商城"。2003年成为不少电子网站尤其是B2B（Business to Business）网站的"营收平衡年"，2003—2005年无疑是我国电子商务的复苏与回暖期。

4. 崛起与高速发展期（2006—2007年）

互联网环境的改善、理念的普及给电子商务带来了巨大的发展机遇，中国网民人数翻番增加，到发生金融危机的2008年，中国网民人数接近3亿，庞大的网民数量，飞速发展的互联网技术，为电子商务的发展奠定了良好的硬件基础，各类电子商务平台会员数量迅速增加，大部分B2B行业电子商务网站开始实现盈利。仅2007年，国内各类电子商务网站的创办数量就超过了现有网站总数的30.3%。该阶段正是我国电子商务的崛起与高速发展阶段。

5. 转型与升级期（2008—2009年）

2008年，一场席卷全球的金融危机让中国的中小企业的海外出口贸易陷入了困境，全球经济环境的迅速恶化，致使我国相当多的中小企业的发展举步维艰，尤其是外贸出口企业随之受到极大影响。作为互联网产业中与传统产业关联度最高的电子商务，也很难独善其身。受产业链波及，外贸在线B2B首当其冲，而与此同时，在外贸转内销与扩大内需、降低销售成本的指引下，内贸在线B2B与垂直细分B2C却获得了新一轮高速发展。马云于金融危机之前推出的B2C的网络平台淘宝商城，让中小企业大量的剩余产品走进了千家万户。而C2C领域，随着搜索引擎巨头百度的进入，网络用户获得了更大的选择空间，行业竞争更加激烈。

6. 高速成长阶段（2010—2015年）

从2010年开始，中国电子商务交易额开始爆炸式增长，这一时期，以"双十一""618"为代表的电商购物节逐渐形成并壮大，成为电商行业的重要促销节点。支付宝在2010年推出手机支付服务，引领了电子商务行业的新方向，团购网站迅速兴起,引发了电子商务行业的新竞争格局,带动了线上线下的互动。电商平台开始涉足垂直领域,涵盖更多细分市场的商品。同时,社交电商开始流行,微信、微博等社交平台植入电商功能,进一步推动了电子商务的普及。

7. 相对稳定与多元化发展阶段(2016—2020年)

随着物联网、大数据、人工智能等技术的不断发展,电子商务行业开始将这些新技术付诸实践,建立智能电商平台。电商企业纷纷加大技术研发投入,利用新技术提升运营效率,优化用户体验,推动电商行业向高质量发展迈进。

社交电商、内容电商、短视频电商等新兴电商模式不断涌现,为消费者提供了更加多样化、便携化的购物体验,跨境电商、农村电商等细分领域也取得了显著进展,成为电商行业新的增长点。

8. 技术驱动的创新与发展阶段(2020年至今)

AI在电商领域的应用日益广泛,从数据分析、个性化推荐到智能客服等,都极大地提升了用户体验和运营效率。VR和AR技术为电商带来了全新的购物体验,同时移动电商成为主流,社交媒体成为电商营销的重要渠道。这些变化不仅推动了电商行业的持续繁荣,也为消费者带来了更加便携、高效和个性化的购物体验。

第三节 电子商务的特点及功能

一、电子商务的特点

电子商务与传统商务相比具有明显的优势,主要体现在以下方面。

1. 交易成本低

电子商务使得买卖双方的交易成本大大降低,具体表现在:

(1)距离越远,网络上进行信息传递的成本相对于信件、电话、传真的成本而言就越低。此外,缩短时间及减少重复的数据录入,也降低了信息成本。

（2）买卖双方通过网络进行商务活动，无须中介者参与，减少了交易的有关环节。

（3）卖方可通过网络进行产品介绍、宣传，避免了在传统方式下做广告、发印刷产品等大量费用。

（4）电子商务实行"无纸贸易"，可减少90%的文件处理费用。

（5）互联网使买卖双方即时沟通供需信息，使无库存生产和无库存销售成为可能，从而使库存成本降为零。

（6）企业利用内部网可实现"无纸化办公"，提高内部信息传递的效率，节省时间，并降低管理成本。企业通过互联网络把其公司总部、代理商，以及分布在其他国家的子公司、分公司联系在一起，及时地对各地市场情况做出反应，即时生产、即时销售，降低存货费用，采用高效快捷的配送公司提供交货服务，从而降低产品成本。

（7）传统的贸易平台是地面店铺，新的电子商务贸易平台只是网吧或办公室。

2. 使用便捷，交易效率高

基于互联网的电子商务可以不受特殊数据交换协议的限制，互联网将网络贸易中的商业报文标准化，商业报文或单证可以直接通过电子化的交互方式填写来完成，无须翻译。客户可以通过网络直观地浏览和选择商品，与商家互动交流。而在传统贸易方式中，用信件、电话和传真传递信息，必须有人的参与，并且每个环节都要花费不少时间。电子商务克服传统贸易方式费用高、易出错、处理速度慢等缺点，极大地缩短了交易时间，使整个交易变得异常快捷与方便。

3. 交易虚拟化

电子商务通过互联网进行贸易，参与贸易的各方从贸易磋商、签订合同到资金支付等都无须当面进行，整个交易完全虚拟化。由于信息交换不受时空限制，因此可以跨越时空形成虚拟市场完成过去在实物市场中无法完成的交易，这正是电子商务快速发展的根本所在。对于卖方来说，可以通过建设自己的网站或者大型网络交易平台，将产品信息发布到互联网上。对于买方来说，可以通过网络找到自己需要的产品。买卖双方通过网上洽谈、签订电子合同，完成交易并进行电子支付。

4. 交易跨越时空

电子商务的运作可以突破时间、空间的限制，实施全方位、24 小时不间断的商务运作与服务。任何人都可以随时、随地、随意地进行网上洽谈与买卖，可进行 24 小时的全天候商务活动。

5. 交易透明安全

买卖双方从交易的洽谈、签约以及货款的支付，到交货通知等整个交易过程都在网络上进行。通畅、快捷的信息传输可以保证各种信息之间互相核对，可以防止伪造信息的流通。在电子商务中，安全性是一个至关重要的核心问题，它要求网络能提供一种端到端的安全解决方案，如加密机制、签名机制、安全管理、防火墙、防病毒等保护措施。

6. 服务更趋个性

电子商务凭借现代高科技技术的支撑，可以充分实现以顾客为中心，最大限度满足顾客的个性化需求。企业可以根据大数据进行市场分析，针对特定市场生产个性化产品，全面满足顾客的个性化需求。

总之，电子商务将传统的商务流程数字化、电子化，让传统的商务流程转化为电子流、信息流，突破了时间与空间的局限，大大提高了商业运作的效率，并有效地降低了成本。电子商务是基于互联网的一种商务活动，互联网本身具有开放性、全球性的特点，电子商务可为企业个人提供丰富的信息资源，为企业创造更多的商业机会，大大简化了企业与企业、企业与个人之间的流通环节，最大限度地降低了流通成本，能有效地提高企业在现代商业活动中的竞争力。

电子商务对大型企业有利，因为大型企业需要买卖交易活动多，实现电子商务能有效地进行管理和提高效率。电子商务对中小企业同样有利，因为中小企业虽然不能像大企业那样投资大量的资金建立电子商务系统，但通过大型的网络贸易市场，同样可以拥有和大企业一样的流通渠道和信息资源，可以用与大企业相近的成本进行网上交易，极大提高了中小企业的竞争力。

二、电子商务的功能

电子商务可提供网上交易和管理等全过程的服务，因此它具有广告宣传、网上订购、咨询洽谈、网上支付、电子账户、服务传递、信息反馈、交易管理等各项功能。

1. 广告宣传

企业可以在 Internet 上发布各类商业信息。客户可借助网上的检索工具（Search）迅速地找到所需商品信息，而商家可利用网页和电子邮件（E-mail）在全球范围内做广告宣传。与以往的各类广告相比，网上的广告成本最为低廉，而给顾客的信息量却最为丰富。

2. 网上订购

随着互联网技术的日趋成熟发展，网上购物已日趋普及。利用先进的网络通信与计算机三维图形技术，商家在网上建构了一个虚拟而又逼真的动态网上商城。用户足不出户就可以"货比三家"，并可以方便快捷地实现 24 小时选购商品、咨询下单。订购信息也可采用加密的方式使客户和商家的商业信息不会泄露。

3. 咨询洽谈

电子商务可借助非实时的电子邮件、新闻组和实时的讨论组来了解市场和商品信息、洽谈交易事务，如有进一步的需求，还可用网上的白板会议来交流即时的图形信息。网上的咨询和洽谈能超越人们面对面洽谈的限制，提供多种方便的异地交谈形式。

4. 网上支付

电子商务要成为一个完整的过程，网上支付是重要的环节。客户和商家之间可采用信用卡账号进行支付。在网上直接采用电子支付手段将可省略交易中很多人员的开销。网上支付将需要更为可靠的信息传输安全性控制以防止欺骗、窃听、冒用等非法行为。

5. 电子账户

网上的支付必须要有电子金融来支持，即银行或信用卡公司及保险公司等金融单位要为金融服务提供网上操作的服务。而电子账户管理是其基本的组成部分。

信用卡号或银行账号都是电子账户的一种标志。而其可信度须配以必要技术措施来保证。如数字证书、数字签名、加密等手段的应用提供了电子账户操作的安全性。

6. 服务传递

对于已付了款的客户应将其订购的货物尽快地传递到他们的手中。而有些货物在本地，有些货物在异地，电子邮件将能在网络中进行物流的调配。而最适合在网上直接传递的货物是信息产品，如软件、电子读物、信息服务等，它们能直接从电子仓库中将货物发到用户端。

7. 信息反馈

电子商务能十分方便地采用网页上的表单以及评价来收集用户对销售服务的反馈意见。这样使企业的市场运营能形成一个封闭的回路。客户的反馈意见不仅能提高售后服务的水平，更能使企业获得改进产品、发现市场的商业机会。

8. 交易管理

整个交易的管理将涉及人、财、物多个方面，企业和企业、企业和客户及企业内部等各方面的协调和管理。因此，交易管理是涉及商务活动全过程的管理。电子商务的发展，将会提供一个良好的交易管理的网络环境及多种多样的应用服务系统。这样，能保障电子商务获得更广泛的应用。

三、电子商务的特性分析

电子商务的特性可归结为以下几点：商务性、服务性、集成性、可扩展性、安全性、协调性，如图1-2所示。

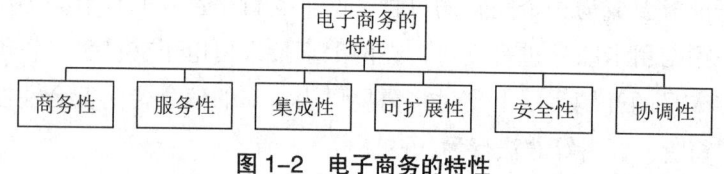

图1-2　电子商务的特性

1. 商务性

电子商务最基本的特性为商务性，即提供买、卖交易的服务、手段和机会。网上购物提供一种客户所需要的方便途径。因而，电子商务对任何规模的企业而言，都是一种机遇。

就商务性而言，电子商务可以扩展市场，增加客户数量；通过将万维网信息连至数据库，企业能记录下每次访问、销售、购买形式和购货动态以及客户对产品的偏爱，这样企业就可以通过统计这些数据来获知客户最想购买的产品。

2. 服务性

在电子商务环境中，客户不再受地域的限制，像以往那样，忠实地只做某家邻近商店的老主顾，他们也不再仅仅将目光集中在最低价格上。因而，服务质量在某种意义上成为商务活动的关键。技术创新带来新的结果，万维网应用使得企业能自动处理商务过程，并不再像以往那样强调公司内部的分工。现在在 Internet 上许多企业都能为客户提供完整服务，而万维网在这种服务的提高中充当了催化剂的角色。

企业通过将客户服务过程移至万维网上，使客户能以一种比过去简捷的方式完成过去他们较为费事才能获得的服务。电子商务提供的客户服务具有一个明显的特性：方便。这不仅对客户来说如此，对于企业而言，同样也能受益。

3. 集成性

电子商务具有整体性与集成性，它能够规范事务处理的工作流程，将人工操作和电子信息处理集成为一个不可分割的整体，以提高人力、物力的利用和系统运行的严密性。电子商务活动同时也具有协调作用，在电子商务环境中，它更要求银行、配送中心、供应链环节、技术部涉及的相关部门的通力协作、一气呵成。

4. 可扩展性

要使电子商务正常运作，必须确保其可扩展性。万维网上有数以百万计的用户，而传输过程中，时不时地出现高峰状况。倘若一家企业原来设计每天可受理 60 万人次访问，而事实上却有 100 万人次访问，就必须尽快配有一台扩展的服务器，否则客户访问速度将急剧下降，甚至还会拒绝数千次可能带来丰厚利润的客户的来访。

对于电子商务来说，可扩展的系统才是稳定的系统。如果在出现高峰状况时能及时扩展，就可使得系统阻塞的可能性大为下降。在电子商务中，耗时仅 2 分钟的重新启动也可能导致大量客户流失，因而可扩展性极其重要。

5. 安全性

对于客户而言，无论网上的物品如何具有吸引力，如果他们对交易安全性缺乏把握,他们根本就不敢在网上进行买卖。企业和企业间的交易更是如此。

在电子商务中，安全性是必须考虑的核心问题。欺骗、窃听、病毒和非法入侵都在威胁着电子商务，因此要求网络能提供一种端到端的安全解决方案，包括加密机制、签名机制、分布式安全管理、存取控制、防火墙、安全万维网服务器、防病毒保护等。为了帮助企业创建和实现这些方案，国际上多家公司联合开展了安全电子交易的技术标准和方案研究，并发表了 SET（安全电子交易）和 SSL（安全套接层）等协议标准，使企业能建立一种安全的电子商务环境。

随着技术的发展，电子商务的安全性也会相应得以增强，成为电子商务的核心技术。

6. 协调性

商务活动是一种协调过程，它需要雇员和客户、生产方、供货方以及商务伙伴间的协调。为提高效率，许多组织都提供了交互式的协议，电子商务活动可以在这些协议的基础上进行。电子商务是迅捷简便的、具有友好界面的用户信息反馈工具，决策者们能够通过它获得高价值的商业情报、辨别隐藏的商业关系和把握未来。

【案例阅读】

电商的新模式——直播电商发展史

直播电商顾名思义就是以直播的方式进行商品的推销、销售。直播本质上只是一种流量工具，它的最终目的仍是对商品进行销售，从而达到销售商品、增加营业额的目的。它是一种将直播与电商相结合的新型营销手段。从 2009 年的萌芽期，到 2021 年的全民直播时代，直播电商的发展历程充满了曲折与变革。下面，本文将从直播电商的兴起、发展、创新等方面，详细叙述直播电商的发展历史。

一、直播电商的兴起

2009 年，直播电商开始进入公众视野。当时，一些敏锐的企业家看到了直播与电商结合的巨大潜力，开始尝试将二者相结合。其中，最为著名的是美国的 YouTube，他们推出了一项名为"YouTube Partners"的计划，允许博主在视频中展示和推广产品，并通过点击和购买产生的收益获得分成。这一计划的推出，标志着直播电商的正式兴起。

二、直播电商的发展

进入 2010 年，随着移动互联网的快速发展，直播平台开始崛起，并尝试将直播与电商相结合,进入了直播元年。此时的直播带货还处于较为初级的阶段,主要形式是博主通过直播展示和介绍产品,观众可以通过弹幕和评论与博主进行互动。虽然此时的直播带货还没有形成规模,但已经显示出了极大的发展潜力。

三、直播电商的创新

2018年,各大内容平台开始进入直播带货赛道,直播电商开始快速发展。这一阶段最为显著的特点是,直播带货开始走向专业化、精细化。平台不仅提供了更为丰富的互动功能,如红包、优惠券等,还通过大数据分析用户的购物习惯和需求,为博主提供更为精准的选品建议。同时,一些创新性的直播形式也开始出现,如"拼多多"模式,通过多人拼团的方式降低商品价格,激发消费者的购买欲望。

四、直播电商的爆发

2020年,受新冠疫情影响,实体经济受到冲击,直播带货成为新的经济增长点。这一阶段的直播带货已经全面爆发,进入百花齐放的阶段。各大平台纷纷推出直播功能,博主们也各显神通,通过直播带货实现了流量变现。同时,政府也出台了一系列政策支持直播电商的发展,进一步推动了直播电商的繁荣。

五、直播电商的未来趋势

疫情结束后,直播电商市场持续扩张,全民直播时代到来。未来的直播电商将呈现出以下几个趋势:

政策支持将持续加大:随着政府对新兴业态的支持力度不断加大,未来将会有更多的政策红利释放出来,为直播电商的发展提供更多保障和支持。

技术驱动更加智能:随着人工智能、大数据等技术的不断进步,未来的直播电商将更加智能化。平台将通过智能算法为博主提供更为精准的选品建议和营销策略,同时还将为消费者提供更加个性化的购物体验。

供应链将更加完善:随着直播电商的不断发展,供应链将成为未来的核心竞争力。平台和博主将更加注重与供应链的合作,通过优化供应链降低成本,提高效率,进一步提升消费者的购物体验。

内容创新将成为竞争核心:随着直播电商的竞争加剧,内容创新将成为竞争的核心。平台和博主将更加注重内容创作和选品搭配,通过优质的内容吸引更多的消费者关注和购买。

总之，直播电商从兴起、发展到创新，经历了多个阶段。目前，直播电商已经进入了全民直播时代，未来的趋势将更加多元化和智能化。对于平台、博主和消费者来说，只有不断创新和完善，才能在这个充满机遇和挑战的市场中立于不败之地。

第四节　电子商务的分类和应用

电子商务涉及社会生活的各个方面，因此可以从许多不同的角度对其进行分类，如可按照电子商务交易内容、电子商务交易对象、电子商务交易网络等进行分类（见图1-3）。

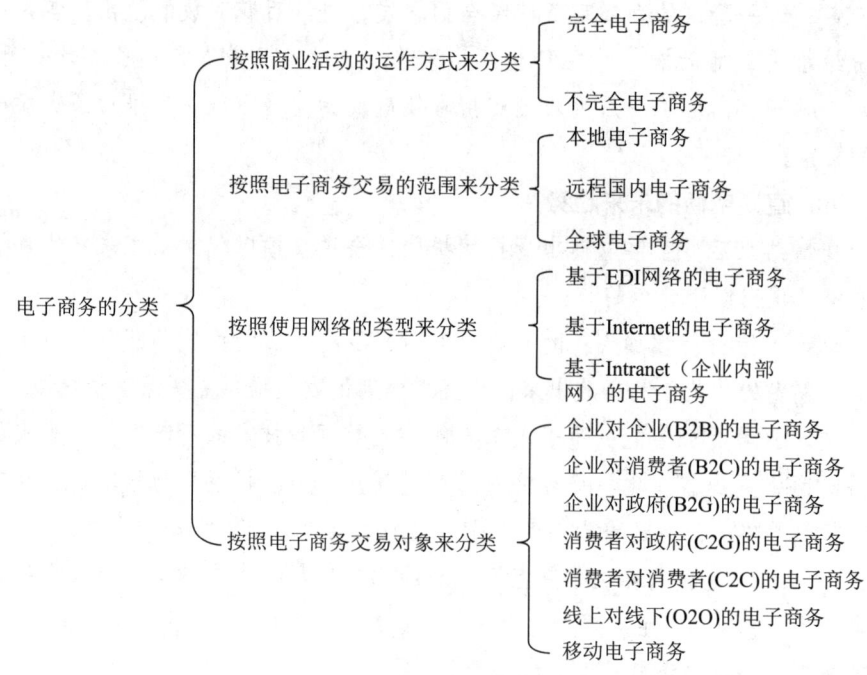

图1-3　电子商务的分类

一、按照商业活动的运作方式来分类

按照商业活动的运作方式来分类，电子商务可分为完全（直接）电子商务和不完全（间接）电子商务。

完全电子商务是指交易过程中的信息流、资金流、物流完全可以通过网络实现。它要求交易双方以及涉及的所有中介都实现完全的电子化，往往只适合一部分数字化商品和无形商品的服务。

不完全电子商务是指不能完全依靠网上完成整个交易行为，要依靠一些外部因素和传统交易方式进行，如现金结算、实物运输等。目前，大部分商品的信息流、资金流通过网络实现已经基本解决，相当多的商品物流还不能完全通过网络进行。

二、按照电子商务交易的范围来分类

按照电子商务交易的范围来分类，电子商务可分为本地电子商务、远程国内电子商务和全球电子商务。

本地电子商务通常是指利用本城市或者本地区的网络实现的电子商务活动，电子交易的范围较小。本地电子商务系统是开展远程国内电子商务和全球电子商务的基础系统。

远程国内电子商务是指在本国范围内进行的网上电子交易活动，其交易的地域范围较大，因此对异地结算、商品配送等方面有一定的要求。

全球电子商务是指在全世界范围内进行的电子交易活动，它涉及有关买卖方国家进出口系统、海关系统、外汇结算等，还要考虑国家间的法规、政策、语言、国际惯例、交易双方的硬件系统等，内容繁杂，参与部门和中介较多。

三、按照使用网络的类型来分类

按照使用网络的类型来分类，电子商务目前主要分为：基于 EDI 网络的电子商务、基于 Internet 的电子商务和基于 Intranet（企业内部网）的电子商务。

基于 EDI 网络的电子商务是指将交易双方的往来信息按照一个公认的标

准，形成结构化的事务处理或文档数据格式，利用专用的计算机网（增值网）在贸易伙伴的计算机网络系统之间进行数据交换和自动处理。

基于 Internet 的电子商务是一种采用 TCP/IP 协议和 WWW 技术组织起来的网络开展的电子商务，信息传递可以通过多媒体方式进行，无须专用的固定格式。

基于 Intranet 的电子商务是利用 Internet 的技术标准，在原有局域网上附加一些特定的软件，将局域网与互联网连接起来。

四、按照电子商务交易对象来分类

按照电子商务交易对象来分类，电子商务可以分为：企业对企业的电子商务（Business-to-Business，即 B-to-B）、企业对消费者的电子商务（Business-to-Consumer，即 B-to-C）、消费者对消费者的电子商务（Consumer-to-Consumer，即 C-to-C）、企业对政府的电子商务（Business-to-Government，即 B-to-G）、消费者对政府的电子商务（Consumer-to-Government，即 C-to-G）、线上对线下的电子商务（Online to Offline，即 O-to-O）、移动电子商务。

1. 企业对企业的电子商务（Business-to-Business，即 B-to-B，简称 B2B）

这种分类是前几年受到最多关注的。B2B 的电子商务已经有了多年的历史，类似于大型批发贸易，企业通过内部信息系统平台和外部网站将面向供应商的采购业务和面向下游代理商的销售业务有机地联系在一起。它是企业现实中的产、供、销在网上的直接反映。B2B 模式发生在企业之间，交易主体稳定，交易过程规范，金额高，物流成本小，在配送方面已经有比较成熟的渠道，在购买方式、支付手段上也已经非常成熟，具有强大的生命力。在大型公司的贸易伙伴之间使用网络进行订货、签订传递单证和付款，特别是通过增值网络（Value Added Network，即 VAN）上运行的电子数据交换（EDI），从根本上改变企业的计划、生产、销售和运行模式，甚至改变整个产业社会的基本生产方式。因此，这种企业之间的电子商务经营模式越来越受到重视，被许多业内人士认为是电子商务未来发展的一个重要方向。B2B

的典型如阿里巴巴、慧聪网、买麦网等网站。B2B 电子商务的盈利模式主要有收费制会员盈利模式、网络广告盈利模式、竞价排名盈利模式、网站间接盈利模式、线下服务盈利模式等。

2. 企业对消费者的电子商务（Business-to-Consumer，即 B-to-C，简称 B2C）

B2C 是指企业与消费者之间进行的交易。B2C 类型的电子商务主要应用于商品的零售业，主要是企业通过网络向个人的网络消费者直接销售产品和服务的经营模式，包括面向普通消费者的网上商品销售和网上电子银行以及进行商品配送的配送体系业务。B2C 是普通老百姓走进互联网世界的一条最自然的途径，不管什么交易方式，最终落脚点都会在企业与消费者之间进行，广大的消费群体蕴藏着巨大的利润。近年来，随着互联网为企业和消费者开辟了新的交易平台，这类电子商务得到了较快发展，是目前电子商务发展最为成熟的商业模式之一。对于广大消费者，并不需要统一标准的单据传输，互联网上提供的搜索浏览功能和多媒体界面，又使得消费者更容易寻找和深入了解所需的产品。

目前，在互联网上有各种类型的 B2C 电子商务网站，发展比较成熟的 B2C 模式有门户网站、电子零售商、内容提供商、交易经纪人、社区服务商等。门户网站提供了搜索、新闻、购物娱乐等集成的综合性服务内容，此类网站有 163、新浪、搜狐等大型门户网站。电子零售商主要是提供在线的零售服务，代表网站有当当网、京东商城、1 号店等。内容提供商主要以提供信息和娱乐服务为主，如新华网。交易经纪人主要是在线的交易处理人，帮助客户完成在线交易，典型代表有 51job、携程旅行网等。社区服务商主要是集中有共同兴趣爱好、需求的人进行交流交易的网站。这几种网站都是 B2C 的类型。

B2C 电子商务的基本盈利模式有产品销售营业收入模式、收取服务费和交易费用模式、收费会员制模式、网站的间接收益模式等。

3. 消费者对消费者的电子商务（Consumer-to-Consumer，即 C-to-C，简称 C2C）

消费者对消费者的电子商务，是指消费者作为卖方，通过互联网平台提供商品或服务给其他消费者。这类电子商务要借助一些特殊的网站在个人与个人之间开展事务合作或商业交易。互联网为个人经商提供了便利，任何人都可以成为"老板"，类似于西方的"跳蚤市场"。国外最成功、影响最大的要数"电子港湾（eBay）"，这个创办于1995年的网站，是网络上最热门的网站之一。国内的淘宝网是这一类型的电子商务的典型代表。淘宝网为消费者提供了一个"个人对个人"的交易平台，给每一位淘宝网的访问者参与电子商务的机会。其他像易趣网、拍拍网都属于此类电子商务网站。在我国，这一类网站衍生出的个人创业与就业功能已经为广大青年学生普遍看好，淘宝网已经名副其实地成为大学生创业的孵化器。

C2C电子商务的基本盈利模式有：会员制盈利模式、交易提成收入模式、网络广告盈利模式、搜索排名竞价盈利模式、支付环节收费的盈利模式。

4. 企业对政府的电子商务（Business-to-Government，即B-to-G，简称B2G）

企业对政府的电子商务覆盖企业与政府组织间的各项事务。例如，政府采购清单可以通过互联网发布，企业可以用电子化方式回应。同样，在企业税务的征收上，政府也可以通过电子交换方式来完成。电子商务这方面的应用已经越来越普遍，随着政府利用自己的行为去促进电子商务的发展，不久的将来企业与政府之间的电子商务一定会迅速增长，随着电子商务扩展到福利费的发放、自我估税及个人所得税征收等。政府可以通过这种方式树立政府形象，通过示范作用促进电子商务的发展，还可以通过这类电子商务实施对企业的行政事务管理。

5. 消费者对政府的电子商务（Consumer-to-Government，即C-to-G，简称C2G）

消费者对政府的电子商务指的是政府对个人的电子商务和业务活动。政府可以利用电子商务进行福利投放、自我估税及个人所得税的征收等许多方面的工作。虽然此类电子商务目前还没有真正形成，但是随着我国社会保障体制的逐步完善和税制改革，政府和个人之间的直接经济往来会增加，应用前景非常广阔。

6. 线上对线下的电子商务（Online to Offline，即O-to-O，简称O2O）

O2O模式，又称离线商务模式，是指线上营销、线上购买或预订带动线下经营和线下消费。通过线上的打折、提供信息、服务预订等方式，把互联网用户转化为自己的线下客户。这种形式特别适合需要到店消费的商品和服务，比如餐饮、健身、电影、演出、美容美发等。

O2O模式让商家通过O2O平台获取更多收益，实现业绩倍增，为消费者提供更好、更便捷的服务。平台自身的营利模式也更加多元化，包括商家收费、用户收费、广告收费等。

O2O平台聚集了一大批各行各业的商家，平台通过优惠、折扣、促销等方式吸引客户消费，每一笔交易，平台都会向商家约定一定比例的佣金。同时还可以通过增加曝光率的方式向商家收取广告费用。

对于一个O2O平台来说，最有价值的就是数据。平台做得越好，每天的用户访问量就越多。平台收集这些数据可以针对消费群体制订行动方针，可以运用大数据建构虚拟平台，模拟实际操作，发现问题、发现需求、发现商机。

7. 移动电子商务

移动电子商务是利用智能手机、平板电脑等无线终端进行的B2B、B2C、C2C或O2O的电子商务，使人们可以在任何时间、任何地点进行各种商贸活动，实现随时随地、线上线下的购物与交易。

移动电子商务的设备较小，方便携带，可以随时随地展开交易活动。并且不受时空限制，潜在用户大。

【案例阅读】

淘宝网："没有淘不到的宝贝，没有卖不出的宝贝。"

淘宝网是亚太地区最大的网络零售商圈，致力于打造全球领先网络零售商圈，由阿里巴巴集团在2003年5月10日投资创立。淘宝网现在业务跨越C2C、B2C两大部分。在C2C市场，淘宝网占据国内90%以上的市场份额，随着规模的扩大和用户数量的不断增加，淘宝网也从早些年单一的C2C网络集市变成了如今包括C2C、分销、拍卖、直供、定制等多种电子商务模式在内的综合性零售商圈。图1-4是淘宝网主页。

图 1-4 淘宝网主页

淘宝网的主要产品有阿里旺旺、淘宝店铺、淘宝理财、口碑外卖、天猫商城等。"阿里旺旺"是淘宝的一种即时通信软件,是淘宝网官方推荐的沟通工具,并且认可淘宝旺旺交易聊天内容保存为电子证据。"淘宝店铺"是指卖家在淘宝进行商品销售的载体,目前已经累积了超过千万的大小淘宝商家,每一个商家都对应着一个淘宝店铺,商家可以上传商品到店铺,对店铺进行装修优化等操作。"淘宝理财"是淘宝平台区别于传统银行和金融机构的一个网上理财频道,具有便捷、灵活、体验友好等诸多优点,如今的淘宝已经不仅仅是一个购物的网站,用户可以通过淘宝网非常便捷地购买基金、把钱存入余额宝赚取利润。

拼多多——新商业模式的探究

拼多多是一家中国领先的电商平台,成立于 2015 年,总部位于中国上海。它以低价、社交电商为特色,通过与制造商和供应商直接合作,以优惠的价格提供高质量的商品给消费者。

一、拼多多商业模式的分析

发展历程

拼多多成立之初,就以一种不同于传统电商的模式进入市场。它与制造商和供应商直接合作,通过团购、拼团等方式,以更低的价格提供商品。这种模式的出现,打破了传统电商的高价、低销模式,使消费者可以以更优惠的价格购买到同样的商品。

营销策略

拼多多的营销策略也是其成功的重要因素之一。它利用了人们追求便宜的心理，通过社交媒体、微信等渠道，将优惠信息迅速传播给更多的消费者。同时，它还推出了各种奖励活动，如砍价、拼团等，鼓励消费者参与并分享给自己的朋友，从而吸引了更多的用户。

营利模式

拼多多的营利模式主要是通过与制造商和供应商合作，以批量采购的方式获取更低的价格，然后在平台上以团购、拼团等方式销售，获取利润。此外，它还通过广告、推广等增值服务获取收入。

二、拼多多商业模式对行业的影响

对消费者的影响

拼多多的商业模式对消费者来说是非常有益的。首先，它提供了更优惠的价格，使消费者可以用更少的钱购买同样的商品。其次，它通过团购、拼团等方式，让消费者可以更容易地聚集在一起，形成规模效应，从而进一步降低价格。最后，拼多多还通过各种奖励活动，让消费者在购物的同时可以获得更多的实惠。

对商家的影响

对于商家来说，拼多多的商业模式也带来了很多机会。首先，商家可以通过与拼多多合作，以批量采购的方式获得更低的价格，从而可以以更优惠的价格销售商品。其次，拼多多的团购、拼团等模式可以迅速聚集消费者，形成规模效应，从而可以帮助商家扩大销售规模。最后，拼多多还提供了各种推广、广告等增值服务，可以帮助商家更好地宣传自己的品牌和产品。

对平台的影响

拼多多的商业模式对平台来说也是非常有益的。首先，它通过与制造商和供应商合作，可以获取更低的价格，从而可以以更优惠的价格销售商品，吸引更多的消费者。其次，它通过团购、拼团等方式，可以迅速聚集消费者，形成规模效应，从而可以帮助平台扩大用户规模。最后，拼多多还通过广告、推广等增值服务获取收入，从而可以帮助平台提高营利能力。

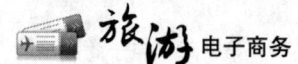

三、拼多多商业模式的未来发展

新挑战

随着市场的变化和消费者需求的不断变化，拼多多也面临新的挑战。首先，竞争激烈的市场环境使得电商平台需要不断创新和改进才能保持竞争力。其次，消费者对品质和个性化的需求越来越高，这也对拼多多的商品品质和供应链管理提出了更高的要求。最后，随着法规和政策的不断加强，电商平台也需要加强合规管理，确保业务的合规性和稳定性。

发展瓶颈

拼多多目前的发展瓶颈主要表现在以下几个方面：首先，它的定位主要是低价、社交电商，这在一定程度上限制了商品品质和消费群体的范围。其次，它的营利模式主要是通过团购、拼团等方式销售商品，这也限制了其营利能力和发展空间。最后，它的供应链和物流体系也需要进一步完善并提高效率。

四、总结

拼多多的商业模式是一种创新的电商模式，它通过与制造商和供应商直接合作，以优惠的价格提供高质量的商品给消费者。这种模式的出现打破了传统电商的高价、低销模式，让消费者可以享受到更多的实惠。同时，这种模式也对行业产生了深远的影响，给消费者、商家和平台都带来了很多机会和益处。然而，随着市场的变化和消费者需求的不断变化，拼多多也面临新的挑战和发展瓶颈。未来，它需要不断创新和改进，加强商品品质和供应链管理，完善营利模式和物流体系等方面的工作，以保持竞争力和可持续发展。

第五节 电子商务对社会的影响

电子商务对社会经济的影响是巨大而深刻的，下面就从几个方面分别进行介绍。

一、电子商务对经济的影响

1. 全球经济的发展

电子商务增加了贸易机会，降低了贸易成本，提高了贸易的效益，促使全球范围内的经济有一个良好的发展趋势。随着新产品和新市场的出现，商家和消费者之间将建立更密切的新型关系。它改变了工作的组织方式，促进了工作场所中互相合作的新渠道的产生。

2. 新兴行业的产生

在电子商务环境下，传统的商务模式发生了根本性的变化，社会分工将重新组合，因此会产生许多新兴行业来配合电子商务的顺利运转。网上银行、银行卡支付网络、银行电子支付系统，以及电子支票、电子现金等服务，将传统的金融业带入了一个全新的领域，引发了一个全新的金融业。

3. 一场颠覆人类生活方式的全新的零售革命

电子商务的发展将人与电子通信方式结合，减少了不必要的中间环节。传统的制造业进入了小批量、多品种的时代，实现了"零库存"。传统的零售业和批发业开创了"无店铺""网上营销"的崭新模式，各种在线服务为传统服务业提供了全新的服务方式。

二、电子商务对企业的影响

在现代信息社会中，电子商务可以使掌握信息技术和商务规则的企业和个人，系统地利用各种电子工具和网络，高效率、低成本地从事各种以电子方式实现的商业贸易活动。从应用和功能方面来看，可以把电子商务分为三个层次：

1. 企业展示

企业展示就是提供电子商情，企业以网页方式在网上发布商品及其他信息和在网上做广告等。通过展示，企业可以树立自己的企业形象，扩大企业的知名度，宣传自己的产品和服务，寻找新的贸易合作伙伴。目前无论是大型的知名网站，还是大型卖场，甚至是做到一定规模的电商，都开始在组建自有的电商平台。自建电商平台，可以拓展全新的网络渠道，与原有的渠道和资源相整合,在留存客户、把客户的价值最大化方面是传统商业所不可比拟的。

2. 企业交易

企业交易即将传统形式的交易活动全过程在网络上以电子方式来实现,如网上购物等。企业通过电子商务可以完成交易的全过程,扩大交易范围,提高工作效率,降低交易成本,从而获取经济效益和社会效益。

3. 企业服务

企业服务指企业通过网络开展的与商务活动有关的各种售前和售后服务。通过这种网上的服务,企业可以完善自己的电子商务系统,巩固原有的客户,吸引新的客户,从而扩大企业经营业务,获得更大的经济效益和社会效益。

企业是开展电子商务的主角,引入电子商务对企业带来的系列影响如下:

(1) 电子商务改变了厂家的采购方式。厂家可以更容易找到合适的、物美价廉的原材料和组件,更有利于找到合适的合作伙伴,从而降低采购的交易费用,影响到企业与供应商之间战略联盟的建立。

(2) 电子商务改变了企业资金筹措的操作手段。

(3) 电子商务改变了企业的销售组织方式。客户的消费特征可以在网上直接被记录,并由一定的软件统计分析,帮助厂商为客户提供更好的服务。

(4) 电子商务改造了整个流通环节。

(5) 电子商务改变了企业的生产组织和生产过程的管理。

(6) 电子商务改变了企业对人才的挑选与聘用方法,也改变了企业的技术来源。

三、电子商务对政府的影响

政府对电子商务的支持态度将直接影响电子商务的发展,反过来,电子商务的发展也在一定程度上影响政府机构的职能。

政府的政策导向。各国电子商务发展中会面临很多的困难和问题,如基础设施不完善、市场体系不健全、假冒伪劣商品屡禁不止、企业失信等。这时政府的作用尤其关键,政府制定的政策及发展规划决定着电子商务的未来,规定着整个社会的努力方向。

政府的环境营造。电子商务作为一种新型的交易手段和商业运作模式，它的成长不仅取决于计算机和网络技术的发展和成熟，而且很大程度上取决于政府能否营造一种有利于电子商务发展的适宜环境。营造一个公正的法律环境，保证稀缺资源的合理布局，保护公共利益。营造一个公平的竞争环境，让新的服务和新的参加者能够在公开和公平的市场中在全球范围内参与竞争。营造一个完善的市场环境，加快金融机构的电子步伐并提供高质、高效、安全的金融服务，确保电子商务的支付和结算的顺利进行，保证电子交易的安全可靠。

政府的市场参与。支撑电子商务蓬勃发展的基本条件是消费者、厂商对网上交易的信心以及对网络技术的认知度。为了提高社会公众对电子商务的信心与认知度，政府要以身作则，带头利用新科技，以电子化的方式为市民提供服务。这样不但可以提高政府的工作效率和服务质量，更重要的是在实践过程中，可以找出阻碍电子化发展的问题以及存在的不足，从而采取适当的措施以消除这些障碍。

四、电子商务对个人的影响

1. 生活方面

随着电子商务的发展，在互联网上已形成了一个没有国界的虚拟社会，人们在这个虚拟社会里可以享受和现实社会相同的生活方式。比如网上购物，其最大特征是消费者的主导性，购物意愿掌握在消费者手中。足不出户，可以买到物美价廉的心仪商品，同时消费者还能以一种轻松自由的自我服务的方式来完成交易。

在网上，人们可以更广泛地交流，获得更多、更具体的信息，不受时间、地域的限制，和世界各地的朋友聊天、视频。与传统的电视、广播、报纸等相比较，网上传播新闻，不仅快捷，时效性好，而且具有交互性。网上的娱乐方式也非常丰富，可以在线看电视，可以点播自己所喜爱的歌曲和电影，还可以联机玩大型网络游戏等。

2. 学习方面

随着互联网的广泛应用，教育的内容和形式发生了变化。国内外众多大学开始在互联网上开设网络大学，进行远程教育。网络大学以计算机技术和网络通信技术为依托，讲课、写作业、考试，一切都在网络上进行。交互式的网络多媒体技术给人们的教育带来了极大的方便，远程的数字化课堂让更多人的教育问题得到了解决。

网络大学作为远程教育的一种方式，打破了时间和空间的限制，被越来越多的人所接受。网络大学需要的管理机构和人员少，教育成本低，效果好，可以充分发挥名校师资和教材的优势，低投入、高产出地完成高质量的教育。

3. 工作方面

由于网络通信的便捷、安全和广域性，电子商务环境下办公的方式是灵活的。对于营销人员来说，整个交易过程都可以在网上进行，包括业务洽谈、签订合同、发货运输、结算支付等。对于专业设计人员，同样可以通过电子邮件与客户联络业务，在网上与客户对设计方案进行讨论和交流，及时把设计成果传递给客户。

电子商务的发展将促使各行业的分工发生变化，并且替代了许多传统的销售和服务形式，形成巨大的信息服务业市场。随着网上消费的增多，物流配送行业将空前发展，这些新的行业需要大量的信息技术和管理人员，将为社会提供许多新的就业机会。

电子商务改变中国

第六节　电子商务的发展趋势

正处于高速发展的电子商务，具有以下几个发展趋势：

1. 移动购物

目前，手机的渗透率增速是远远大于PC的渗透率的。移动用户购买的次数更高、更零碎，充分利用了碎片化的时间，真正做到了随时随地通过手机购物。

2. 社交购物

社交购物是一种集社交与购物于一身的新型网购模式，通过各种SNS（Social Networking Services）工具"晒"出自己的商品和使用体验，其他看到的人因此而产生购买。由于某种关联打下了信任的基础，这种信任是影响人们决定购买的重要因素。随着微博、微信等 SNS 工具的迅速发展，广大消费者可以在 SNS 上分享商品和自己的购物经验，还可以一起讨论时尚潮流，在交流中消费者会获得最合适的购物选择。社交购物可以让大家在社交网络上更加精准地去为顾客营销，更个性化地为顾客服务。这是未来电商发展的新趋势之一。

3. O2O

由于很多行业的特殊性，电子商务不可能完全取代实体。伴随着大数据、云技术、社交工具、移动支付等新技术、新工具的应用，零售 O2O 的跨越式发展已是不可阻挡的趋势，也是零售企业必须把握的时代机遇。

4. 物联网

物联网是利用局部网络或互联网等通信技术把传感器、控制器、机器、人员和物等通过新的方式联在一起，形成人与物、物与物相联。将移动终端与电子商务相结合的模式，让消费者可以与商家进行便捷的互动交流，随时随地体验品牌品质，传播分享信息。未来，物联网将会是电商发展的一个新载体。

5. 大数据的应用

随着大数据的发展，大数据很有可能引发新一轮的技术革命。随之兴起的数据挖掘、机器学习和人工智能等相关技术，可能会改变数据世界里的很多算法和基础理论。人们在网络交流、沟通、浏览和消费的时候都会留下相应的数据信息，借助这些网络信息的整合挖掘，能够较好地了解每个人的不同喜好、经济状况、消费习惯等。在主流的电商平台，已经开始结合云计算、大数据的应用技术，引导商家和消费者朝着利益更大化的方向发展。

淘宝的"千人千面"就是大数据应用的典型案例。定向推广依靠淘宝网庞大的数据库，构建出买家的兴趣模型。它能从细分类目中抓取那些特征与买家兴趣点匹配的宝贝，并展现在目标客户浏览的网页上。比如，淘宝页面会弹出"猜你喜欢"的内容板块，这是根据消费者近期的搜索数据和消费习惯、浏览记录，大数据分析之后对客户的精准推广。对消费者而言，其日常购物行为习惯和喜好是基本固定的，若其在搜索商品时，搜索反馈出的商品是通过数据算法和

淘宝的大数据
整合技术

筛选后尽可能匹配消费者喜好的,则能极大地减少其选购商品的时间。对商家而言,也可以实现精准营销。

思考与练习

1. 电子商务的内涵是什么?电子商务与传统商务的区别有哪些?
2. 如何对电子商务进行分类?分别举例说明。
3. 用自己上网购物的亲身实例说明中国目前电子商务购物模式中存在哪些主要问题。
4. 搜集材料,分析阿里巴巴成功的原因。
5. 到京东商城等商务网站搜寻自己喜欢的商品,完成在京东商城的购物过程。
6. B2B电子商务模式和C2C电子商务模式的根本区别是什么?

第二章
旅游电子商务概述

【本章内容】

本章是旅游电子商务课程的基本内容，阐述了旅游电子商务的定义、特点及发展优势，并总结了旅游电子商务的体系结构及其产业影响，重点指出了旅游电子商务对旅行社业、饭店业、旅游管理机构和旅游消费者的影响。

【学习目标】

通过本章的学习，要求掌握旅游电子商务的概念和优势、体系结构和一般框架。掌握旅游电子商务对相关企业和个人的影响。

【关键概念】

旅游电子商务；体系结构；一般框架；产业影响

第一节　旅游电子商务的基本概念

一、旅游电子商务的定义

在第一章的学习中我们已经对电子商务的概念有了清晰的认识。总的来说，电子商务就是实现整个贸易活动的电子化。也就是说通过网络来实现从原材料的查询、采购、产品的展示、定购到出品、储运以及电子支付等一系列贸易活动。

相对于完整电子商务的定义，目前学术界对旅游电子商务还没有一个完整统一的定义。在国际上沿用较广的是世界旅游组织对旅游电子商务的定义，它在其出版物 *E-Business for Tourism* 中指出："旅游电子商务就是通过先进的信息技术手段改进旅游机构内部和对外的连通性（connectivity），即改进旅游企业之间、旅游企业与供应商之间、旅游企业与旅游者之间的交流与交易，改进企业内部流程，增进知识共享。"这一定义概括了旅游电子商务的应用领域。

国内的研究文献中，王欣、陈禹、杨春宇等都对旅游电子商务有过不同的定义。最近两三年中，唐超将旅游电子商务定义为"在全球范围内通过各种现代信息技术尤其是信息化网络所进行并完成的各种旅游相关的商务活动、交易活动、金融活动和综合服务活动"。杨春宇将旅游电子商务定义为"旅游企业基于互联网提供的互联网技术，使用计算机技术、电子通信技术与企业购销网络系统连通而形成的一种新型的商业活动"。杨路明、巫宁将旅游电子商务定义为："旅游电子商务是指通过先进的网络信息技术手段实现旅游商务活动各环节的电子化，包括通过网络发布、交流旅游基本信息和商务信息，以电子手段进行旅游宣传营销、开展旅游售前售后服务；通过网络查询、预订旅游产品并进行支付；也包括旅游企业内部流程的电子化及管理信息系统的应用等。"刘笑诵给出的定义则是："旅游电子商务则是指同旅游业相关的各行业，以网络为主体，以旅游信息库为基础，利用最先进的电子手段，开展旅游产品信息服务、产品交易等旅游商务活动的一种新型的旅游运营方式。"这些定义视角不同，也各有其侧重点。

大体上来说，旅游电子商务是指以网络为主体，以旅游信息库、电子化商务为基础，利用先进的电子手段运作旅游业及其分销系统的商务体系。包括网上传递与接收信息；网上订购、付款、客户服务等网上销售，网上售前推荐与售后服务；以及利用互联网开展市场调查等一系列商业活动内容；旅游电子商务为旅游业（包括旅游者和经营者等）提供了一个互联网交互的平台。

旅游电子商务平台是专业的旅游买卖电子交易市场，汇集了大量的旅游者、旅游企业及旅游相关行业企业，改进了旅游企业之间、旅游企业与上游供应商之间、旅游企业与旅游者之间的交流与交易，改进了旅游企业内部业务流程。这个平台将旅游行业进行细分，精心打造，为旅游者和旅游企业提供专业的旅游服务。强大的资源数据库为旅游者出游提供必备的查询功能；旅游企业可以按期发布旅游咨询、询价信息、线路报价信息、寻找合作伙伴等，是旅游企业在网上展示、宣传及销售的最佳平台。

旅游电子商务是电子商务在旅游商务活动中的应用，包含了以下两个方面的内容：

1. 以旅游商务活动为中心

在传统的旅游商务活动中，各类旅游企业通过发布旅游产品信息吸引游客、销售旅游产品获得盈利，在电子商务时代依然如此。只不过销售的媒介变成了互联网，企业甚至个人都可以通过互联网来发布旅游产品，提高销售量。

2. 以计算机网络技术为手段

电子商务时代的重要特征是利用先进的计算机网络技术来管理企业、销售产品、服务客户、提供技术支持等。而在旅游业，互联网成了各种旅游企业对外传播产品信息的重要窗口，企业管理信息系统被广泛应用于旅行社管理、酒店管理、景区管理等旅游企业。

二、旅游电子商务的功能

旅游电子商务可提供旅游产品网上交易和管理的全过程的服务。一般来讲，它具有信息服务、广告宣传、咨询洽谈、网上预订、网上支付、在线服务、意见征询、交易管理等功能。

1. 旅游信息查询与发布服务

在无互联网时代，旅游者获得旅游目的地信息的成本相当高，且费时费力。旅游者通过电话、传真、阅读宣传册等方式来获取旅游目的地的不完整信息。旅游企业也只能通过大量印发宣传册、制作纸质广告等方式来宣传自己的产品。利用互联网，旅游者与旅游企业都找到了信息发布与获取的最佳平台，旅游企业只需将信息一次性在互联网上发布，并定期更新，旅游者就能在任何时候、任何地方获得相关信息，极大地方便了游客，同时为旅游企业节省了大量的成本。

旅游信息查询包括查询旅游服务机构的相关信息（如酒店、旅行社以及民航航班、火车票、游船、汽车租赁服务等信息）、旅游景点信息（如旅游景点的天气、环境、人文等信息）、旅游线路信息、旅游新闻、货币兑换以及旅游常识等。旅游信息的发布与查询服务是旅游电子商务发展的基石，一切旅游电子商务活动都是建立在信息传递的基础之上的。

2. 网上预订与网上支付

利用电子商务，我们可以实现旅游产品的网上预订服务，主要是酒店客房、民航航班机票、火车票、景点门票、旅行社旅游线路等方面的实时、动态的在线预订业务。并可以利用旅游电子商务网站或者第三方支付工具提供的网上支付手段实施网上支付。

3. 客户服务与客户调查

旅游电子商务可以提供交易前、交易中和交易后的及时在线服务，尤其是对旅游者的咨询和投诉提供及时、优质的服务。并可以使用网页上的表单，收集旅游者对服务的反馈意见，使旅游电子商务市场运营形成一个封闭的回路。

4. 代理服务

旅游电子商务提供给酒店、民航全球分销系统、旅行社等多种旅游产品代理端应用程序。在此，各渠道代理人可以与客户进行实时的网上业务洽谈、管理其旅游产品的预订记录、查阅其账目。

5. 交易管理

交易管理涉及人、财、物等多个方面，包括旅游企业和旅游企业、旅游企业和旅游者及旅游企业内部等各方面的协调和管理。交易管理是涉及旅游商务活动全过程的管理。旅游电子商务系统提供一个交易管理的网络环境及多种多样的应用服务系统。

通过以上服务，旅游者可以坐在家中随时随地通过鼠标、移动端设备连入相应的旅游电子商务网站，查询自己的旅游目的地的旅游信息，预订相应的旅游产品，发布自己的旅游感受，在线咨询、在线投诉，整个过程方便快捷。

三、旅游电子商务的特点

旅游产品在市场经营活动中以信息形态表现，网络信息技术为旅游业的这种信息形态发展注入了新的力量，使传统的旅游运作方式得到极大的改善，并创造出了新的产品价值。旅游电子商务充分利用了网络资源的优势，互动、开放、动态、整合各地旅游资源、不受时空限制，同时还利用了电子商务平台，使交易操作程序简便、交易环节精减、交易成本大幅下降。互联网已成为当前绝大部分居民出游前了解相关信息的最主要渠道，亲朋好友对旅游目的地的评价也是居民出游的重要信息渠道。

具体说来，旅游电子商务具有以下特点：

1. 聚合性

旅游产品是一个复杂的、由多个部分组成的结构实体。旅游电子商务把众多的旅游供应商、旅游中介、旅游者、旅游产品整合在一起。景区、旅行社、酒店及旅游相关行业可借助同一网站招揽更多的旅游者。旅游电子商务将原来市场分散的利润点集中起来，提高了资源的利用效率。由此可见，旅游市场的规模因电子商务而扩大。

2. 有形性

旅游产品具有无形性的特点，旅游者在购买这一产品之前，无法亲自了解，只能从别人的经历或介绍中寻求了解。随着信息技术的发展，网络多媒体给旅游产品提供了展示机会，使无形的旅游产品变得有形。这种全新的旅游体验，使足不出户畅游天下的梦想成真，并且培养了潜在的旅游者。

3. 服务性

旅游业是典型的服务性行业，旅游电子商务也应以服务为本。在用户选择网络服务商主要因素中，排首位的是链接速度，其次是服务质量。一个成功的网站必须具备信息量大、更新及时、使用方便等因素。较高的访问量是产生大量交易的前提，旅游网站必须能提供在线交易的平台，提供不同特色、多角度、多侧面、多种类、高质量的服务来吸引不同类型的旅游者。旅游电子商务网站中各种各样的功能和服务是快捷的。网站所提供的各种功能和服务适应不同年龄、不同性别、不同层次的群体的需求，服务业务具有多样化。

4. 实惠性

旅游互联网的介入大大地降低了信息的寻找成本，旅游者可以直接从旅游互联网上获取更多的、更有用的信息，因此旅游电子商务网站汇集了大量的旅游者资源，产生实际的需求量大，企业也愿意将一部分利润让出来，实现薄利多销，通过让利促销、折扣等手段吸引旅游者。这样，旅游电子商务带给消费者的不仅是方便快捷的服务，还有物美价廉的旅游商品。

5. 个性化

随着时代的发展，越来越多的游客已经不满足于传统旅行社提供的单一不便的团体出行，更期待满足自己特殊兴趣与需要的个性化旅游。旅游电子商务可以根据每位旅游者的不同需求，利用网络平台，一对一地进行全套旅游方案的在线定制。首先，旅游者在出游之前，可以通过提前登录网站进行在线咨询来获得个性化的出行建议和规划；其次，可以通过网络收集目的地的旅游信息，根据自己的情况选择景点线路、导游、食宿和交通工具；最后，网站会根据旅游者所选择服务的具体内容自动形成一个个性化的旅游线路清单。

从旅游业务角度来说，在旅游电子商务体系中，各旅游企业子行业间及旅游企业与旅游者之间通过信息网络系统广泛地联系在一起，它们之间错综复杂的合作与交易均可以通过网络手段来实现。应用旅游电子商务的机构也很多，主要包括：旅游饭店、旅行社、旅游车船公司等旅游企业，旅游批发商、旅游代理商、旅游集散中心等旅游中间商以及旅游营销机构等。目前，专业的旅游电子商务网站也逐步发展壮大起来，它们为旅游者提供了极其丰富的旅游咨询，支持在线进行全国甚至世界范围内的旅游预订，并提供专门的交流社区，已经成为网络时代新兴的旅游代理商。

四、旅游电子商务的主要优势

旅游与互联网是一对最好的合作伙伴，旅游电子商务相对于电子商务其他行业具有诸多优势，旅游业是信息密集型产业和信息依托型产业，而网络本身又具有廉价、快速、便捷、手段多样等优越性。旅游业与电子商务的结合，必定给其发展带来新的生机和活力。电子商务在旅游业中的应用，具有十分明显的优势，主要体现在以下几个方面。

1. 旅游产品自身特点适合发展电子商务

旅游业本身并不是以实物交换为主的行业，旅游产品具有无形性和不可储藏性的特点，其生产和销售的过程是在服务的过程中完成的，从旅游者来说，旅游者购买的是一种经历，从供给方来说，旅游企业提供的是各种服务，以此来赢得收入，并不涉及任何的实物交换，不存在实物产品发展电子商务过程中必须面临的费时费力的物流配送问题。与旅游相关的各种票据、单证都可以通过多种方式解决，比如电子机票已在国内外航空公司广泛应用，无票旅行将是旅游电子商务发展的必然趋势。在资金转移方面，通过互联网实现电子结算，无论是技术、安全性，还是普及程度，都为游客和企业带来了极大的便利。随着信息技术的发展，旅游信息可以以声音、图片、动画、视频等各种方式传递给游客，增强了游客的感性认识，弥补了传统旅游业所不能给予客户的认知，为旅游者提供了"身临其境"的体验机会。全新的旅游体验，培养和壮大了潜在的游客群。

2. 旅游业是信息密集型产业，互联网是信息聚集和发布最有力的平台

旅游产业具有高关联性，它是由若干性质截然不同的行业组合起来的貌似松散的综合产业，旅游业的发展要牵涉到广泛的社会经济架构。对游客来说，旅游电子商务提供了全面丰富的旅游信息，对旅游产品和服务提供商来说，

旅游电子商务使得企业与游客的交流和沟通变得更加直接，相关业务部门之间的合作也变得更为容易。旅游电子商务可以迅速整合各种资源，促进各行业间交叉联合、优势互补，将原来分散的利润点集中起来，形成旅游中介商、旅游产品生产者、旅游者共赢的局面。

3. 旅游产品具有价格优势且提高旅游服务质量

旅游电子商务技术在内部管理、网络约定、信息咨询等方面的运用极大地降低了旅游企业的内部成本，克服了传统旅游服务的缺憾，用很少的人力为旅游者提供了科学、全面的信息服务。

旅游电子商务还可以向游客提供无所不有的旅游信息服务，这些旅游信息多以图、文、声、像并茂的形式展示，不仅可以使游客轻松地收集动态真实信息，而且提供的虚拟旅游产品还可以给消费者身临其境之感。不同于传统旅行社每天固定时间的服务时间，旅游网站可突破时空限制，为旅游者提供全天候24小时跨地域的服务。

艺龙旅行网：
www.elong.com

Internet 的迅速流行，旅游电子商务被认为是未来 IT 业最有潜力的新的增长点之一。

第二节　旅游电子商务的体系结构

一个完整的旅游电子商务系统是以网络信息系统为基础，由旅游者、旅游企业、旅游电子商务服务商、网上银行、认证中心、政府共同组成的综合体（见图 2-1）。旅游电子商务系统不是独立的，它是电子商务的一个重要组成部分，需要旅游业发展环境、社会环境、网络技术环境及相关的电子商务法律法规和旅游管理法律法规的支持和保障。

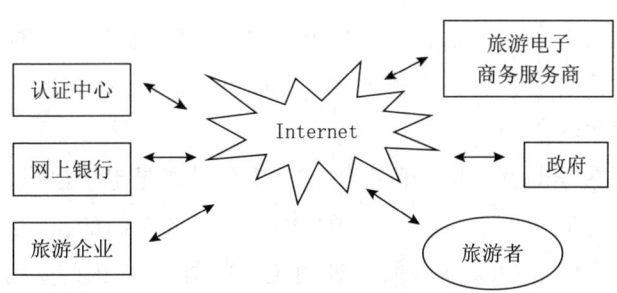

图 2-1　旅游电子商务的基本组成示意图

无论是互联网上的旅游电子商务网站还是旅游企业内部的管理信息系统，都是以计算机网络化的形式存在、运营和管理的。旅游电子商务中涉及的信息流、资金流均和网络信息系统密切相关。以网络信息系统为平台，旅游企业、旅游者、专业旅游网站运营商、支付结算服务商、物流服务商等组成了一个完整的旅游电子商务运作系统。旅游电子商务的体系结构见图 2-2。

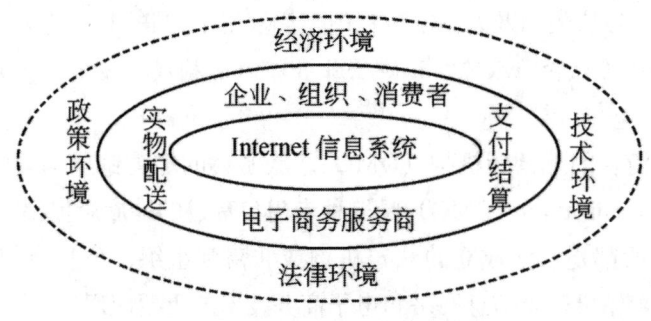

图 2-2　旅游电子商务的体系结构

1.Internet 信息系统是旅游电子商务体系的架构基础

网络信息系统是旅游电子商务体系的基础，是提供信息、实现交易的平台。

旅游企业、机构及旅游者之间利用这个平台进行跨越时空的信息交换。旅游机构可以在网站上发布信息，旅游者可以搜寻和查看信息。交易双方可以通过网络支付系统进行电子支付。旅游预订和交易信息可以指示旅游企业组织旅游接待服务，最后保证旅游业务的顺利实现。

网络信息系统可以分为互联网、增值网和内联网三种。

互联网可以为电子商务的开展提供许多便利，实现很多诸如电子邮件、信息浏览、远程登录、网上聊天等功能,而且能够提供24小时的信息服务,并且支持图片声音等多种多媒体形式。互联网与旅游业结合可以为旅游机构提供巨大的商业机会。

增值网是最早的旅游电子商务方式,主要模式是电子数据交换,主要应用于旅游企业之间的商务活动。电子数据交换需要专门的操作人员自行开发所需应用程序,并且需要业务伙伴也使用电子数据交换,因此受到一定的制约,但是相对于互联网,电子数据交换在安全保障问题方面更具优势。目前电子数据交换在旅游业中的应用主要集中在计算机预订系统和全球分销系统中。

内联网是在互联网基础上发展起来的企业内部网。它把一些特定软件附加在原有的局域网上面,将局域网与互联网连接起来,而且它受到企业防火墙安全网点的保护,外部人员很难进入。内联网连接了分布在各地的分支机构及企业的内部部门,企业管理人员通过此获得自己所需的信息,从而形成企业内部的虚拟网络,降低企业的通信成本,推进了企业的内部无纸化办公。如今,在大型饭店集团及大型旅行社中广泛使用了内联网。

2. 旅游目的地营销系统、旅游企业和旅游者构成了旅游电子商务的应用主体

(1)旅游目的地营销机构(DMO)。旅游目的地营销机构(Destination Marketing Organization,DMO)是一种专门负责目的地旅游促销事务的组织。这些组织一般都是依法成立的法定机构或非营利组织,公私合营较为普遍。旅游目的地营销机构是信息网络和电子商务技术的重要应用者。

(2)旅游企业。旅游企业是旅游市场的主体,旅游企业包括旅游服务提供商和旅游中间商,负责生产、组织和销售旅游产品,开展跨国度、跨地区的旅游经营活动。旅游企业开展电子商务必须进行系统规划、建设好自己的电子商务系统。一个完整的旅游企业电子商务系统,由企业内部网络系统、企业管理信息系统和电子商务网站等部分有机组成。其中,企业内部网络系统是沟通企业内部信息传输的媒介,企业管理信息系统是信息加工处理的工具,电子商务网站是企业拓展网上市场的窗口。

旅游企业的互联网应用可以是多方面的,最普遍的是建立自己的旅游网站,作为企业宣传和促销产品的网络平台。"九寨沟风景名胜区网"是旅游景区企业网站,是九寨沟官方发布信息、提供旅游服务的重要平台,是游客了

解九寨沟、规划行程、获取服务的重要渠道。通过访问官网，游客可以更加便捷地享受九寨沟的美景和服务。图2-3为九寨沟风景名胜区网首页。

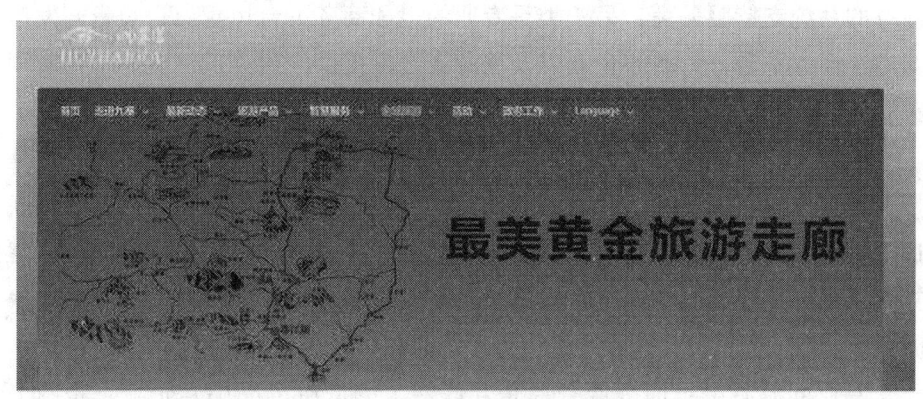

图2-3　九寨沟风景名胜区网首页

旅游企业可将自己的旅游产品提交给专业的旅游电子商务服务商进行代销售，最典型的体现在于航空机票代理和酒店客房预订两个旅游产品。

（3）旅游者。旅游者是旅游电子商务的最终服务对象。旅游者购买旅游产品并到目的地进行旅游活动，是旅游产品的消费者。旅游者通过旅游电子商务享受到了查询、预订、咨询及服务等多方面的便利，节省了大量的时间和费用。旅游出行前，旅游者可以通过电子商务网站查询旅游目的地的信息、相关公共信息（包括航班、列车、公交路线、汇率等）、旅游产品信息以及旅游企业信息等。并可通过电子商务网站预订旅游产品，进行网上支付。旅行中，旅游者可以通过电子商务平台了解目的地各种情况，查询相关的旅游设施。旅游归来，旅游者可以通过平台填写调查问卷，提出建议，进行投诉等。在互联网上，旅游者不仅是旅游信息的获取者，同时逐步发展成了旅游信息的发布和传播者，旅游者可以将自己的亲身体验、自己的活动照片和视频发布到互联网上，与广大网民分享，进行经验交流。旅游企业可以根据旅游者提供的反馈信息进行数据分析，纳入客户关系数据库中，定期向其传递符合旅游者偏好的旅游促销信息。

3. 电子商务服务商是旅游电子商务的技术支持者

电子商务服务商是旅游电子商务的技术支持者，为旅游企业、旅游机构和旅游者在网络信息系统上进行商务活动提供支持。根据其服务内容和层次的不同可以分为两类：一类是为旅游电子商务系统提供物质基础和技术支持服务的系统支持服务商；另一类是专业的电子商务平台运营商，负责开发运营电子商务平台，为旅游企业以及旅游者之间提供沟通渠道、交易平台及相关服务。

系统支持服务商，根据技术和应用层次的不同可以分为三类：第一类是接入服务商，它主要提供互联网通信和线路租赁服务，如中国电信和中国联通提供的线路租借服务。第二类是互联网服务提供商，它主要为旅游企业建立电子商务系统提供全面支持。第三类是应用服务系统提供商，它主要为旅游企业、旅游营销机构建设电子商务系统时提供系统解决方案。

专业的旅游电子商务服务商是互联网上的旅游产品中介企业，是网上旅游产品超市，是旅游电子商务发展的中坚力量。特点是规模大、知名度高、访问量大，有巨大的用户群。他收集旅游信息，提供虚拟的旅游交易市场。旅游企业通过加盟专业的电子商务平台，可轻松地实现电子商务，而无须自行建设网站。携程网就是中国专业旅游电子商务服务商的代表之一，网站提供了在中国旅游的各种信息，汇集了国内旅游企业的众多旅游产品。

4. 电子支付结算系统与物流配送体系是旅游电子商务网上交易实现的保障

电子支付结算，是旅游网上交易完整实现的很重要的一环，关系到购买方的信用能否按时支付、旅游产品的销售方能否按时回收资金并促进企业经营良性循环等问题。电子支付结算系统的稳步发展，是旅游电子商务得以顺利实现的重要因素。

旅游产品具有异地购买、当地消费的特点，与其他行业不同，旅游电子商务对物流配送的需求相对比较少。不管是预订酒店还是预订旅游线路，都需要旅游者亲临当地进行消费。旅游产品的这种消费特点很好地规避了传统电子商务过程中商品远距离运送的问题，而只需要解决一些交通票据的近距离递送，比如机票的上门配送服务等。

第三节 在线旅游的发展历史

在线旅游服务业是从 20 世纪 90 年代兴起的，进入 21 世纪，在信息技术与网络技术发展的背景下，旅游网络消费开始快速兴起。参考中国在线旅游市场发展趋势白皮书研究课题组发布的《中国在线旅游市场发展趋势白皮书（2012—2015）》（以下简称白皮书）分为四个阶段，分别是：萌芽期、起步期、发展期、持续完善期。

第一阶段是在线旅游服务的萌芽期，从 1996 年至 1998 年，在线旅游企业通过呼叫中心和在线预订两种方式获得市场份额，同时获得经济效益。第一代在线的旅游企业，以携程、艺龙等企业为代表，极大地促进了中国在线旅游以"机票＋酒店"商旅为主的市场的发展，催生了中国第一批旅游网站，如华夏旅游网、携程旅行网、中青旅在线等。但此阶段，互联网的普及率和利用率都比较低。

第二阶段是在线旅游的起步期，从 1999 年至 2002 年，在线旅游服务商通过收购传统的分销商来拓展市场覆盖范围，如携程收购了北京现代运通订房网络。通过与传统的旅游分销商相结合，为行业的发展带来了崭新的生机。也正是这个时期，携程建立了庞大的呼叫中心和地推团队，极具中国在线旅游发展特色。

第三阶段是在线旅游服务的发展期，从 2003 年至 2008 年，随着信息技术和信息化网络的快速发展，旅游与电子商务广泛结合，充分发挥了互联网自动化的作用来提高效率、降低成本。中国在线业务行业呈现多元化、差异化发展态势。传统的以商务旅游为主的在线旅游企业，开始开发新的旅游产品，以期开拓新的盈利增长点。一些新兴的旅游服务商开始涌现。航空公司开始加大自有网站的投入，大力发展网络直销业务。各种细分垂直型的在线服务商日渐兴起，如途牛、驴妈妈等。互联网行业的技术和商业模式创新推动了新兴互联网企业进入在线旅游行业。一些大的互联网巨头凭借着自身强大的用户流量，开始进军在线旅游行业，如淘宝、京东商城、苏宁易购、腾讯、网易、百度等纷纷杀入在线旅游市场，推出各自的旅游产品预订服务。众多的传统旅行社开始上新自家公司的线上平台，展示和分销产品，如中青旅的遨游网、华远的佰程网等。

第四阶段是在线旅游的持续完善期。随着互联网基础设施的逐步完善和网民数量的快速增长，OTA 行业逐渐迎来了新的发展机遇，2015 年左右，携程通过低价＋并购等多种手段巩固了自己的市场定位，美团等跨界竞争者开始崭露头角，开始挑战携程的市场地位。2020 年以后，OTA 市场竞争继续深化，新的竞争者不断涌现。除了传统的 OTA 平台外，短视频平台如抖音、快手等也开始切入在线旅游市场，为消费者提供更加丰富的旅游产品和服务，带来了新的流量和增长点。

同时智能手机、移动设备和移动网络广泛应用，为在线旅游行业提供了新的机遇。移动互联网为在线旅游带来了巨大的发展机会，移动互联网的终端入口——智能手机是一个重要的预定渠道，其具有便携性及能提供地理定位的特点，在旅游信息查询和旅游产品预订方面对用户来说更加灵活。

智能终端出现前，互联网与旅游的融合主要在游前信息检索、旅游攻略、OTA 预订和旅游分享等。智能终端出现后，旅游移动过程中的分享、导游、食宿点评以及地图等信息需求得以解决。目前，无线旅游预订旅游产品已不仅仅局限在酒店、门票等传统业务上，周边旅游、国内旅游、出境旅游等丰富的跟团游线路也均可实现"一键下单"般的方便、快捷。许多消费者也已经习惯通过移动互联网设备预订旅游产品、更新旅游咨询、分享游记及旅游攻略等。移动应用将极大地激发用户对于旅游产品的消费热情，越来越多的旅游个性化需求被唤醒。用户消费方式的改变，也势必给在线旅游市场注入新的活力。

从"3000 美金周游世界"感受电子商务

第四节　旅游电子商务的产业影响

一、对旅行社业的影响

旅游电子商务使传统的旅游业面临着信息革命带来的机遇和挑战，加之其巨大的市场潜力，使旅游业成为目前网络空间中一股活跃的力量，给旅行社业务构成了巨大的压力。从某种角度上说，旅行社业是一个信息行业，它在向旅游者提供各种旅游服务的过程中起着媒介和经纪人的作用，是采购、组合和销售旅游产品的中间商。而旅游供应商直销的发展挑战着旅行社的中间商职能，逐渐弱化了旅行社作为旅游业中介机构的传统功能，旅游电子商务网上交易已经成为新世纪旅游业发展的重要趋势，从而强劲冲击着旅行社。主要体现在以下几方面：

1.旅游电子商务弱化了旅行社的基本职能

（1）弱化了旅行社提供信息的职能。旅行社属于服务行业，本身并不生产有形产品，而是将相关旅游企业产品通过组装销售给旅游者，由于旅游涉及食、住、行、游、购、娱六大要素，同时又由于旅游跨国、跨地区的性质，旅游管理对信息共享的要求很高，所以信息资源是旅行社经营的要素之一，在资产组成中占很大比重。在线"网络旅游公司"的出现对传统旅行社提供信息的职能提出了挑战，它本身就是一个信息系统，饭店、旅游景点、旅游交通运输部门和其他旅游企业可以通过国际互联网将自己的产品信息直接刊登在自己的主页和网站上，且信息高度集中，操作方便快捷。

传统旅行社的旅游产品（旅游线路）缺乏个性。传统旅行社的产品运作模式是：市场调研—产品设计—采购—旅游线路（产品）—促销—形成一定规模的旅游团队。由于旅游团队须像军队一样沿着事先选定好的线路和日程安排实施，使得许多参加旅行社组织的旅游线路的旅游者，不得不放弃自己的个性而适应团队的统一行动。如今传统旅行社的产品已不适应旅游者的个性需要,这正是当前旅游团队客人下降而散客旅游上升的原因。如今,旅游者只需借助网络进入自己感兴趣的站点,就可以得到有关旅游信息,预订酒店、门票、机票,自己组合旅游线路,而不必受到旅行社产品组合的限制。由于国际互联网的双向性,旅游者又可以通过电子邮件形式,及时与有关旅游企业联系,提出自己的要求,从而得到满意的答复。旅游电子商务使旅游企业和潜在旅游者直接通过网络这个中介成交,而这种交流可以避免繁杂的中间过程,减少信息失真,节约交易费用,提供物美价廉的产品,使旅游企业和旅游者双方获利。

(2) 弱化旅行社代理职能。除单项服务外,旅行社提供给旅游者的是组合产品,也就是说"旅行社大多以低于市场的价格将饭店、景点、旅游交通和其他相关部门的旅游者所需的各种服务项目批量买进,然后进行组装加工并融入旅行社自身的服务内容,进而形成具有自己特色的旅游产品",各旅游产品的供应商要把产品大批量销售出去,就必须依靠旅行社这条渠道,基于这种相互依存的关系,各旅游产品供应商就要付出比较大的代价,它们给旅行社的产品报价要远远地低于市场价格,这也是旅行社收入的主要来源。

旅游电子商务的出现,使旅行社的代理职能受到削弱。由于各旅游产品的供应商可以通过网络直接销售旅游产品,因此就可以省去由旅行社向潜在旅游者推销自己的产品且促成其消费行为所付给旅行社的佣金,而只需花很少的费用在网上将自己的信息公布出来,节约开支,降低产品成本,使产品更具有竞争力。比如:传统旅行社根据垂直分工,分为批发商和零售商,各司其职,分工明确,但同时也加大了旅游成本,而旅游电子商务可以成为旅游行业的多面手,当旅游网站组织自己的线路产品时,此时网站就是批发商;当网站将自己组织的产品推向市场同消费者直接见面时,此时它又可以是零售商。它可以将原来市场分散在批发商和零售商的利润点集中起来,效率会更高。

2. 减少了增值服务收入

传统旅行社的经济收入中,代理航空公司、饭店和租车产品销售可以获取相当不错的收入,但在电子商务的冲击下,存在于旅游供应商和旅游者之间的旅游价值链正在发生着急剧的变化。有的航空公司认为他们不再需要旅行社为他们销售机票,许多旅游者也认为从旅行社或票务中心买票的传统方式已经过时了,有的公司通过削减代理佣金的方法压缩旅行社的业务量,将自己的产品通过互联网直接面向消费者,减少了中间环节。互联网上旅游产品的直销减少了旅行社通过代理旅游产品获得佣金的经济来源,导致原来主要靠佣金生存的旅行社的数目正在迅速下降,迫使旅行社重新考虑电子商务环境下新的利润来源。

总之,随着旅游电子商务的兴起,它将不断从传统的旅行社那里占有更多的市场份额,而传统旅行社业生存的空间会越来越狭小。

因此在新形势下,旅行社应正确认识电子商务和电子交易,主动利用电子商务的优势,改变经营观念,主动利用互联网宣传自己的产品,开展网上营销、网上拼团等。如,旅行社可以在自己的网站上推出"自助旅游"活动,旅游者在网上填写自己希望去的旅游目的地、旅游天数、起止日期和期望价格等信息,旅行社可以根据旅游者的需求,提供不同的旅游线路,制定不同的价格,从而使旅游产品向"量身定做"的方向发展,迎合个性化旅游活动的潮流。同时,旅行社应向专业化方向发展,为游客提供专业的咨询服务,由"旅游产品的组装者"变为"行业专家",重新树立自己的行业形象,加强专业化、人性化的咨询服务以及其他专业服务。

二、对酒店业的影响

在我国旅游各分支行业中,酒店业是应用电子商务技术相对较早和相对较多的行业。旅游网上营销快速发展,旅游电子商务是其主要部分,它是未来酒店行业竞争的重要手段之一。旅游电子商务要求酒店员工有较高的综合素质,特别是计算机的基本操作和网络的基础运用。随着旅游电子商务的发展及其内容的丰富,对员工的要求也日益提高,有利于整个饭店行业水平的提升。

旅游电子商务对酒店业的影响主要表现在以下三方面:

1. 酒店的销售渠道得以拓宽

通过电子商务平台,可以将无形的酒店产品有形化,改变酒店产品"无形"的历史。网络旅游可以快速地提供大量的旅游信息和虚拟酒店产品,网络多媒体技术给人们带来了"身临其境"的酒店产品。特别是三维空间的出现,GIS 的应用更使人们对无形酒店产品有了全新的感受。这些都促使潜在顾客快速行动，从而增加酒店的销售额，增加酒店的净利润。

2. 酒店能够及时了解反馈信息

传统的信息反馈方式只是酒店向游客打电话、寄反馈卡、召开座谈会等形式。不仅费用高，而且反馈速度慢，反馈方向单一化。而电子商务的信息传递是双向式的，商家不仅可以发送咨询信息，也可以收到访问者的信息。旅游者同样可以收到酒店解决问题的措施。所以，利用旅游电子商务可以大大提高信息反馈速度，减少通过其他途径可能导致的信息不准，有利于酒店及时收集信息，改进工程，缩短了旅游产品的生命周期，使其向良性化发展。

3. 有利于酒店管理及业务流程信息化

在酒店的内部管理方面，普遍采用的酒店管理系统能有效地服务于酒店内部的信息采集、传递、分析处理、输出和管理控制。它用计算机系统代替了酒店日常管理工作依赖的大量书面报表，避免了手工操作的效率低下、错误率高、账目迟报等现象，同时有利于酒店管理人员对工作实施有效的控制，诸如存货控制、人工费用控制、收款和客人账目控制等，对提高酒店的服务效率和管理效率有重要作用。

三、对旅游消费者的影响

旅游者是旅游电子商务发展的推动者和受益者，旅游电子商务的发展为旅游者带来了更多的选择机会、更快捷的服务、更低廉的价格。在此基础上，旅游者不再满足原有的旅游方式和旅游服务，许多旅游者加入自驾车游、徒步游、短租房度假游等个性化旅游行列，旅游者的个性化旅游方式也促进了网上旅游产品的销售。旅游者通过网络查找目的地的旅游信息，通过旅游电子商务服务商预订旅游产品和确定行程路线已成为许多旅游者出行前必备的准备工作。

1. 个性化自助旅游市场的份额不断扩大

互联网上旅游信息的广泛传播，为喜爱自由、不愿受拘束的旅行者们提供了前所未有的广阔舞台和崭新的生活空间。网络将使得传统意义上的旅游概念发生改变，一种新型的以个体为中心的自助式旅游文化应运而生，为旅游者制订旅游线路提供了有力的依据。旅游点、旅游酒店、机票、餐馆、旅游地图等旅游信息可以让旅游者按照自身的喜爱和条件，自由地为自己量身定做旅游计划，同时通过网络交互平台，旅游者可以发布"网络召集令"，与志同道合的旅游者共同出行旅游。

在欧美发达国家，70%的游客选择自由行，团队游只占30%。近年来，自助游在中国旅游者，尤其是年轻人中逐渐盛行。

2. 降低了信息获取成本，提高了效率

互联网的特性就是降低信息获取成本，旅游者通过网络获取的信息比在传统方式下不仅成本低，而且具有信息全面、时效性强、可随时查询等优势，信息获得的效率得到了大幅度的提升。

四、在线旅游行业的运作流程

在线旅游整体上可以分为五个部分：旅游产品供应商、渠道商、网络营销平台、在线媒体、用户。在线旅游能够顺利地发展下去，需要每一个部分的配合。从旅游产品供应商到最终的旅行消费用户，在传统的旅游产业链中加入了网络营销平台和在线媒体两个环节，使整个行业发生了根本性的变革。网络营销平台能够充分满足消费者对旅游产品的浏览和预订，满足消费者便利性的需求。而在线媒体，则通过提供搜索、社交媒体、移动应用等功能为消费者提供了比较和选择判断的价值，满足了消费者追求更好的性价比的需求。

上游产品供应商一般包括航空公司、酒店、景区和旅行社。上游的产品供应商除了通过线下渠道的销售，还可以通过线上渠道进行销售。线上渠道一般有两种。一种是把产品外包给在线的代理商，通过在线的旅游代理网站或者代理分销商进行销售。另一种是自营直销销售，随着上游供应商的官方网站建设日益成熟，自营网站的直销力度加大，直接销售给最终的旅游用户，减少了中间环节，降低了旅客的成本，同时也减少了相应的代理商的佣金成本。

旅游用户可以通过在线媒体提供的搜索、社交、移动应用等服务进行比较和选择。在线旅游的运作流程如图2-4所示。

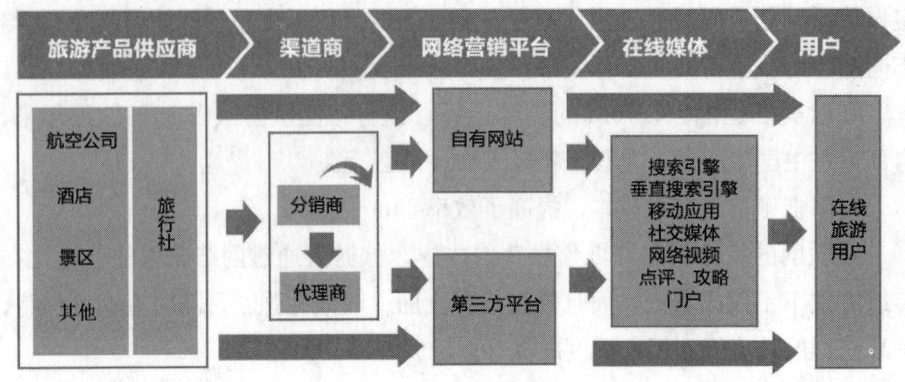

图 2-4 在线旅游市场产业链图

资料来源：艾瑞咨询

以前吃、住、行、游、购、娱各要素彼此之间缺少有效的沟通协同机制。互联网、智能手机、各种 APP 逐渐走向大众生活，"互联网+"推动了传统企业的网络化和数字化，让六大要素链接紧密合作成为可能。

五、现有旅游市场电子商务发展存在的问题

我国旅游电子商务起步于 20 世纪 90 年代中期，起步较晚，虽然旅游电子商务经过近 20 年的发展已经成为电子商务中一道亮丽的风景，但由于旅游电子商务发展的基础薄弱、各项配套设施不健全、相关法律法规和政策还不完善，因而在其发展过程中存在不少问题。突出表现为社会对旅游电子商务认识不足、缺乏个性化服务、旅游电子商务的安全性较低以及复合性人才短缺等。

1. 旅游企业和消费者对旅游电子商务认识不足

对众多旅游企业来说，网上促销、网上预订，尤其是网上结算还是件比较陌生的事。即使知名旅行社也认为大多数旅游者依然以传统方式选择旅游企业。因此，目前仍有不少旅游企业缺乏对旅游电子商务的正确认识，过分依赖传统营销手段，信息化意识不强，忽视应用旅游电子商务系统所能带来的潜在收益。

在旅游电子商务市场中，虽然有携程、艺龙、同程、芒果等企业投入了

大量的资金和人力，但是很多中小企业在资金、人力、技术上投入不足。建设旅游电子商务网站需要投资购买相关软硬件设备、引进人才，但难以保障有相应的回报。大部分旅游企业对网站建设重视不够。有的旅游企业即使建立了网站，也对如何开展旅游电子商务存在片面理解，似乎用了电脑、上了网、建了网站，就是开展了旅游电子商务，导致网站信息匮乏，大多只有旅游线路、旅游景点、旅游知识的简单介绍，较少涉及旅游线路设计、自助旅游安排等项目，未充分利用电子商务架起与旅游者之间的直通桥，更未能提供全面、专业、实用的整套旅游服务；网站搜索功能差；信息更新较慢；无法为旅游者提供及时全面的信息服务；网站定位太窄、功能简单、工作者视野不够开阔；其旅游电子商务功能大多停留在低级阶段，基本上处于在线预订、离线确认的半手工作业状态，并不是真正意义上的旅游电子商务。从旅游者角度讲，大多数旅游者的消费心理传统而保守，很多人只相信眼见为实，而对旅游电子商务缺乏正确认识，在一定程度上制约了旅游电子商务的发展。

2. 旅游电子商务缺乏个性化服务，旅游网站少

目前，中国涉及旅游服务的网站已经有近千家，但能整合旅游的六大要素——吃、行、住、游、购、娱，及时提供具有个性化、信息化、季节化的旅游产品网站太少。旅游企业对发展旅游电子商务定位不准，大部分平台停留在电子商务的表层或初级水平，显得单调、雷同、呆板，缺乏市场吸引力和竞争力导致旅游电子商务网站缺乏个性化服务。

突出表现为：在规划建设旅游电子商务网站时，往往因为缺乏对旅游业全面深刻的了解，结果各网站经营模式雷同，内容缺乏特色，重复建设严重，经营效益不高。旅游网站主营的电子商务业务有机票、酒店、旅行团预订三大项，每个旅游网站都有。这些服务跟传统旅行社、酒店预订中心、机票销售公司相比没有太大的优势可言。旅游电子商务网站普遍存在信息管理系统不完善、内容简单而陈旧等问题，大多数网站基本是停留在简单的旅游线路、旅游信息、景点介绍、旅游常识等旅游咨询的发布，而且介绍旅游路线景点常识的静态信息多，动态信息少，且更新周期较长，不能与市场紧密结合，不能提供充分的旅游信息，离及时、快速、准确、全面还有一定的差距，如综合性网站专业性不强，不能提供全面权威、可参考性强的旅游信息，专业站点的内容大部分是简单的企业介绍，缺乏满足不同层次需求、有针对性的

有效信息支撑，使旅游电子商务缺乏个性化服务，对旅游者的吸引力不大，难以激发旅游者的旅游欲望。很多旅游电子商务企业所提供的产品只是各种车票、机票、旅游线路、住宿酒店的预订服务等，即使有旅游电子商务企业推出自由行，也无非是将交通票据、景点门票、酒店住宿等进行打包，并不是真正意义上能满足不同需求的旅游套餐。不少旅游电子商务平台的网络技术配套设施、人员素质、技术功能等难以对不同需求层次旅游者的动态信息进行有效整合，更不能提供满足旅游者个性化需求的定制服务。

3. 旅游电子商务的安全性较低

在旅游电子商务市场中，尚未形成一套有效的旅游产品标准体系，包括旅游产品自身的标准和交换标准，不利于旅游产品的市场交易行为。旅游电子商务是在开放的网络上进行的，安全性是其能否普及的最重要因素之一。目前旅游电子商务信息真实性差、支付安全性低和旅游企业信用缺失影响其安全性，成为制约其发展的重要因素。调查显示影响旅游电子商务发展的三大因素分别是：难以辨别网上信息的真伪、担心网上支付的安全问题和对旅游企业信用有疑惑。从旅游电子商务信息来看，由于缺乏法律约束和相应的管理机制，加上旅游电子商务的虚拟性，双方通常无法获取到更加直接和真实的资料，因而一些不法旅游企业利用网络技术不完善和电子商务法规不健全，通过旅游电子商务平台发布虚假信息，牟取非法利益。一些网民则出于好奇或恶作剧心理，通过旅游电子商务平台恶意下单订购旅游服务，却不付款，严重干扰旅游企业的正常经营秩序。从旅游电子商务网上支付安全来看，旅游者普遍对其缺乏信心，担心电脑病毒和黑客行为等导致自己的信用卡等资料被窃取而造成损失。他们即使在旅游电子商务网站看中某种旅游产品，也有意于购买，但仍不愿意进行网上支付。网上交易需要进行一系列的用户认证程序，旅游电子商务网站可轻易地获取旅游者的个人隐私资料。这些信息资料被贩卖的事情常有发生，使旅游者遭受骚扰之苦和经济损失，因而不愿意进行网上交易，导致旅游电子商务的快捷性、低成本性等特征得不到体现。从旅游企业信用来看，有的旅游企业利用旅游电子商务平台进行虚假宣传，对景点描述与实际不符，片面夸大旅游服务，在线销售旅游产品以次充好等，严重影响旅游电子商务的正常发展。

此外，旅游信息服务及运行体系也存在着诸多不完善，我国尚未建立起旅游信息公共服务体系和机制，没有形成与旅游网站相配套的散客服务和接待体系，没有形成以目的地为核心的旅游信息集散体系，没有形成旅游吸引物的有效网络展示和网上传播体系。

4. 旅游电子商务复合型人才短缺

旅游电子商务涉及旅游行业、电子商务、信息网络、市场营销、经营管理等众多子行业。这就要求从业人员不仅要具备计算机网络、电子商务等方面的知识，还要具备旅游、金融、市场营销和经营管理等方面的知识与能力。近年来，虽然我国旅游从业人员素质不断提升，但我国旅游电子商务的发展缺乏既熟悉电子商务又精通旅游业务和计算机网络知识的复合型人才，而众多的旅游电子商务平台运营需要有多部门的支撑和配合，人才的缺乏导致旅游电子商务平台与供应商之间缺乏有效联系，对旅游者的服务不够及时和到位、信誉度下降等，制约了旅游电子商务的进一步发展。

思考与练习

1. 简述旅游电子商务的概念。
2. 简述旅游电子商务的组成要素和实现的功能。
3. 以携程网、艺龙网、同程网、芒果网为例，谈谈其提供了哪些功能和服务。
4. 进入携程旅行网的网站，自己动手实际体会旅游电子商务网站的功能。
5. 试对你认为理想状态中的旅游电子商务进行描述。
6. 查找资料思考现在的旅游电子商务业是怎么协调网上支付和物流两大瓶颈的？

繁花似锦的旅游电商圈

第三章
旅游电子商务模式及主要网站

【本章内容】

本章主要内容是对旅游电子商务模式的相关主要概念进行阐述,并结合具体实例对各种模式的分类及特点进行介绍与分析,总结了每一类网站的特点和作用。

【学习目标】

通过本章的学习,掌握有关旅游电子商务模式的相关概念。掌握旅游电子商务各类型网站的表现内容及其作用,认识和了解旅游电子商务模式的具体分类及应用。熟悉中国几个著名的旅游网站,并且能够运用不同的分类方法将旅游网站进行归类,同时掌握不同类型网站之间的相同和不同之处,能够对旅游类网站在服务内容、发展方向、市场目标等方面有整体的认识。

【关键概念】

旅游电子商务网站;经营模式;盈利方式

第一节 代理商服务商业模式

一、概念

在线旅游代理商，也称为在线旅游服务商，简称 OTA（Online Travel Agency），意为在线旅行社，是基于互联网，为旅游者安排食、住、行、游、购、娱等有偿服务活动的企业或机构，即把传统的旅游产品放到网络上销售，这种商业模式比较多见。在线旅游企业充当着中间销售商的角色，通过网络集中大量的目标客户，向上游的供应商要求更低的折扣价格，再以比线下更有优势的价格销售给顾客，为用户和产品供应商提供交易服务，同时在交易中提取一定比例的佣金。典型的在线旅游代理商有 Travelocity、携程、艺龙、Expedia 等。

二、代表企业案例

1. 携程网简介

携程网创建于 1999 年，总部在上海，并于 2003 年 12 月在美国纳斯达克成功挂牌上市，作为中国领先的在线旅游服务公司，携程网成功地整合了高科技行业与传统旅游行业，向超过 1500 万会员提供集酒店预订、机票预订、度假预订、商旅管理、特惠商户及旅游咨询在内的全方位旅行服务，实现了旅游产品的网上一站式服务，被誉为互联网和传统旅游无缝结合的典范。标准化的高效服务以及由此形成的强势品牌形象构成了携程网的核心竞争力。

携程网对旅游业最大的贡献就是成功整合了传统旅游业和高新技术产业。携程网的度假超市提供近千条度假线路，覆盖全球各地，是中国领先的旅游服务网站。携程网的集团成员包括驴评网、星程酒店、中国古镇网、台湾易游网与中软好泰。2010 年 5 月，携程网建立了世界上最大的旅游业呼叫中心，该呼叫中心拥有超过 1.2 万个呼叫席位。

2. 携程网营利模式

目前在线旅游网站的营利模式主要分为两种，一种是流量模式，另一种是会员模式。流量模式不要求网站筛选客户群，网站主要通过在页面放置广告的方式收取广告费用，在这种情况下，网站追求的是更大的点击率，点击率越大营利能力越强。另一种是会员模式。会员模式要求网站区分出有效用户，在足够数量的有效用户基础上，通过收取会员费，或者成为会员与供应商之间的中介商，收取中介费来实现营利。携程网的营利模式可以归为会员模式，图 3-1 为携程网的营利模式图。

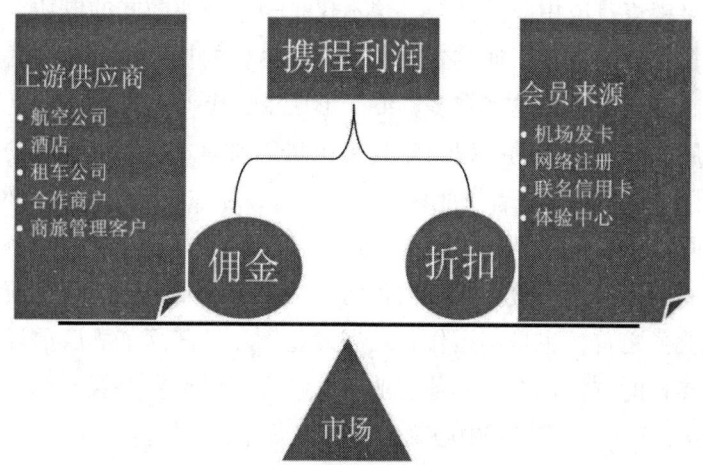

图 3-1　携程网的营利模式图

图 3-1 为携程网的营利模式图，从图中可以很明显地看到携程网的关键资源很明显，一只手抓住了上游供应商的命门，一只手抓住了下游消费者的命脉。

携程网的利润主要来源于我们所熟知的机票业务、酒店业务、租车公司、合作商户等业务佣金。而它的商业策略更是简单易行，从图 3-1 可以看出，首先它开发出了庞大的会员用户，在天平的一侧是其网站通过不同渠道所获得的全国几千万的会员。接着利用这个庞大的用户群作为谈判的筹码，与天平另一头的全国数万家酒店、航空公司及相关业务公司，即上游供应商进行谈判，来获取更低的折扣，赚取佣金。同时，它用相对低的折扣来吸引更多的用户群。正是这样一个简单有效的良性循环让携程网走到了今天，成了行业的佼佼者。携程网的价值在于不仅掌握了供应商的底价，还掌握了客户信息，这样它就拥有了双边的资源。它掌握着客户，也掌握着供应商，通过客户群体向酒店和航空公司取得更低的折扣以获取中间佣金，并在市场可以被接受的前提下通过佣金调节和折扣来实现自己的收益最大化。

携程网就其在整个买卖过程中所起的作用而言，它是一个在线机票和酒店等旅游服务的销售渠道商。在其网站上，卖的就是全国许多酒店房间和各种航空公司的机票以及相关的服务。这样的商品从理论上说是没有库存的，没有库存从某种角度上说就是没有边际成本，通过给众多的酒店和航空公司做网上直接销售获取中间的佣金。这不仅是一个商业模式的成功，也是管理水平以及执行力的成功。通过企业全体员工良好的执行，合作的酒店、航空公司越来越多，会员也越来越多，终于形成了这个对携程网而言良性循环的势头。发展成大平台后的携程网对具有相同营利模式的后来者形成了一个壁垒，实力相对较弱的后来者企业议价能力更弱，无法轻易吸引携程网的会员。

携程网的营利渠道多样，总的来说有以下几个方面：

（1）酒店预订代理费。这是携程网最主要的营利来源。酒店预订是携程网的各大业务之首，也是其运作和发展的基础。目前除了酒店预订大多采用酒店前台支付的方法，对于其他的业务，顾客可以选择在线支付，也可以选择线上浏览、打电话至呼叫中心确认和线下支付的方式。

酒店客房预订提成是携程网按照事先的协议跟联盟酒店的利益分成，酒店客房预订一直是携程网的主要收入来源。虽然携程网也明确了网上支付与前台支付的区别，但是大多只提供到目的地酒店前台支付房费的方法。其酒店代理费用基本上是从目的地酒店的盈利折扣返还中获取，如图3-2所示。

图3-2 酒店预订时的交流关系

从图3-2可以看出，在交易关系上，由于不放任双方，尽可能让游客的资金通过网站而流向酒店，因此可以直接从中抽取佣金，而不用担心酒店进行数据造假，使得网站的利益得到保证。

携程网与供应商签订的合同有两类，分别为浮动佣金和固定佣金。浮动佣金随着预订成交量的上升而上升，固定佣金由双方预订一个固定费率。供应商在任何时间都为携程网预留出一定数量的保留房，会员可以即时预订，在供给方面保证了网站的服务质量。在酒店预订时，存在如图3-3的交流关系。

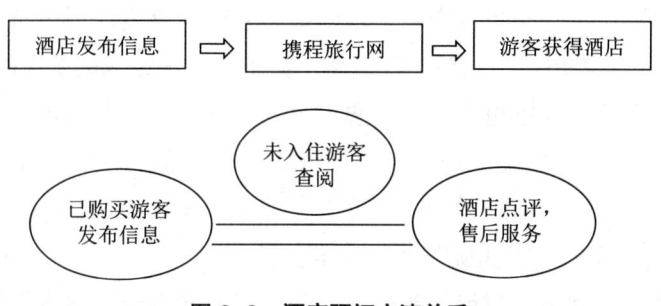

图3-3 酒店预订交流关系

通过奖励机制鼓励用户点评，使得入住过的游客的信息尽可能留在平台之上，为下次选购酒店的人提供参考。也因此形成交流和更新的闭环与回收，使得平台上的新信息越来越多，通过庞大的新信息可以吸引更多的游客进行判断、决策及购买。

（2）机票预订代理费。机票预订是携程网的四大业务中发展速度最快的。目前携程网已和国内外各大航空公司合作，覆盖国内外绝大多数航线。携程网还为会员提供了附加的旅游咨询服务。机票预订代理费是携程按照事先的协议跟相关的航空公司的利益分成，从顾客的订票费中获取的，等于顾客订票费与航空公司出票价格的差价。

（3）线路预订代理费。携程网通过与一些旅行社的合作，也经营一些组团的业务，但这不是携程的主营业务。

（4）在线广告费。携程网是行业的龙头企业，其巨大的品牌优势和优质的客户资源也获得了商家的青睐。随着携程网的良好发展，其广告收入也呈现递增状态。

通过以上分析，我们不难发现携程网以及所有代理商的平台规则：基于购买的游客与相应的旅游供应商之间的平台进行交易与交流，由平台本身经手交易而从中抽成，由双方沟通交流问题并能及时反映在平台上给其他用户浏览。私下交流不成功时（如购买后卖家不承认交易，或者要求退款时卖家拒绝退款）才有平台介入进行评定和判断甚至赔偿。用户或商户在信息页、点评页上的相关信息，平台本身并不介入进行修改。

艺龙、同程、途牛等OTA平台的相继涌现，一定程度上冲击了携程网的地位，分流了它的客户和供应商。对此，携程网采取了打价格战、兼并收购等应对措施，同时深挖客户需求，以提高客户满意度。国内份额提高到一定高度之后，又提出了"全球化"战略。为争夺全球在线旅游业的市场份额，携程一直在进行并购重组运作，并购重组的网站和平台都为携程网"全球化战略"提供了增长动力。国内业务重心则转移向周边游与当地活动，紧跟时事推出"乡村旅游振兴"战略与红色旅游业务，并且推进与研发客服智能、IM客服等技术手段以提高服务效率与满意度。

新冠疫情影响下，全球旅游行业遭受了重大的打击，很多旅游企业难以为继，开展预购活动，有利于缓解企业资金链的问题。疫情之下，携程网直播出圈，其与主播、酒店等建立了更为密切的合作共赢关系，进入直播间的用户大多是对发布的产品有兴趣的人群，订单转化率高，营销效率高，能够带来更高的收益。

第二节　平台商业模式

一、概念

美团和飞猪是典型的"平台商业模式"，这种模式的特点是不直接提供产品和服务，而是为用户搭建桥梁，让用户之间可以资源互通共享。旅游者从内容创作者和广告商处获取信息、与供应商进行交易等活动都要依赖平台。所以，平台成为价值创造、传递与实现的整合者，多边群体的连接者。平台营利的核心在于精准弥补需求而激发出来的网络效应。

平台凭借其巨大的流量优势，能够吸引相当多的消费者。靠着巨大的流量红利优势，这类平台企业能够吸引众多商家入驻。

二、代表企业案例

1. 美团

美团的前身为美团网，于2010年3月4日在北京成立，是一家发展本地生活服务的团购网站。2015年10月8日，美团网与大众点评宣布合并，简称"美团"。美团满足了人们线下包括吃、喝、玩、乐在内的多项需求，服务涵盖了餐饮外卖、酒店旅游、休闲娱乐等多个品类，业务覆盖全国大部分地区，已居于互联网行业的领先地位。

随着近几年旅游行业持续发展壮大，特别是一些三、四线城市旅游住宿的需求日趋增长，美团加大了对三、四线城市到店酒旅业务的渗透，佣金收入稳步增长。除了完成对三、四线城市低端酒店的渗透，美团也开始向一、二线高端酒店发展。和其他酒店不同的是，美团没有耗费大量资金对酒店商家进行补贴，而是发展自身的优势，提供送餐、休闲娱乐等额外的增值服务。它的经营模式和餐饮外卖一样，主要是从酒店的交易额中抽取部分佣金。但目前对一、二线城市的酒店渗透不足，发展缓慢，佣金率仍然保持在一个比较低的水平。在线酒旅行业竞争激烈，与携程的佣金率仍有差距。

美团酒旅瞄准居民民宿、客栈、招待所与本地之间的互补需求，通过大量非标住宿的入驻影响到了本地居民使用该平台所得到的效应，从而大大增加用户的体验感和满足感，进而推动盈利。

2. 飞猪

飞猪由淘宝旅行发展而来，隶属于阿里巴巴集团，是近几年发展起来的综合性旅行服务平台。目的是为平台客户提供简单便捷、性价比高的旅行服务。如提供酒店、客栈、民宿的网上预订服务，提供旅游线路的售卖。

飞猪旅游平台隶属于阿里巴巴集团，继承了阿里巴巴大生态的行业优势。以阿里云计算为基础的实时分析，是其他旅游平台所不具备的。在支付安全方面，其支付时往往链接的是支付宝支付，所以大部分用户在支付安全方面非常信任。支付宝强大的安全性给了人们使用过程中的安全感。飞猪更重视性价比，相比携程具有一定的价格优势，对于追求性价比的用户是首选。

作为第三产业，旅游业本身比较特殊，它不仅连接着人与商品，还连接着人与人之间的关系。线上旅游平台应该特别重视用户体验，而用户体验不足是飞猪旅游平台的劣势，客服往往都是自动回复，很难得到想要的答案，在转人工客服的过程中等候时间过长。有用户反映在飞猪旅游平台购买酒店、机票等旅游产品时有时会出现价格大幅度变化的现象，而且没有规律可言，甚至有用户反映，飞猪旅游平台同样存在杀熟的情况，这对飞猪旅游平台的信誉和可持续发展都会有一定的影响。

随着小众旅游产品兴起、旅游目的多元化，一刀切的流水线产品往往难以满足所有人的需求。这也是为什么无论携程平台做得多好，依然有很多用户依赖小红书寻觅旅游目的地。

飞猪旅游平台在未来的发展中，面临来自老牌旅游平台如携程网的威胁，但得益于阿里巴巴大生态的优势，以及其主打出境游及年轻用户的理念，飞猪平台也有很大的发展潜力。牢牢抓住年轻人并将其转化为自己的忠实用户，专注于个性化、多元化，以满足年轻消费者的差异化需求，为年轻消费者在旅游过程中提供尽可能多的旅行方式。

3. 个性化定制服务模式

旅游个性化需求在旅游电商技术飞跃发展的背景下得到了很好的满足，形成了新的线上旅游服务特点。

有个性化需求的用户，借助旅游电商的独立产品销售，自由组合购买旅游产品，催生了新的服务模式，即服务商提供个性化定制服务。服务商专门定制产品，打包销售。服务商可以利用大数据优势，提供专业咨询和相关服务；还可以借助互联网将分散的用户需求形成批量优势，降低定制成本，给顾客带来超值体验。

强化社会政府监管，共同抵制旅游电商中的大数据杀熟现象

目前许多的自由行产品，已经成为在线服务商的重要服务项目。一些特殊的，相对稀缺的高端高品质旅游资源，并不通过大众化的旅游电商平台推广，而是通过微信公众平台、QQ群、微博群或者微信群等社交软件实现营销。

第三节 在线旅游垂直搜索比价商务模式

一、概念

随着在线旅游的快速发展，网上的旅游信息爆炸式地增加。为了能够对互联网上繁杂的信息进行整合，为旅游者提供及时的旅游产品深度搜索和信息的比较，帮助游客做出更好的旅行选择，垂直搜索应运而生。垂直搜索是针对某个行业的精准搜索，以"专、精、深"的特点为顾客提供全面的搜索结果。顾客可通过互联网搜索引擎技术，将多家旅游网站的产品进行分类比价，帮助其在同类产品中寻找最低的价格。旅游搜索引擎能对各种旅游信息进行归纳、组合和提炼，并通过优化组合，传递给旅游消费者。旅游搜索引擎在用户选择好旅游项目之后，可以把用户直接送到供应商的网站，完成旅游服务的购买。中小网络旅游服务商由于自身特定的社会关系，某些旅游产品往往比行业龙头携程、艺龙有价格优势，但由于网站知名度小，旅游消费者很难知晓。而旅游搜索引擎的出现，使旅游产品价格更加透明化。旅游搜索引擎已经成为目前网民获取旅游咨询的第一平台。

垂直搜索引擎模式的网站不涉及在线旅游预订的交易环节，而是凭借其先进的搜索功能，对互联网上的机票、酒店、度假和签证等信息的整合，为用户提供及时的旅游产品价格查询、比较服务和用户点评从而收取代理分成。旅游搜索网站提供搜索比价服务，通过低价吸引并集聚众多的旅游消费者，产生流量，再利用聚众效应进行广告植入和内容展示。旅游垂直搜索网站一般不直接销售旅游产品，其更像一个媒体的展示平台，通过平台上的各商家导入顾客流量而获取点击费，同时收取品牌广告的展示费用。广告是此类网站主要的营利方式，以搜索比价模式运营的在线旅游企业在通常情况下以CPC（Cost Per Clink）按照每一次点击收费或CPT（Cost Per Transaction）按照每一笔成功交易来收费。典型的网站代表有Kayak、去哪儿网、酷讯网等。

二、代表企业案例

1. 去哪儿网概况

去哪儿网创立于 2005 年 2 月,总部位于北京,并于 2013 年 11 月 1 日在美国纳斯达克成功上市。与携程网不同,去哪儿网并不售卖任何旅行产品,它扮演的角色类似于旅游行业的"谷歌"或"百度",是全球最大的中文旅游搜索引擎、亚太地区首家旅游搜索引擎公司。它将"Think search travel"的期待转化为便捷、灵性的互联网应用方式,它将众多 OTA、航空公司及酒店的产品聚集在自己的平台上,通过对整个旅游票务资源进行更加细致、有序的整合与发布,提供实时、可信的旅游产品比价与服务比较系统,帮助消费者进行充分选择,为消费者减少了与旅行相关的多个产品的搜寻成本。通过网站及移动客户端的全平台覆盖,为用户提供实时、可靠、全面的旅游产品查询和信息比较服务,帮助客户找到性价比最高的产品和最优质的信息。

作为垂直搜索引擎的去哪儿网主要功能就是为各类旅游网站提供展示的平台,并不直接影响最终预订过程。图 3-4 为去哪儿网旅游搜索引擎主页。

图 3-4　去哪儿网旅游搜索引擎主页

去哪儿网的目标用户主要定位于爱旅行、对旅行信息敏感且经济宽裕的网民,其为广大热爱旅游的网民提供国内外机票、酒店、度假、旅游团购及旅行信息的深度搜索,帮助旅行者找到性价比最高的产品和最优质的信息。目标用户主要有以下三类人群:

一是经常出差的商务人士。对于这类人群，酒店宾馆、机票或火车票是必不可少的，去哪儿网为其提供了良好的平台。

二是爱旅游的工作人群和大学生。去哪儿网提供了各种省钱游选择，包括酒店也可以双向对比，方便用户确定最优惠的旅游方案。

三是爱好旅游且经济宽裕的人士。去哪儿网提供了团购游，价格优惠，路线多样，对于特别喜欢自助游的人群更有度假路线搜索，可以找到各种各样的玩法，应有尽有，能满足各种旅游爱好。

2. 去哪儿网营利模式分析

去哪儿网定位于在线旅游搜索平台，其核心业务为机票和酒店预订。自上线以来去哪儿网在机票领域发展迅速，营收主要来自 CPC（Cost per Click，以每点击一次付费）广告费，而非交易佣金。对于酒店业务，去哪儿采取的策略是招第三方供应商与直签并行，其营收模式主要为 P4P（Pay for performance，按效果付费）广告费和交易佣金。而且，去哪儿网越来越重视酒店 OTA 化发展，通过直签酒店丰富平台产品多样性，并提高佣金率。其营利主要来自"赚取点击付费和品牌广告展示费用"。收入模式主要是以下三个方面：

（1）广告收入。主要是网站页面广告，包括 banner 广告、文字广告、图片广告。主要按点击收费或展示次数收费。

（2）搜索引擎竞价收入。主要是针对上游厂商及代理商，去哪儿网在搜索结果中提供排名服务。主要按消费者实际点击付费，即点击付费模式，这种方式目前是去哪儿网的主要收入来源。

（3）酒店预订电话费。通过"酒店直通车"活动，去哪儿网邀请众多特色酒店加盟，允许加盟酒店在去哪儿网上建立专属主页，以电话费来创新营利模式，这是去哪儿网的一种创新收费模式。去哪儿网向酒店收取消费者与加盟酒店通话所产生的电话费用，以提高网站整体收入和酒店产品线的贡献率。

去哪儿网通过实时搜索技术，对互联网上所有跟旅游有关的产品，包括机票、酒店、景点等，都能搜索出最低的价格，并可以让消费者自由组合，用低价吸引消费者。采用"直销"模式，减去中间环节，游客可以直接与供应商交流，降低成本。同时能够提供有价值的参考信息，比如是否支持信用卡延期支付，某个航班在最近一个季度或者月份的价格走势表等。服务于特定需求的人群，客户忠诚度非常高。

但搜索模式必然无法保证质量，站外交易更加不可控，虽然淘宝网也是平台，但至少支付宝确保了统一的结算。目前站外交易的安全问题以及售后问题都值得去哪儿网多方改建。

第四节　用户自主定价的商业模式

一、概念

用户自主定价模式，即 NYOP（Name your own price）的商业模式。该商业模式首创于美国，主要经营酒店预订、机票预订、汽车租赁以及目的地景区合作等业务。在线旅游服务商作为中间销售商拥有定价权利，向消费者提供模糊信息，利用不对称信息的竞价拍卖行为赚取商品差价。实现了连接生产者和消费者的桥梁作用。此商业方法，学术界称为"逆向拍卖"或"买方定价"。

"逆向拍卖"是竞价拍卖的逆过程。在买方定价的交易平台上，旅游者如果欲购买某一旅游产品，可先提出产品的心理预期及对产品的大致要求，然后等待产品供应商决定是否接受此价格，旅游者从中确定价廉物美的旅游产品成交。

反向定价的原理是：产品越接近保质期使用价值越小，客户心理会给不同时期产品以不同价值，对于供应商来讲可以选择是否接受并交易。相对于物质产品较长的保质期来讲，旅游服务商品不仅容易受到外界影响使得商品变质，同时保质期也非常短，如飞机起飞或空房闲置时，旅游商品价值瞬间为零。所以用户自主定价的模式对于价值处于变动的商品来讲非常适合。

二、代表网站

此类型的典型网站为 Priceline 网站（www.priceline.com）。Priceline 是创建于 1998 年的一家基于 C2B（Consumer to Business 消费者对企业）商业模式的旅游服务型网站，是目前美国最大的 OTA 公司，它是建立在互联网上的旅游服务网站，主要为客户提供机票、酒店、租车、机票与酒店组合及旅游保险等方面的预订服务，通过网站可以预订到世界各地的机票及酒店房间。现已在中国内地、中国香港、新加坡、泰国及中国台湾等国家和地区推出 Priceline 的旅游服务。图 3-5 为 Priceline 网站首页。

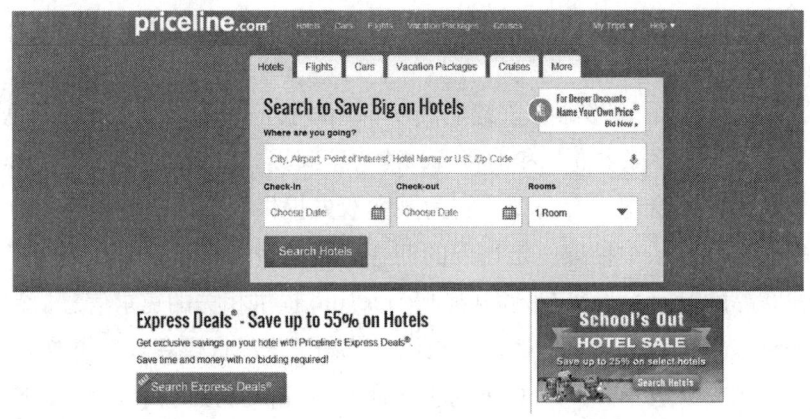

图 3-5　Priceline 网站首页

从图 3-5 来看，Priceline 网站的首页非常简洁明了，和其他在线网站纷繁复杂的信息不同，此网站主要提供搜索服务。在 Priceline 网站上预订酒店的消费者需要将酒店星级、所在城市的大致区域、日期和价格提交系统。不到一分钟，Priceline 网站就会返回一个页面，告知此价格是否被接受，并将产品的具体信息，包括酒店名称、地址反馈给消费者。如果酒店方接受了用户提出的要求，消费者就必须接受这次交易，无论该酒店是否中意。如果消费者比较擅长谈判竞价，最终很有可能只花一半的费用订到高级酒店，通常一家在 Expedia 上标价 100 美元的 4 星级酒店，在 Priceline 可以用 50 美元左右的价格竞拍到。这种价格差距，对于酒店产品的销售来说，几乎是致命的吸引力。但它也有一定的制约因素：用户在线预订时，只能选择所需酒店的星级和期望所在区域，在订单成交之前用户并不知道酒店的具体地址。在订机票时，只能选择出行日期和目的地城市，在成交前也不知道确切的起飞时间、航空公司、是否需要转机等。由此看来，"逆向拍卖"不适合那些对时间要求精准的商务差旅人士，但是在时间自由支配的年轻人群体中很受欢迎。

简要地说，就是由消费者在网上自行标出自己愿意出的机票、酒店价格，然后Priceline在自己的计算机数据库中搜索愿意接受该报价的航空公司或酒店。换句话说，这实际是一种"逆向拍卖"，即由买主先出价，然后看有没有卖主。而一旦找到卖主并成交，Priceline在向买方收取手续费和从卖方获得佣金的同时，如果实际从供应商拿到的价格比消费者报价还低，该笔差价也一并被Priceline赚取。由此，在线旅游平台Priceline相比Expedia的最大优势就是价格。

在整个Priceline核心价值链中，Priceline扮演着网络中介商的角色，连接了生产者（服务提供商）和消费者，建立了间接式分销渠道模式。Priceline是一家典型的平台型中介公司，它为买卖双方提供各自所需的信息，以便谈判、完成交易并从中抽取一定比例的佣金。从消费者角度来说，缩短了消费者寻找商品的时间。消费者只需要向Priceline提供相关的需求信息，接下来就由Priceline完成。从生产商角度来说，节约了产品提供者（各类航空公司、酒店等）的交易成本。Priceline为生产商及时提供直接的需求信息，降低了生产商为达成与消费者交易的交易成本。

除此之外，Priceline注重细分性，因此在酒店、机票预订、租车和订餐等领域都有不同品牌，各自运营，每一个品牌则更像精品商店，有独立的团队精耕细作，这能保证每个细分领域的领先地位。Priceline拥有多个品牌，可以根据用户的不同需求提供相应的服务。对于价格十分敏感的目标客户，Priceline提供最低价服务，如果预订的酒店价格高于其他网站，则消费者可以获得免费入住机会。Priceline在中国市场还没有太大作为，在中国的知名度并不高，主要原因在于国内旅行资源给予消费者的议价空间比较小；此外，旅游产品供应商的经营缺乏精细化，国家对相关旅行产品如机票的价格管制，都成为Priceline独特的自主定价模式在中国市场发展的障碍。

第五节 社交媒体化的商业模式

一、概念

人工智能、大数据等互联网科技的发展改变了传统的商业形态，催生了互联网经济的蓬勃发展。互联网经济更加注重用户的参与和体验，企业为增强与用户的互动与连接，搭建互联网平台，让用户参与生产和价值创造的现象日益普遍，由此催生了大批的互联网平台企业。用户生成内容（Users-Generated Content）简称 UGC 的社交平台也因此应运而生，越来越受到欢迎，甚至成为人们的一种生活习惯。这些平台的内容包括用户制作并上传的视频、图片、知识问答、游记等。比较有代表性的有视频网站抖音、快手，旅游攻略网站 TripAdvisor、马蜂窝，知识问答类的平台知乎等。这些平台有着共同的特点，即平台的内容主要由用户输入产生，高质量的内容会吸引更多的流量和关注，当形成稳定的用户流量后，进行内容向商业的转化，从而产生盈利。

此模式通过互联网进行旅游点评和游记攻略等旅游信息的分享。对于在线旅游行业而言即为旅游社交和分享，是让用户通过网络把旅游行程的见闻和经验发表在网站上，分享给更多的旅游爱好者，新颖的社交互动分享聚集大量的用户，同时利用聚众效应进行内容的展示和广告的植入。

UGC 并不是某一种具体的业务，而是一种用户使用互联网的方式，即由原来的以下载为主变为下载和上传并重。随着互联网的发展，网络用户的交互作用得以展现，用户既是网络内容的浏览者，也是网络内容的创造者。比如豆瓣、微博等社交平台，百度知道、知乎等知识分享网站都属于 UGC。

二、代表网站

旅游社交媒体平台主要的代表网站有马蜂窝、穷游网、小红书等。这类网站追求的是"工具+社群+电商"商业模式。它们最开始都是规划旅游行程的必备工具,这些工具能够满足用户"怎么去和怎么玩"的痛点。而点评、问答、专栏等社区功能的加入,又让"想去一个地方旅游"的人集合起来成了一个基于旅游需求与爱好的社群。网站大多在社群成熟之后添加搜索、比价、支付等商业功能,这将使得流量变现更加流畅。从本质来看,工具、社群和电商有着较强的内容融合逻辑。

1. 马蜂窝

马蜂窝是中国最大的旅行分享网站之一,以"自由行"为核心,以"为全球的自由行消费者提供靠谱、有爱、值得信赖的旅行信息"为目标,向用户提供全球6万多个旅游目的地的旅游攻略、旅游问答、旅游点评等咨询以及酒店、交通、当地游等自由行产品及服务,旨在站在自由行消费者的角度,帮助用户做出最佳的旅游消费决策。马蜂窝自2006年上线以来,注册用户持续攀高。经过长年的积累凝聚了一个高质量的旅游爱好者群体。图3-6是马蜂窝网站主页。

图3-6　马蜂窝网站主页

起初,马蜂窝还只是个人兴趣爱好社区。马蜂窝的客户群基本以自助旅游爱好者、文艺青年为主,基本都属于远行,每次出行之前都要精心准备,订机票,查攻略。伴随着移动互联网的飞速发展,马蜂窝也迎来了快速发展的机遇。与其他旅游OTA不一样的是,马蜂窝专注于自由行信息分享,其景点、餐饮、酒店等点评信息全部来自用户的真实分享。马蜂窝的主要用户群体是追求个性、好玩的年轻群体,他们乐于分享、追求个人价值、荣誉感及社区影响力,具有良好的文字功底,贡献了大量的游记、问答及足迹。用户通过马蜂窝查找、下载经典攻略或者分享经验、做出评价。之后,马蜂窝凭借搜索引擎开发的技术背景,将用户输入的杂乱无章的信息进行有效提炼,利用大数据技术转化成结构化数据。通过这些结构化数据,后台能很容易识别用户的消费者倾向和消费需求,有针对性地向用户进行个性化推荐,参与交易过程,从而实现UGC类网站的商业化转型。

UGC、旅游大数据、自由行交易平台是马蜂窝的三大核心竞争力。首先,许多用户选择从马蜂窝看不同旅行者的游记、攻略,经过长期对比分析,最后做出决策。照片是旅行分享里面非常重要的一个组成部分,马蜂窝游记产品里的分享内容大部分是照片,每个用户的分享平均都会包含上百张照片,而每一张照片网站都会通过自己的图片分享软件"嗡嗡"为游客带上地理位置、坐标等信息,从而转化成在全球各地的旅行足迹。然后,马蜂窝将游客的这些UGC内容以另外一种方式呈现在自由行产品中。最后,马蜂窝基于现有的UGC数据,包括用户的游记、攻略、点评以及分享,与相应的供应商合作,通过信息整合,还原用户的消费点,形成旅行路线,按用户需求定制个性化旅游产品,将潜在用户变为实际游客。

马蜂窝的营利模式也非常清晰,即品牌广告与效果广告。所谓品牌广告,是依托马蜂窝庞大的用户资源,为客户提供直接有效的宣传。所谓效果广告,就是撮合交易,以酒店平台为例,一方面用户可以找到性价比高的优质特色酒店,同时马蜂窝能为全球的优质酒店带去真实有效的客源,从而形成用户、商户、网站三方面共赢的局面。

马蜂窝刚成立时,国内最大的旅游平台是携程,携程属于交易型平台。马蜂窝另辟蹊径,形成以内容为风格的旅游社区平台,用户输入的内容是马蜂窝的核心资产,形成了马蜂窝的行业壁垒。用户基于兴趣、追求个人影响力、荣誉感和对企业的认同在平台上分享交流旅游经历和旅游体验。当用户在马蜂窝上交易并产生良好的旅游经历,会继续在平台上贡献内容、实现良性循环。马蜂窝通过对用户输入内容的高质量利用和管理,发现用户需求,提出不同阶段的价值主张,通过产品创造、资源整合和资源重构为用户创造价值,实现了用户需求与产品的精准对接,从而实现旅游产品全品类交易。

2. 穷游网

穷游网在 2004 年 2 月 1 日成立于欧洲的留学生宿舍，倡导以节省费用的方式自助旅行，为用户提供关于旅行目的地、交通及住宿等咨询服务，并通过酒店、机票等佣金获取收入。穷游网专注于出境游市场，定位于中国旅行者的出境自助游和海外华人的海外自助游，是国内最大的出境游一站式平台。其在"出境游"这一细分领域精耕细作十几年，积累了很多的经验也汇集了很多的优势。图 3-7 是穷游网网站主页。

图 3-7　穷游网网站主页

穷游网具有多年积累下的强大社群，其 20% 的用户生活在海外，提供的信息也最准确、及时。其多年的积累已经不单单是一个旅游的品牌，更是一个生活化的品牌。

起初，穷游网的商业模式是先由用户生成海量的旅游信息，吸引其他用户访问，然后借助客户资源优势为用户提供廉价的旅游资源。用户通过穷游网平台预订酒店、机票等，穷游网从中获取预订佣金收入；交易完成以后，用户进一步丰富旅游攻略。2013 年阿里集团投资穷游网后，其商业模式变成"社区＋搜索＋电子商务"的模式，积极在产品和用户体验上进行更新改进，优质的用户、优质的数据库以及优质的社区这三项独特优势使得穷游网在商业化之后走得更加顺畅。

此类商业模式的可持续发展取决于：持续的高质量用户内容输入、企业对用户输入内容的利用及质量管理、由内容向交易转化的价值主张及资源的整合能力。

第六节　在线直销平台模式

在线直销平台是将旅游产品直接通过网络销售，卖方不再是中间商而是直接的供应商，即传统的旅游企业。比如航空公司与酒店等，以直销的方式加入在线旅游的市场竞争中，以直接面对最终消费者的方式来减少代理费用，获取更多的利润。在线的直销平台是传统旅游企业最理想的网络营销方式，其优点是企业能够直接面对顾客销售产品，减少了中间的销售环节，可以获得更高的利润。同时有利于培养顾客的品牌忠诚度，掌握一手的顾客信息，对其旅游偏好、价格区间、出游时间等大量数据可以进行系统的分析，帮助企业更好地规划未来的发展。

酒店行业特别是连锁酒店集团，开始建立自己的网站，采用直销的方式来吸引消费者。一方面可以脱离支付中介商佣金的环节，降低成本。另一方面，由于直接面对消费者销售自己的产品，和消费者交互的时候，可以非常有针对性地推荐自己的产品，让自己最需要卖掉的产品卖掉。而代理人在中间有各种经济利益，包括信息沟通是不是畅通的问题，有没有办法完成这项功能。图 3-8 是希尔顿官方网站主页。

图 3-8　希尔顿官方网站主页

在希尔顿酒店官网,可以预订到国内、海外所有的希尔顿酒店房间并浏览到房间实景图。

直销模式对旅游服务的供应商提出了更高的要求,需要他们提高企业的信息化程度及运营网站的能力。淘宝网下属的飞猪网,就是采用直销的模式,为众多互联网旅游企业提供产品的销售平台。各大旅游公司都可以直接在淘宝上建立旗舰店进行销售,摒弃了中间环节。通过此平台,买家时常可以获得其他代理商渠道无法提供的最低价格,具有明显的价格优势。同时在当前国内信用保障体系还不完善的情况下,阿里巴巴集团重要的第三方支付产品——支付宝的诞生为买卖双方提供了安全的保障。背靠阿里大数据,共享阿里交易、金融、云服务等大数据资源,供应商在阿里旅行平台上以店铺形式运营,可以获得更多的运营空间。

总的来说,互联网的繁荣发展为众多航空公司和酒店增强了自身的竞争能力,因为他们可以通过直销预订模式来节约原本应当支付给传统旅游代理商的佣金费用。旅客直接通过该平台实现与酒店、景区、航空公司的询价议价、预订以及评论等实时互动,最终完成航空公司、酒店等企业与旅客的直接营销。这种"面对面"的模式具有降低营销成本、改善经营和服务能力、为消费者提供更有保障的服务等优点。但由于其在线预订的服务比较单一,无法像其他OTA平台那样打包其他旅游产品,因此除了大型连锁酒店和航空公司以外,大部分供应商还是选择OTA平台进行销售。

第七节 线下结合线上模式

线下结合线上模式是传统旅行社为适应现代信息技术和互联网的发展而最新形成的一种模式。具体来说就是,旅游行业的从业人员凭借其在传统旅游行业的人脉关系网和从业经验来构建自身的互联网平台,将传统旅行社的线下服务与互联网相结合,比如中青旅旗下的遨游网。

遨游网是中青旅控股股份有限公司旗下的专业度假网站,向消费者提供全方位值得信赖和高品质的旅游度假预订、咨询及专业服务。依托上市公司中青旅 30 多年的行业领先优势以及享誉全国的中青旅联盟逾 10 年的全国网络和旅游服务资源，遨游网提供遍及全球 100 多个国家和地区的旅游产品预订及度假服务，包括出境旅游度假、国内旅游度假、海岛旅游度假、抢惠等丰富线路及领先服务，目前已拥有百万遨游网会员。图 3-9 为遨游网主页。

图 3-9　遨游网主页

遨游网网站主页设计美观，旅游信息分类合理，信息提供非常全面，全面的旅行指南与出行建议是网站的特色之一。遨游网是一个名副其实的电子商务旅游站点，具有强大的网上支付功能和网络安全认证系统，可接纳客户使用现金、信用卡、银行转账等多种支付手段。页面下载速度快，开拓了商务旅行、休闲度假、主题旅游等多个个性化服务领域，并以客户需求为导向，全方位提供旅游相关产业服务。

在线下结合线上的营利模式中，拥有优质旅游资源的企业不再为景点的客流量担心，甚至不用担心公司的营利情况，比如黄山旅游、桂林旅游。因为这类公司单凭独特的旅游资源就可以获得丰厚的利润。比如黄山旅游，其景点的门票收入与索道收入的毛利率非常高。此类企业主营业务单一，与互联网关系并不密切。

第八节 全球分销模式

全球分销系统是专门应用于航空运输与旅游产品销售的大型计算机信息系统。通过全球分销系统,旅游消费者可以快速即时地搜索到内容全面的全球旅游信息,给游客带来便捷的服务。

从历史上看,航空公司是最早进行旅游电子商务的行业。国内,中国民航计算机中心(CACI)联合国内包括东航、南航、国航在内的20家航空公司共同组建中国民航信息网络股份有限公司(简称中航信)。在世纪之交,中航信成功开发出了有自主产权的中航信GDS。中航信GDS现已成为中国航空销售市场上最主要的分销系统并建立了自己的互联网门户——信天游。GDS系统的强大技术和国内最大的民航实时商业数据联网,为信天游网站提供了信息资源的权威保证和营销决策的依据,据此,信天游在业内建立起了强大的竞争优势。图3-10为信天游网站主页(www.travelsky.com)。

图3-10 信天游网站主页

到目前为止,信天游的经营业务已经拓展为航班订座、酒店预订、网上租车以及其他旅游信息服务,信天游网站的计算机系统包括订座系统、代理人分销系统、离港系统、货运系统、酒店预订系统。航空公司订座系统储存中国 20 家航空公司的销售数据，并且相连接的代理人分销系统连接着全世界上千家代理人，国内每年 97% 的机票都是通过订座系统和代理人分销系统完成交易的。此外，这两个系统还与国际八大全球分销系统连接，旅客可以跨国实现购买机票的交易。随着在线旅游的兴起，代理人分销系统中加入了许多经营旅游产品的多种代理商，包括航空、酒店、出租车、旅游路线等，能够更为有效便捷地为旅游消费者提供更为全面的服务。

信天游是由中国民航自主建设的提供以航空订座为主的服务网站。其市场定位为，服务商务旅游客人进行观光和度假游等业务。为航空公司、酒店、租车行、旅行社、航空机票代理人以及其他旅游服务企业提供产品宣传窗口和分销渠道。主要利润收入为代理销售机票（包括电子客票）的代理费、在线分销租车等产品的代理费。对机票预订提供现金支付和信用卡支付方式。旅游者可选择送票上门或在机场取票，租车可选择现金、信用卡、支票等方式与供应商结算。

随着大数据时代的来临，数据挖掘技术在旅游行业得以运用，线上的每笔交易都是可以追踪的，因而企业可以从消费者的评论、搜索和交易记录中挖掘有效的数据，并利用信息技术加以分析，准确发现消费者的潜在需求以及游客的满意程度，提高企业分析决策的效率，有利于企业满足消费者个性化的需求。

思考与练习

1. 旅游电子商务网站是如何分类的？各类的具体内容是什么？
2. 简述旅游网上商店概念及模式分析。
3. 举出中国典型旅游网站中比较有代表性的网站。
4. 综观国外旅游网站的运营情况，总结值得借鉴的经验和内容。
5. 详细分析携程网、去哪儿网、马蜂窝、到到网和故宫网站的旅游电子商务的模式，包括网站实现功能、服务内容、网站结构、图片展示、交易模式、营销模式、管理模式及营利模式等。

第四章
旅游电子商务网站及 APP

【本章内容】

本章首先说明了旅游电子商务网站及 APP 的意义，然后介绍了主流旅游电子商务网站及 APP 的分类和基本构成，接着对网页构成的基本要素进行了详细的说明，最后具体介绍了网站策划、网站设计、网站运营管理等方面的内容。

【学习目标】

通过本章的学习，要求理解旅游电子商务网站及 APP 在旅游电子商务中的重要作用，了解现有旅游电子商务网站及 APP 的分类和构成，熟悉网页构成的各类基本要素和具体内容，熟悉网站策划内容和网站建设前的准备工作，掌握网站设计方法和要点，清楚网站实现的步骤，了解网站运营管理等内容。

【关键概念】

网站分类；网页要素；网站策划；网站设计；网站实现；网站运营管理

第一节　旅游电子商务网站及APP的形成

一、旅游电子商务网站及APP的建设意义

旅游电子商务网站及APP的出现与发展，是互联网技术飞速发展并渗透至各行各业的必然趋势。去哪儿旅游和艾瑞咨询2021年联合发布的《中国在线旅游平台用户洞察研究报告》显示，我国目前旅游相关企业数量超过381.2万家，旅游类APP月度平均使用次数稳定在20亿人次以上。目前，旅游类网站及APP的数量无准确统计信息，但保守估计旅游网站超过万家，以携程网举例，携程注册用户已经超过9000万；最活跃的几个旅游APP，如去哪儿旅行、携程旅行、马蜂窝、飞猪旅行等，在安卓应用市场和苹果应用市场的总下载已达数百亿次。

旅游电子商务网站及APP是旅游组织向公众展示旅游信息的平台，旅游电子商务网站及APP的建立对企业的推广以及旅游业的发展都具有重要的意义，主要表现在三个方面。一是帮助企业树立品牌形象，通过品牌的树立进行网络营销，吸引消费者，不断提升和扩大旅游市场；二是除了销售、宣传作用之外，可以纳入更多服务、咨询等功能，通过整合批发、零售等上下游资源，形成强强联合优势；三是利用网站及APP进行数据管理，包括用户信息、订单信息、行程信息等，既降低了人力、商铺租赁等服务成本，又可以通过大数据分析等数据挖掘算法分析并获得用户消费习惯，形成智能产品推荐，加强用户的消费体验，提高利润率。

二、旅游电子商务网站及APP分类

旅游电子商务网站及APP从创建主体、功能划分等方面主要分为典型电子商务类、旅游社区类、旅游资讯类和旅游机构类四种类型，四种类型的分

类标准和相关典型代表如下。

1. *典型电子商务类*

该类网站及 APP 也就是常说的 OTA 类，即 Online Travel Agent，指的是网络平台与旅行社相互融合的在线旅行网站及 APP，其典型代表有携程旅行、艺龙旅行、去哪儿旅行等；此外，还有向垂直细分领域转型的 OTA 类，其典型代表有途牛旅游、驴妈妈旅游网等。

2. *旅游社区类*

该类网站及 APP 一般为 UGC（User Generated Content）类，即用户原创内容网站，其典型代表网站有旅人网、马蜂窝、穷游网等，APP 有马蜂窝自由行 APP、旅行翻译官 APP 等。这些网站及 APP 通过游客撰写旅游攻略、分享游记等方式来吸引流量，通过内容的数据价值与流量优势带动用户消费，比如可以根据流量来分析用户行为，生成特色的旅行产品等。

3. *旅游资讯类*

该类网站及 APP 一般为门户网站中的子网站或者旅游类频道 APP，其典型代表有新浪旅游、搜狐旅游、网易旅游等，通过门户网站或者品牌的影响力传播旅游资讯、业界动态等信息。

4. *旅游机构类*

该类网站及 APP 主要为国家机关、事业单位或者组织的官方网站，其典型代表有国家旅游局、地方旅游局网站及 APP 等。

三、旅游电子商务网站及 APP 的基本构成

随着互联网自媒体的发展，旅游电子商务网站及 APP 呈现出千姿百态的种类，但是常规的旅游电子商务网站及 APP 还是会包含一些通用的功能模块，总的来说主要包括 5 个方面。

1. *景点介绍*

景点介绍是任何一个旅游电子商务网站及 APP 都必备的模块，通过对特色景点的介绍，给用户直观印象，迅速了解一个景点的最大特色；同时，还可以辅助景点的吃、住、行及购物介绍，第一时间抓住用户眼球。

2. 游记和攻略

游记和攻略都是由用户自行补充内容来完成的。对新用户来说，游记和攻略相对官方的介绍更加生动、活泼和贴近自身感受，具有很大的用户黏合度。

3. 旅游线路

旅游线路的设计是网站及 APP 营利的根本。除了传统的固定路线外，现在的网站一般都有自助式的路线设计，帮助用户更好地了解景点，提供更多的延伸式服务。

4. 旅游问答

旅游问答是网站及 APP 的主办方通过互动形式积累用户的一种主要方式，也是不断改进自身服务的主要渠道。

5. 服务关联

服务关联主要是通过网站及 APP 的关联功能，将其他网站及 APP 的特色资源整合在一起。旅游的核心要素就是吃、住、行、游、娱，将餐饮、住宿、出行、游玩、娱乐等不同的资源结合起来，发挥各家的优势和特点，形成强强联合，实现优势互补。

四、旅游电子商务网站及 APP 须严格依法依规运营

数字化时代，创办一个网站或者发布一个 APP 要遵守一系列法律法规要求，严格依法依规运营，严格保障用户隐私安全，维护公平竞争环境。合规运营是企业社会责任的具体体现，不仅有助于构建用户信任，确保用户权益得到充分尊重和保护，同时也为企业建立了可持续发展的基石。通过遵循相关法规，企业不仅降低了法律风险，还展现了对社会、用户、合作伙伴的负责态度。主要包括以下几个方面。

1. 法律法规要求

旅游电子商务的网站和 APP 应遵守中国的法律法规要求，主要包括遵守《著作权法》，确保使用的文字、图片、视频、音频等内容都尊重他人的著作权，避免侵权行为的发生；遵守《消费者权益保护法》，保护消费者权益，不得侵犯用户合法利益；遵守《网络安全法》，建立健全网站和 APP 安全保护措施；遵守《广告法》，不得发布虚假广告，保证发布信息的真实性和准确性；遵守

《个人信息保护法》，收集个人信息必须经过用户授权，并明确告知用户使用个人信息的目的、范围和使用方式，用户个人信息不得泄露和滥用等。

2. 实名制要求

旅游电子商务的网站和 APP 应要求用户进行实名制注册，以确保用户身份的真实性。

3. 用户协议和隐私要求

旅游电子商务的网站和 APP 应有明确的用户协议和隐私政策，确保用户了解网站和 APP 的服务条款、使用规则和隐私政策。

4. 社会责任要求

网站或 APP 的内容和服务应当遵循无歧视、无害、无侵权的原则，倡导公平竞争，确保用户体验和信息的真实性。

第二节 网页基本元素介绍

一、网页典型元素介绍

一般的网页由文字、图片、音频、视频、动画和超级链接等基本要素构成。文字元素就是网页中出现的所有文字、数字等信息，是网页内容的主要组成部分；图片就是以图片形式展示在网页中的信息，音频、视频和动画就是网页中的多媒体元素，通过丰富的视听元素来展示更加多维的信息；超级链接是从一个网页指向另一个目标网页的链接，网页导航就是一组超级链接的组合。超级链接一般格式都是一样的，而文字、图片等要素的不同运用方式将在很大程度上影响到网站的营销效果，本节将逐一简要介绍这些要素的基本使用技巧。

二、文字要素介绍

文字信息一般是网页中最基础也最多的内容，文字的编排与设计包括字体、大小、颜色、边框等操作，这些操作的使用要服从信息内容的性质及特点的要求，其风格要与内容特性相吻合，而不是相脱离，更不能相互冲突。

比如，一般政府网页要求庄重和规范，字体造型应规整有序、简洁大方；而旅游类网页要求跳跃明快，文字造型应欢快轻盈、生动活泼。

此外，文字还应该考虑布局的因素，通过排版使用户顺利阅读文字，获取文字中的信息，影响用户的心情，引导用户进行消费等。

以信息和通信技术70周年（http：//70ans.inra.fr）的网站为例（见图4-1），通过简洁明了的文字设计直接突出主题，比大段的文字效果更好。

图4-1　信息和通信技术70周年的网站

三、图片要素介绍

图形或图像信息也是网页的基础组成内容。图片给人一种直观的印象，图片的编排和设计包括图片的放大、缩小、旋转、倾斜、镜像、透视等多种操作，通过对图片的编辑可以使得图片更好地符合网页的主题，有利于信息的传达。比如现在比较流行的简约风格，就是使用较少的图片突出网页的关键信息，让一个网页看起来简洁明了也更有设计感。

以著名的苹果网站（https：//www.apple.com）为例（见图4-2），通过强烈的黑白底色对比，分别突出了亮丽的手机颜色和醒目的黑色文字，展示了新产品的突出地位，一切都不需要更多语言。

图 4-2 苹果网站

图片处理一般都需要专业的处理软件，比较常用的软件有 Photoshop、Lightroom、ACDsee、Pixlr 等。目前，Photoshop 软件占据了图片处理软件的霸主地位，已经成为网页设计的主力工具。

Adobe Photoshop，简称"PS"，是由 Adobe Systems 开发和发行的图像处理软件，主要处理以像素构成的数字图像。使用其众多的编修与绘图工具，可以有效地进行图片编辑工作。PS 有很多功能，包括图像编辑、图像合成、校色调色及特效制作，支持宽屏显示器的新式版面、集 20 多个窗口于一身的 dock、多张照片自动生成全景、灵活的黑白转换、易调节的选择工具、智能的滤镜等强大的功能。

四、音视频要素介绍

随着网络技术的发展和网络带宽的不断扩大，网站中增加了越来越多的音视频元素。音频元素包括音乐、背景声、人声录音等，视频元素包括旅游宣传视频、个人录制视频、网站动画等，音视频元素以其直观、动感、吸引力强的优势成为网站向用户传达信息的一种重要方法。目前，网络视频营销是电子商务领域中增长最快的领域。

1. 音频元素

常用的音频格式包括 WAV、OGG、VOC、IFF、AIF、AFC、AU、SND、MP3、MAT、DWD、SMP、VOX、SDS 等，常用的音频处理软件有 GoldWave、Sound Forge、CoolEdit 等。GoldWave 是 GoldWave 公司出品的一款音频编辑软件，支持非常多的音频文件格式，用户可以从 CD、VCD、DVD 或其他视频文件中提取声音；内含丰富的音频处理特效，包括多普勒、回声、混响、降噪等。Sound Forge 是 Sonic Foundry 公司的产品，是一个非常专业的音频处理软件，功能复杂，可以处理大量的音效转换的工作，并且包括全套的音频处理、工具和效果制作等功能，需要一定的专业知识才能使用。CoolEdit 是美国 Syntrillium 公司开发的音频文件处理软件，主要用于对 MIDI 信号的处理加工，它具有声音录制、混音合成、编辑特效等功能，该软件支持多音轨录音，操作简单，使用全面。

2. 视频元素

常见的视频文件格式主要有 AVI、FLV、MPEG、Real Video、WAV 和 MOV 等。常用的视频处理软件 Sony Vegasv 电影魔方、Adobe Premiere、会声会影等。Sony Vegas 是一款整合影像编辑与声音编辑的软件，提供了视频合成、进阶编码、转场特效、修剪及动画控制等功能，操作简单，界面容易上手。电影魔方是一款多媒体数字视频编辑工具软件，提供了素材剪切、影片编辑、特技处理、字幕创作、效果合成等功能，可通过综合运用影像、声音、动画、图片、文字等素材资料，创作出各种不同用途的多媒体影片。Adobe Premiere 是 Adobe 公司推出的一款强大的视频编辑软件，现在常用的版本包括 CS4、CS5、CS6、CC2015 以及 CC2017 等版本，有较好的兼容性，广泛应用于广告制作和电视节目制作中。会声会影（Ulead VideoStudio）是一款 DV、HDV 影片剪辑软件，操作简单易上手，有符合家庭或个人所需的影片剪辑功能。

3. 动画元素

动画元素也是音视频元素中的重要组成部分，网页中的动画往往是第一视觉中心。常用的动画制作软件主要有 Flash 和 3DMAX。Flash 是现在国内主流的动画制作软件，是 MACROMEDIA 公司推出的交互式动画设计工具，用它可以将音乐、声效、动画以及富有新意的界面融合在一起，以制作出高品质的网页动态效果。3DMAX 是 AutoDesk 公司推出的三维动画渲染和制作软件，具有非常强大的三维动画制作能力，也是最主流的动画制作软件。

第三节　网站及 APP 建设流程

要建设一个优秀的旅游电子商务网站及 APP，要对旅游电子商务各个方面内容进行全面考虑，主要流程包括网站及 APP 策划设计、网站及 APP 实现、网站及 APP 推广、网站及 APP 的预算等。

一、网站及 APP 策划设计

网站及 APP 策划设计是网站及 APP 成功与否的关键。策划设计是一项比较专业的工作，是指在网站及 APP 建设前对市场进行分析、确定网站及 APP 的目的和功能，并根据需要对建设中的技术、内容、费用、测试、维护等做出规划。网站及 APP 策划设计包含的内容如下。

（一）市场策划分析

在成立旅游电子商务网站及 APP 之前应该明确成立目的，了解利润来自何方，同时应对市场进行细分，找出目标市场。首先要调查和了解旅游电子商务的使用群体和潜在使用者，然后进行细分。可以按旅游消费行为细分，如分成度假旅游市场、观光旅游市场、会议与商务旅游市场等。还可以按旅游者心理需求、地理环境、人口特点等进行细分。细分市场后，综合各方面考虑因素选择目标市场，并提供针对性服务。以携程旅行网 www.ctrip.com 为例，携程旅行网的主页上最显眼的地方依次显示为机票、酒店和旅游度假，同时针对手机上网群体携程网还推出了手机版 APP。

同时还要对市场主要竞争者进行分析，如竞争对手网站及 APP 建设情况、功能作用、市场占有率以及用户使用情况等，同时进行自身条件、市场优势分析，可以利用网站及 APP 提升哪些竞争力，建设网站及 APP 的能力和资源有哪些，包括费用、技术、人力等。

（二）网站及 APP 定位

1. 建设定位

为什么要建立网站或者 APP，是一个新的领域需要从头开始建立新的网站或者 APP，还是为了宣传新的旅游产品增加一个宣传点？是企业的需要还是市场开拓的延伸？

2. 资源定位

整合公司资源，确定网站及 APP 功能。根据公司的需要和计划，确定网站及 APP 的功能，如产品宣传型、网上营销型、客户服务型、电子商务型等。

3. 功能定位

根据网站及 APP 功能，确定应达到的目的和作用。

4. 技术方案定位

比如采用自建服务器还是租用虚拟主机的方式建设网站，APP 在哪个应用市场发布，网站及 APP 的安全性措施、防黑、防病毒方案以及采用何种语言进行开发等。

（三）网站及 APP 内容规划

（1）根据网站及 APP 的目的和功能规划网站内容。一般旅游电子商务网站及 APP 应包括内容简介、产品介绍、服务内容、价格信息、联系方式、网上订单等内容。

（2）旅游电子商务类网站及 APP 要提供会员注册、详细的商品服务信息、信息搜索查询、订单确认、付款、个人信息保密措施、相关帮助等基本功能。

（3）如果栏目比较多，则考虑采用由旅游相关专业的人员负责相关内容。值得注意的是，内容是网站及 APP 吸引浏览者最重要的因素，信息量过少或不实用的信息不会吸引匆匆浏览的访客。可事先对访问群体希望了解的信息进行调查，并在网站及 APP 发布后调查访问群体对内容的满意度，以及时调整网站及 APP 内容。

（4）提供个性化服务培养顾客忠诚度。旅游电子商务网站及 APP 可通过个性化的 E-mail、贵宾欢迎信、顾客兴趣的追踪等与顾客建立亲密友好的联系。很多旅游电子商务网站及 APP 都采用会员制并开展会员积分优惠活动培养客户对网站及 APP 的兴趣和忠诚度，积分优惠服务可以使常客感到关怀，也能为网站及 APP 保持相对稳定的客户群。网站及 APP 还可以提供个性化服务让客户定制旅游线路，按照客户食、住、行、游、购、娱等各个方面的详细要求为客户提供整体解决方案。

二、网站及 APP 的实现

（一）网站的实现

1. 网站创建的主要过程

（1）确定服务器的操作系统，可以选择 Linux、Windows 等操作系统。

（2）安装 Web 服务器软件，如 Apache、Nginx 等，它们都提供了开源的版本，可以免费使用。安装过程可以参考相关的官方文档或者在线教程。

（3）配置服务器，包括监听端口、网站根目录、访问权限等。具体配置方式可以根据不同的 Web 服务器软件和操作系统进行调整。

（4）编写网站代码，使用如 HTML、CSS、JavaScript、PHP 等编程语言，并将其部署到服务器上。在完成网站的代码编写和部署后，可以启动 Web 服务器软件，向用户提供网站服务。

（5）根据所选主题和设计方案，可使用网页工具，如 Adobe Dreamweaver、Wix、WordPress 等。这些工具可以让你轻松创建网站，而无须编写代码，但是如果需要更复杂的功能和自定义设计，还是需要编写代码或者寻找专业的网站开发团队进行合作。

2. 网站资源申请

在网站正式使用发布之前，需申请服务器空间和域名。网站的构成可分为三部分：虚拟主机（服务器空间）、域名（IP 地址）和网站源文件。源文件即自己编写的网站文件。

服务器空间，是在网络服务器上分出一定的磁盘空间供用户放置站点、应用组件等，提供必要的站点功能、数据存放和传输功能。可以把一台运行在互联网上的服务器划分成多个虚拟的服务器，每一个虚拟主机都具有独立的域名和完整的Internet服务器（支持WWW、FTP、E-mail等）功能。

域名（Domain Name），是由一串用点分隔的名字组成的Internet上某一台计算机或计算机组的名称，用于在数据传输时标识计算机的电子方位（有时也指地理位置，地理上的域名，指代有行政自主权的一个地方区域）。域名是便于记忆和沟通的一组服务器的地址（网站、电子邮件、FTP等）。

3. 网站发布与测试

做好的网站只有发布到申请的服务器空间，才能通过域名被大家访问到，这个过程被称为网站发布。

网站测试是指当一个网站制作完成上传到服务器之后，针对网站的各项性能情况的一项检测工作。网站测试与软件测试有一定的区别，其除了要求外观的一致性以外，还要求其在各个浏览器下的兼容性以及在不同环境下的显示差异。网站测试的主要内容包括：

(1) 性能测试

◆ 连接速度测试。用户连接到网站的速度与上网方式有关，有可能是通过无线网络，有可能是通过宽带连接。

◆ 负载测试。负载测试是在某一负载级别下，检测网站的实际性能。具体地说就是能允许多少个用户同时在线。可以通过相应的软件在一台客户机上模拟多个用户来测试负载。

◆ 压力测试。压力测试是测试系统的限制和故障恢复能力，即测试网站在极限状况下会不会崩溃。

(2) 安全性测试。需要对网站的安全性（服务器安全、脚本安全）进行漏洞测试、攻击性测试、错误性测试。对旅游电子商务的客户服务器应用程序、数据、服务器、网络、防火墙等进行测试。

(3) 基本功能测试。对网站的每个模块的功能、用户流程、各个模块连接的正确性以及应用的统一性等基本功能进行测试。

(4) 网站优化测试。一个好的旅游电子商务网站还要看它是否经过搜索引擎优化以及网站架构是否清晰、网页的栏目是否设置科学明确等。

（二）APP 的实现

1. APP 创建的主要过程

根据所选的目标用户和功能，选择 APP 开发平台和工具，如 iOS、Android 等。选择适合的 APP 开发平台，需要考虑多个因素，包括目标用户、APP 功能和性能需求、开发人员的经验和技能等。

编写 APP 代码，在选择好开发平台和工具后，可以开始编写 APP 代码和设计界面，包括用户界面、后台逻辑、数据存储等。根据平台不同，编程语言也不同，iOS 平台主要使用 Objective-C 和 Swift 语言进行 APP 开发，Android 平台主要使用 Java 进行 APP 开发。除了上述常见编程语言外，还有 JavaScript、C# 等。

2. APP 测试

在编写 APP 代码和设计界面完成后，需要对 APP 进行测试，确保所有功能和操作都正常工作。

（1）功能性能测试。测试 APP 的功能，确保 APP 的所有功能能够正常工作，包括核心功能和辅助功能；测试 APP 的性能，包括启动速度、响应时间、资源占用等。

（2）兼容性测试。测试 APP 在不同的操作系统版本、不同的设备和屏幕尺寸上的兼容性。

（3）安全测试。测试 APP 的安全性，包括数据加密、防护措施、漏洞检测等。

（4）用户体验测试。测试 APP 的用户体验，包括界面设计、操作流畅性、用户反馈等。

3. APP 发布

在测试和优化完成后，可以将 APP 发布到应用商店，例如 Apple App Store、Google Play 等。

（1）注册开发者账号：在目标应用商店或平台上注册开发者账号。

（2）准备发布资料：发布前需要准备好 APP 的介绍、截图、用户评价等信息，并遵循应用商店的发布规则和审核流程。

（3）提交 APP：将 APP 提交到目标应用商店或平台上，根据要求填写相关信息，并上传 APP 应用程序包和资料。

(4)审核和发布：应用商店或平台将进行审核，以确保 APP 的合法性、安全性和质量，审核通过后即可发布 APP。

4. APP 的优化

(1)搜索引擎优化（SEO）：通过增加关键字、网站链接、描述等方式提高 APP 在搜索引擎中的排名，增加用户的访问量和下载量。

(2)增加 APP 的推广渠道：增加 APP 的曝光度、营销推广、口碑传播等方式，可以提高 APP 的知名度和用户信任度。

（三）网站及 APP 维护管理

1. 服务器及相关软硬件的维护

首先应确保服务器的正常运转，确保服务器 24 小时正常运行，以保证网站及 APP 可以 24 小时正常运营；及时检查服务器软件的更新，修补漏洞，服务器防火墙应当定期升级维护。

2. 安全维护

保证网站及 APP 的安全性，包括保护用户隐私、防范攻击、修复漏洞等。运用网站及 APP 漏洞检查工具及时发现和修补漏洞，防止黑客入侵、SQL 注入问题的发生，避免因攻击数据库或者系统漏洞的原因而造成信息丢失等。此外，应定时备份数据，以防止在发生黑客攻击等突发事件后无法恢复数据。

3. 内容及时更新

网站及 APP 内容需要定时定点定量更新，这样有利于搜索引擎抓取内容。在发布内容时可对发布内容进行加工优化，发布的信息最好为原创，有利于搜索引擎收录。

4. 性能监控

监控网站及 APP 的性能，包括运行状态、响应时间、负载等，及时发现和处理问题。

5. 用户支持和维护

处理用户反馈和投诉，及时修复网站及 APP 中出现的问题，保证用户的使用体验。

三、网站及 APP 推广

做网站及 APP 的推广是一个有效的提高产品知名度和用户量的方法，可以增加用户量、有助于提高产品的竞争力、提升营利能力、扩大品牌影响力以及提高整体竞争力。主要方法包括：

1. SEO 优化推广

SEO 优化推广是指利用 SEO 优化技术提高在百度、谷歌等搜索引擎上的排名，增加用户的访问量和下载量。具体使用方式主要有设置友情链接以增加网站的权重，设置网站内部链接，设定网站及 APP 内容关键词以及网站内容的定时定量更新等。

2. 广告投放

运用资金在各大门户网站如新浪、搜狐、腾讯等网站做商业广告，以达到提高知名度、提高影响力的目的。

3. 社交媒体营销

借助微博、微信、论坛等社交网络媒体平台进行宣传和推广，吸引用户关注和下载。

4. 公关活动

通过举办各种宣传活动，如新闻发布、媒体采访等公关活动，或者通过线下宣传活动（如展览、演讲等），提升知名度和品牌形象。

5. 合作伙伴推广

与其他网站或 APP 进行合作，通过交叉推广和互相推荐，吸引更多的用户。

四、网站及 APP 的预算

网站及 APP 的建设、运维、推广等所有过程都需要费用的支撑，因此做好预算对网站及 APP 建设是十分重要的。预算根据对网站及 APP 进行系统的规划及设计而定，按照网站及 APP 的规模、功能等不同，价格从几千元到几十万元不等。一般来说，预算一般与功能要求是成正比的。预算包括资源租用费用、设计费用、开发费用、维护费用等。

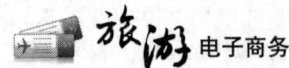

1. 资源租用费用

以网站域名为例,可根据自身的需求注册相应的域名。不同的域名费用不同。域名分为免费域名和商用域名。免费域名一般是指免费二级域名,某些投资商通过注册简短的域名来提供免费二级域名服务。商用域名一般是某公司的网址,使用这个域名需要收费的,一般是按年收费。

2. 设计费用

根据网站及 APP 设计需求收取费用,主要包括需要进行个性化设计及美工设计等。如网站建设内容策划、页面风格结构设计、资料收集及整理分类设计。

3. 开发费用

主要是用于网站及 APP 的开发、调试、上线、测试等人员费用,这个要根据不同地区不同等级的人员进行费用核算。

4. 维护费用

网站及 APP 建设完后,还会有维护成本,如维护人员成本及其他管理成本。

第四节 网站设计

在完成了市场分析,对网站及 APP 功能进行定位之后,就需要对网站及 APP 进行一系列的分析与设计,然后根据分析的结果,提出合理的设计方案。本节以网站设计为主要切入点,详细讲述如何从整体上设计一个网站。APP 可以认为是一个缩小版本的网站。

一、设计方法

设计应根据实际情况确定具体的设计方法,常规的设计方法有以下三种。

(一)自顶向下的设计方法

所谓自顶向下,就是从整个网站的"根",即常说的首页开始设计,向下一层一层地展开。采用这种方法要求建站者对整个网站及 APP 的内容比较了解，对整个网站的整体轮廓比较清晰。这种设计方法的优点是能在总体上统一网站的风格，使网站的组织结构比较合理。

（二）自底向上的设计方法

自底向上的设计是指先设计树状信息结构的各个子节点，然后通过归纳，设计它们的树干节点，最后完成对根节点的设计。该方法适用于建站者在开发初期对整个网站的总体结构和布局未考虑成熟，而对具体的网站页面的信息和服务有一定把握的情况。采用这种设计方法的优点是网站的各个部分可以根据内容做因地制宜的设计，而不必拘泥于条条框框。

（三）不断增补的设计方法

这是在网站投入运行后常用的方法，是一种需求驱动的设计方法。当出现某种信息服务的需求时，就立即设计相应的信息服务页面。随着需求的增加，不断地增加网页模块，不断地调整和相互连接，在短时间内建立起新模块。采用这种设计方法的优点是可缩短规划分析期，效率较高。

实际设计中，这三种方法一般是互相穿插进行的。例如整个网站可以用自顶向下的设计方法，而网站的某一部分则可以采用自底向上或不断增补的设计方法来实现。

二、网页版式设计

网页的版式是视觉传达的重要手段，是网页设计的重要组成部分。同样的元素在不同的设计模式下会有截然不同的效果，好的设计会带来更好的视觉表现效果，带给用户更加流畅的浏览体验。常见的网页版式设计要点包括以下6点。

1. 标题栏和导航栏

通常位于网页的顶部，帮助用户快速地了解网站的主题和内容，并提供导航帮助用户访问其他页面。

2. 内容区

这是网页最重要的部分，通常包括文字、图片、视频等元素。主要内容区应该清晰地呈现所要传达的信息，并且要注意避免信息过载。

3. 侧边栏

侧边栏通常位于主要内容区的一侧，它可以显示网站的其他内容、广告、标签等信息，帮助用户更好地了解网站的整体内容。

4. 底部区域

底部区域通常包括版权信息、联系方式、社交媒体链接等元素，帮助用户了解网站的来源和联系方式。

5. 页面布局

网页版式设计应该注意布局的平衡性，尽量避免左右两侧空间过大或过小，从而保持整个页面的视觉平衡。比如可以采用"国"字形的布局、T形布局、左右对称布局、上下对称布局等，需要根据实际需要来选择不同的设计方案。

6. 色彩搭配

网页版式设计应该注意色彩的搭配，选择合适的色彩可以让网页更加美观、清晰和舒适。在进行网页色彩搭配时先要确定网页的主色调，以体现网站主题、背景的色调搭配。

图4-3是日本多摩美术大学（http://www.tamabi.ac.jp）的主页设计，通过磁贴式的布局，让网站功能一目了然；整个网站以学校的典型建筑图片为背景，采用了蓝色的冷色调，突出设计与功能的完美融合，呈现出简洁的艺术美感。

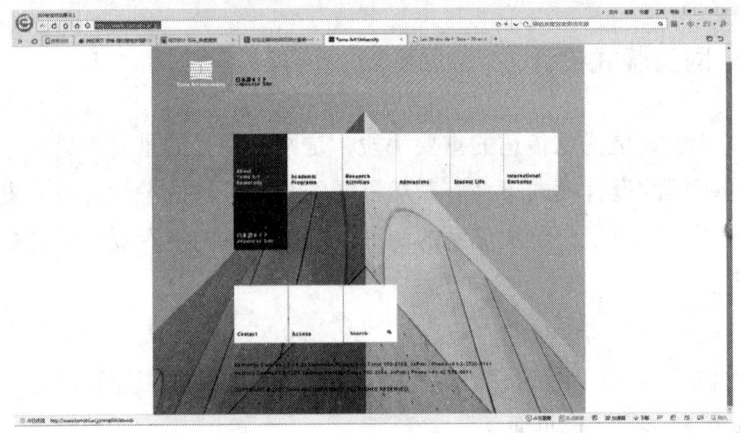

图4-3 日本多摩美术大学的主页设计

三、网站界面设计

界面是网站给浏览者的第一印象,往往决定着网站的可看性和受欢迎程度。确定网站的界面时要注意以下三点。

(一)栏目与板块编排

网站的主题确定后,要将收集到的资料内容做一个合理的编排。将最吸引人的内容放在最突出的位置或者在版面分布上占优势地位。栏目的实质是一个网站的大纲索引,索引应该将网站的主题明确显示出来。在制订栏目的时候,要仔细考虑,合理安排。

在栏目编排时需要注意:

(1)尽可能删除那些与主题无关的栏目。

(2)尽可能将网站内最有价值的内容列在栏目上。

(3)尽可能从访问者角度来编排栏目以方便访问者浏览和查询内容,如站点简介、版权信息等大可不必放在主栏目里,以免冲淡主题。

(二)网站页面风格规划

网站风格是指站点的整体形象给浏览者的综合感受。网站风格可以重点从以下两点出发:

1. 网站LOGO

LOGO相当于产品的商标,标志可以是中文、英文字母,也可以是符号、图案等。标志的设计创意应当来自网站的名称和内容。

2. 网站配色

网站给人的第一印象来自视觉冲击,不同的色彩搭配产生不同的效果,并可能影响到访问者的情绪。标准色彩,是指能体现网站形象和延伸内涵的色彩,要用于网站的LOGO、标题、主菜单和主色块,给人以整体统一的感觉,至于其他色彩也可以使用,但应当只是作为点缀和衬托。一般来说,一个网站的标准色彩不超过3种。网站的颜色搭配需要突出色彩的鲜明性、独特性、合适性。

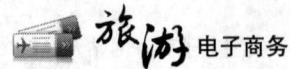

（三）网站主页设计

网站主页作为网站的门面，是给访客留下的第一印象，制作成功与否，直接影响访问者是否会继续访问。一个精美的首页设计往往可以带来事半功倍的效果。在制作网站主页时需要注意以下事项：

1. 增加访问者逗留的时间

要把网页做得趣味盎然，引人入胜，最重要的是可用性强。对访问者来说，最具价值的网站是那些立刻就能让人明白哪些信息可以获取、怎样获取的网站。还可以让访问者参加一些互动活动，注册免费获取优惠信息等，增强对网站的依赖性。

2. 不要让访问者不知所措

不必非要用声音和图像充斥网页，也不要把文件做得太长以至于在装载文件时让访问者等候太久。使用图像时要谨慎，大的图像显然会降低页面建立的速度，但许多需要顺序装载的小图像也会如此。

3. 别轻易让文字居中和使用粗体或斜体字符

除了视感混乱之外，很多浏览器不能很好地显示斜体字，也不能补偿由于字母倾斜引起的空白变化。

此外，最好有一个网站指南或者最新更新之类的栏目，以方便访问者查看。

四、网站结构规划

合理的网站结构可以使站点结构更加清晰，避免出错，而且有利于管理人员对网站进行管理和维护。规划网站结构不仅要规划网站文件结构，还要规划网站链接结构。

（一）网站文件结构规划

规划网站文件结构的方法有以下两种：

1. 按照文件的类型进行规划

这是最简单的一种组织方式，即将不同类型的文件分别存放在不同的文件夹中。如将网页文件放在 pages 文件夹中，将图片文件放在 image 中，将

flash 文件放在 swf 文件夹中，依此类推。此种方式适用于中小型的网站。

2. 按照内容板块对文件进行规划

按照主题对文件进行规划，例如，有一个旅游网站有 3 个板块：机票、酒店、旅游，分别放在 flights、hotels、travel 文件夹中，然后对每一个内容板块再按照文件的类型进行规划。此种方式适用于规模较大的网站。

（二）网站链接结构规划

网站的链接结构是指页面之间相互链接的拓扑结构。建立网站的链接结构有两种基本方式：

1. 树状链接结构（一对一）

这类似 DOS 的目录结构，首页链接指向一级页面，一级页面链接指向二级页面。这样的链接结构浏览时，一级级进入，一级级退出，条理比较清晰，访问者明确知道自己在什么位置，但是浏览效率低，一个栏目下的子页面到另一个栏目下的子页面，必须回到首页再进行。

2. 星状链接结构（一对多）

类似网络服务器的链接，每个页面相互之间都建立有链接。这样浏览比较方便，随时可以到达自己喜欢的页面。但是由于链接太多，容易使浏览者迷路，搞不清自己在什么位置看了多少内容。

在实际的网站设计中，总是将这两种结构混合使用。

（三）网站运营规划

1. 用户需求分析与整理

网站运营一项重要的工作就是用户需求的分析和整理工作。客户端需求会不断增加和改变，需求创新直接决定了网站的特色，有特色的网站才会更有价值，才会更吸引用户来使用。需求的分析还包括对竞争对手的研究，研究竞争对手的产品和服务，看看他们最近做了哪些变化，判断这些变化是不是真的具有价值。

2. 制订网站长期与短期发展目标

对网站进行明确的定位，知道网站应该做什么，这样才不会使网站失去发展的方向，也不会使现有的客户大量流失。网站长期目标是网站未来发展的目标,它指导了网站在未来较长一段时期内的发展目标,明确了网站的发展方向。对网站来说,短期目标更为重要,短期目标是一个团队近期的任务,完成短期目标能使网站得到实质性的发展,因此短期目标的制订更为关键。

3. 建立有序的网站运营机制

网站要建立一套比较完善的网站运营制度和合理的部门结构。要建立各个部门之间信息传递的途径和必要的业务文档。一个网站中,各部门的沟通机制是非常重要的,比如要建立标准的业务流程,对开发部门来说是非常关键的,业务部门与技术人员的沟通也对提供网站功能的准确性有很大的帮助。除此之外,一些关于网站的业务文档和设计文档的保存也是非常重要的,它们可以反映网站的发展过程。

4. 网站平台建设与网站品牌推广

常用编程语言介绍

网站平台建设包括网站栏目策划、网站整体设计包装、网站功能开发、网站信息充实、网站客户服务。打造一个网站要同时注重网站的功能、网站的表现形式与所提供的内容,不要顾此失彼。其实网站是一个重要的营销平台,它向客户介绍网站的服务,它能吸引网民的关注。因此,网站平台建设是一个整体,它需要技术开发、创意包装、信息整合、客户服务等多个部门及人员的努力。

5. 人才的培养

网站的正常经营,需要核心人才发挥重要作用,他们在网站平台建议、网站品牌推广实施等网站核心事务实施过程中,将产生决定性的作用。因此,网站经营者要知道如何招聘核心人才,如何磨合核心人才团队,如何管理核心人才流失所造成的风险。

思考与练习

1. 如何建设一个旅游网站或者APP,建设流程有哪些?
2. 建设旅游网站或APP前要对其进行策划,策划内容包括哪些?
3. 网站设计方法有哪几种,请简要介绍。
4. 网页要素有哪些,举例说明一下不同要素的作用。

第五章
旅游电子商务网络与信息安全

【本章内容】

本章分析了旅游电子商务存在的网络与信息安全威胁,提出了应对威胁的主要安全技术,同时对旅游电子商务的法治建设进行了阐述,包括世界各国典型的电子商务法律以及我国旅游电子商务法治建设,指出了我国旅游电子商务法治方面存在的问题,并提出了相应对策。

【学习目标】

通过本章的学习,了解旅游电子商务的安全威胁,熟悉旅游电子商务常用的网络与信息安全技术。了解世界主要国家电子商务相关法律建设,熟悉我国电子商务相关的法律,了解我国旅游电子商务法治建设方面存在的主要问题和相关对策。

【关键概念】

网络与信息安全;病毒;漏洞;网络攻击;防火墙;加密;认证;法治建设

近年来，我国旅游电子商务市场迅速发展，网络技术环境不断改善，旅游电子商务支撑行业水平快速提升，政府部门不断加大对旅游电子商务的支持力度。与此同时，旅游电子商务也面临很多网络与信息安全问题，技术问题和法治建设是其中最大的问题。

第一节　网络与信息安全技术威胁分析

随着计算机网络的普及和我国信息化进程不断深入，社会各关键领域的运行日益紧密地依赖于信息网络，比如金融部门、航空部门、通信部门等，然而信息网络又存在着与生俱来的技术漏洞和设计缺陷。于是，网络黑客和各类组织出于各种违法的目的，利用信息网络的漏洞和缺陷发起攻击，从而使信息网络面临严峻的安全威胁。旅游电子商务涉及大量的在线交易、用户个人信息和支付信息。因此，网络与信息安全问题对旅游电子商务至关重要，网络与信息安全问题一直是旅游电子商务的核心研究领域。旅游电子商务平台的网络与信息安全问题包括：隐私保护问题，保护用户隐私是确保用户信任和保持业务持续发展的关键；金融安全问题，确保支付和交易过程的安全性是旅游电子商务平台的核心；网络攻击防护问题，旅游电子商务平台是网络诈骗和恶意行为的潜在目标，保护平台和用户需要严格的网络安全措施。网络与信息安全问题涉及的内容十分广泛，其技术威胁主要分析如下。

一、计算机病毒

（一）病毒的定义

计算机病毒（Computer Virus）在《中华人民共和国计算机信息系统安全保护条例》中被明确定义，计算机病毒是指"编制者在计算机程序中插入的破坏计算机功能或者破坏数据，影响计算机使用并且能够自我复制的一组计算机指令或者程序代码"。与医学上的"病毒"不同，计算机病毒不是天然存在的，它能通过某种途径潜伏在计算机的存储介质（或程序）里，当达到某种条件时即被激活，通过修改其他程序的方法将自己的精确拷贝或者可能演化的形式放入其他程序中，从而感染其他程序，对计算机资源进行破坏。

扩展阅读 5-1

WannaCry 勒索病毒

WannaCry（又称 WannaDecryptor）是一种"蠕虫式"的勒索病毒软件，由不法分子利用 NSA（National Security Agency，美国国家安全局）泄露的危险漏洞"EternalBlue"（永恒之蓝）进行传播。2017 年 5 月 12 日，WannaCry 通过 MS17-010 漏洞在全球范围大爆发，该病毒会扫描电脑上的 TCP 445 端口（Server Message Block/SMB），以类似于蠕虫病毒的方式传播，攻击主机并加密主机上存储的文件，然后要求以比特币的形式支付赎金，勒索金额为 300 至 600 美元不等（约合人民币 2069~4134 元）。全球有接近 150 个国家超过 30 万台电脑受到严重攻击。

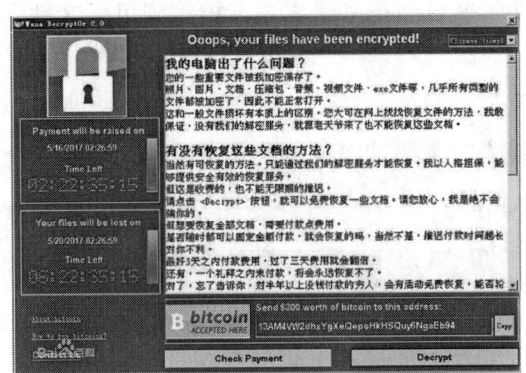

图 5-1　WannaCry 病毒攻击截图

（二）病毒感染征兆

及时发现计算机病毒感染是减少损失的第一步选择。感染了计算机病毒的电脑一般有以下常见现象或征兆：

1. 性能下降

如果计算机的性能明显下降，运行速度变慢，应用程序响应缓慢，可能是病毒在后台执行恶意任务导致的。

2. 系统崩溃或错误

经常出现系统崩溃、错误消息或蓝屏，特别是在启动时或运行特定程序时，可能是病毒感染的迹象。

3. 磁盘异常活动

如果硬盘灯持续闪烁，即使没有在进行任何活动，也可能是病毒在读取、写入或复制文件。

4. 网页显示异常

频繁弹出广告窗口、奇怪的网页重定向或未经许可的浏览器主页更改，可能是广告病毒或浏览器劫持病毒的迹象。

5. 未知程序运行

电脑出现未知的文件、程序或桌面图标，特别是如果它们与您的操作系统或其他安装程序无关，可能是病毒的存在。

6. 防病毒软件警报

如果您的防病毒软件发出病毒警报或检测到可疑文件，可能是计算机中存在病毒。

7. 密码登录异常

如果您的在线账户密码被盗或出现异常活动，可能是计算机中的恶意软件窃取了您的个人信息。

图 5-2　受熊猫烧香病毒感染后的电脑桌面

(三) 计算机病毒分类

据不完全统计，目前全世界已发现的计算机病毒近6万多种，且每月都会发现数百种新病毒和病毒变体。全球与互联网联网的主机节点正在越来越多，这样一个强大的网络群体造成了病毒极易滋生和传播的环境，而病毒破坏成为企业开展电子商务面临的重大信息安全威胁。目前，破坏计算机的流行病毒可以归纳为以下几类。

1. 蠕虫（Worms）

蠕虫是一种独立的恶意软件，它能将自身的代码混入其他可执行文件中，当这些文件被执行时，蠕虫也就得到了运行机会。它能传染其他文件，并使系统不停地进行传染。

2. 木马（Trojans）

木马是伪装成合法程序的恶意软件，隐藏在看似有用或吸引人的应用程序中。它通过网络传播，当你双击一个打开的文件时，就会自动释放出病毒来。木马病毒具有自动、隐蔽、可传播的特性。

3. 脚本病毒

脚本病毒是一种能够在网页中执行的计算机病毒。当用户访问包含脚本病毒的网页时，病毒就会得到运行机会，并利用宿主程序的漏洞进行传播。

4. 邮件病毒

邮件病毒是一种利用电子邮件进行传播的计算机病毒，它能将自身的代码插入到电子邮件的附件中，当收到带有附件的邮件时，计算机就会受到感染。

5. 广告病毒（Adware）

广告病毒是一种广告支持的恶意软件，通过弹出广告、在浏览器中插入广告或重定向到恶意网站来干扰用户。它们通常通过捆绑在免费软件中进行传播。

6. 加密勒索病毒（Ransomware）

加密勒索病毒是一种恶意软件，能够加密用户的文件，并要求支付赎金以解密文件。它们可以对个人用户和组织造成严重的数据丢失和财务损失。

如果在工作中出现以上情况，大概率是已经中了计算机病毒，可以自行先进行以下操作补救，如果状况没有改变可尽快联系专业人员处理。

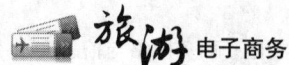

（1）更新您的杀毒软件并进行全面的系统扫描，以便检测和清除病毒。

（2）更新操作系统和应用程序，确保您的操作系统和应用程序都是最新版本，弥补已知的安全漏洞。

（3）清除计算机上的临时文件和浏览器缓存，以清除可能被感染的文件。

（4）如果怀疑密码被盗，立即修改在线账户密码，并启用多级验证。

二、计算机安全漏洞

计算机病毒和黑客攻击之所以能够得逞，是因为系统和网络中存在着安全漏洞。这是造成黑客入侵和网络安全问题的根本原因。漏洞是在硬件、软件、协议的具体实现或系统安全策略上存在的缺陷，从而可以使攻击者能够在未授权的情况下访问或破坏系统。漏洞可能来自应用软件或操作系统设计时的缺陷或编码时产生的错误，也可能来自业务在交互处理过程中的设计缺陷或逻辑流程上的不合理之处。这些缺陷、错误或不合理之处可能被有意或无意地利用，从而对一个组织的资产或运行造成不利影响，如信息系统被攻击或控制，重要资料被窃取，用户数据被篡改，系统被作为入侵其他主机系统的跳板。从目前发现的漏洞来看，应用软件中的漏洞远远多于操作系统中的漏洞。天融信发布的《2022年网络空间安全漏洞分析研究报告》数据显示，2022年按漏洞影响对象类型统计，排名前三的分别是Web应用漏洞（占43.8%）、应用程序漏洞（占28.7%）和网络设备漏洞（占13.9%）。

扩展阅读 5-2

Log4j 漏洞：互联网历史上破坏力最惊人的漏洞之一

Log4j 是一个免费的 Java 开源软体，此软体被大量网站及应用程序的开发人员用来记录活动、查找错误等，另有许多功能应用。

据美联社 12 月 11 日报道，中国阿里云安全团队在 Web 服务器软件阿帕

奇（Apache）下的开源日志组件 Log4j 内，发现一个漏洞 Log4Shell。这一漏洞的存在，可以让网络攻击者无须密码就能访问网络服务器。

美国网络安全审查委员会发布的首份报告《回顾 2021 年 12 月的 Log4j 事件》明确指出，Log4j 是一款开源软件，开发者已经将其集成到数百万个系统中。这种无孔不入、无处不在的软件中的漏洞有能力影响全世界的公司和组织（包括政府）。2021 年 11 月曝光的 Log4j 漏洞已成为一大"持续性流行漏洞"，将在未来多年引发持续风险，换言之，这种无所不在的软件库的未经修复版本，将在未来十年或更长时间内继续留存在各类系统当中。

根据统计，有超过 35 863 个开源软件 Java 组件依赖于 Log4j，意味着超过 8% 的软件包里至少有一个版本会受此漏洞影响。2022 年 6 月，美国 CISA 发布警告强调 Log4Shell 漏洞目前已经影响了 1800 多种产品。根据云安全专家评估，每秒有超过 1000 次利用 Log4j 漏洞的尝试。Log4j 漏洞不仅影响直接使用该库的基于 Java 的应用程序和服务，还影响许多其他流行的依赖它的 Java 组件和开发框架，包括但不限于 Apache Struts2、Apache Solr、Apache Druid、Apache Flink、ElasticSearch、ApacheKafka。随着危机的持续发酵，此次 Log4j 漏洞带来的损失目前尚无法准确评估。

三、网络攻击行为

（一）网络攻击的概念

网络攻击是指对网络系统的机密性、完整性、可用性、可控性、抗抵赖性产生危害行为。网络攻击的全过程是：攻击者发起并应用一定的攻击工具（包括攻击策略与方法），对目标网络系统进行（合法与非法的）攻击操作，达到一定的攻击效果，实现攻击者预定义的攻击意图网络攻击相关要素见表 5-1。

表 5-1　网络攻击相关要素

攻击者	攻击工具	攻击访问	攻击效果	攻击意图
黑客 间谍 恐怖主义者 公司职员 职业犯罪分子 破坏者	用户命令 脚本或程序 自治主体 电磁泄漏	本地访问 远程访问	破坏信息 信息泄密 窃取服务 拒绝服务	挑战 好奇 获取情报 经济利益 恐怖事件 报复

1. 攻击者

攻击者分为两大类：内部人员和外部人员。根据攻击的动机与目的，将攻击者分为以下六类：

(1) 黑客。

(2) 间谍。

(3) 恐怖主义者。

(4) 公司职员。

(5) 职业犯罪分子。

(6) 破坏者。

2. 攻击工具

攻击者通过一系列的攻击工具，对目标网络实施攻击：

(1) 用户命令：攻击者在命令执行状态下或者以图形用户接口方式输入攻击命令。

(2) 脚本或程序：利用脚本和程序挖掘系统弱点。

(3) 自治主体：攻击者初始化一个程序或者程序片段，独立执行漏洞挖掘。

(4) 电磁泄漏工具：通过 Tempest 方法实施电磁泄漏攻击。

3. 攻击访问

攻击者为了达到其攻击目的，一定要访问目标网络系统，包括合法和非法的访问。但是，攻击过程主要依赖于非法访问和使用目标网络的资源，即未授权访问或为首选使用目标系统的资源。攻击者能够进行未授权访问和使用系统资源的前提是，目标网络和系统存在安全弱点，包括设计弱点、实现弱点和配置弱点。进入目标系统之后，攻击者就开始执行相关命令，如修改文件、传送数据等，实施各类不同的攻击。

4. 攻击效果

攻击效果主要有以下几种：

(1) 破坏信息：删除或修改系统中存储的信息或者网络中传送的信息。

(2) 信息泄露：窃取或公布敏感信息。

(3) 窃取服务：未授权使用计算机或网络服务。

(4) 拒绝服务：干扰系统和网络的正常服务，降低系统和网络性能，甚至使系统和网络崩溃。

5. 攻击意图

攻击者的意图主要有以下六类：

(1) 挑战：攻击的动机与目的是表现自己或技术挑战。

(2) 获取情报：攻击的动机与目的是获取情报信息。

(3) 恐怖事件：攻击的动机与目的是达到恐怖主义集团的利益。

(4) 好奇：攻击的动机与目的是好奇、显示才干。

(5) 经济利益：攻击的动机与目的是获取经济利益。

(6) 报复：攻击的动机与目的是报复、泄气。

（二）网络攻击常用技术方法

网络攻击技术是指攻击者在攻击过程中所使用的技术手段。经过对已发生的网络攻击事件的分析和归纳，常用的攻击技术主要包括：端口扫描、口令攻击、恶意代码、缓冲区溢出、欺骗、会话劫持、网络监听和拒绝服务。

1. 端口扫描

端口扫描是指某些别有用心的人发送一组端口扫描消息，试图以此侵入某台计算机，并了解其提供的计算机网络服务类型（这些网络服务均与端口号相关）。实质上，端口扫描包括向每个端口发送消息，一次只发送一个消息。接收到的回应类型表示是否在使用该端口并且可由此探寻弱点。

2. 口令攻击

口令攻击是黑客最喜欢采用的入侵网络的方法。口令机制是资源访问控制的第一道屏障。网络攻击者常常以破解用户的弱口令为突破口，获取系统的访问权限。主要攻击方法如下：

(1) 通过网络监听非法得到用户口令。这类方法有一定的局限性，但危害性极大。监听者往往采用中途截击的方法,这是获取用户账户和密码的一条有效途径。当前,很多互联网应用没有采用任何加密或身份认证技术,如在使用 Telnet、FTP、HTTP、SMTP 等传输协议的应用中,用户账户和密码信息都是以明文格式传输的,此时若攻击者利用数据包截取工具便可很容易收集到账户和密码。另外,攻击者有时还会利用软件和硬件工具时刻监视系统主机的工作,等待记录用户登录信息,从而取得用户密码。

(2) 在知道用户的账号后(如电子邮件 @ 前面的部分),利用一些专门软件强行破解用户口令,但攻击者要有足够的耐心和时间。如:采用字典穷举法(或称暴力法)来破解用户的密码。攻击者可以通过一些工具程序,自动地从电脑字典中取出一个单词,作为用户的口令,再输入给远端的主机,申请进入系统;若口令错误,就按顺序取出下一个单词,进行下一个尝试,并一直循环下去,直到找到正确的口令或字典的单词试完为止。由于这个破译过程由计算机程序来自动完成,因而几分钟就可以把上十万条记录的字典里所有单词都尝试一遍。

(3) 利用系统管理员的失误。在现代的 Unix 操作系统中,用户的基本信息存放在 passwd 文件中,而所有的口令则经过 DES 加密方法加密后专门存放在一个叫 shadow 的文件中。黑客们获取口令文件后,就会使用专门的破解 DES 加密法的程序来解口令。同时,由于为数不少的操作系统都存在许多安全漏洞、Bug 或一些其他设计缺陷,这些缺陷一旦被找出,黑客就可以长驱直入。

3. 恶意代码

恶意代码是指故意编制或设置的、对网络或系统会产生威胁或潜在威胁的计算机代码。最常见的恶意代码有计算机病毒(简称病毒)、特洛伊木马(简称木马)、计算机蠕虫(简称蠕虫)、后门、逻辑炸弹等。前面介绍的病毒通过复制自己来感染其他系统或程序,进而影响计算机的使用就是一种典型的恶意代码。在软件的开发阶段,程序员常常会在软件内创建后门程序以便可以修改程序设计中的缺陷。但是,如果这些后门被其他人知道,或是在发布软件之前没有删除后门程序,那么它就成了安全风险,容易被黑客当成漏洞进行攻击。后门一般是指那些绕过安全性控制而获取对程序或系统访问权的程序方法。

4. 拒绝服务

典型的拒绝服务攻击包括资源耗尽和资源过载。当一个对资源的合理请求大大超过资源的支付能力时就会造成拒绝服务攻击。最基本的 DoS 攻击就是利用合理的服务请求来占用过多的服务资源，致使服务超载，无法响应其他的请求。这些服务资源包括网络带宽、文件系统空间容量、开放的进程或者内向的连接等。这种攻击会导致资源的匮乏，无论计算机的处理速度多么快，内容容量多么大，互联网的速度多么快，都无法避免这种攻击带来的后果。分布式拒绝服务攻击 DDoS（Distributed Denial of Services）采用了一种比较特别的体系结构，从许多分布的主机同时攻击一个目标，从而导致目标瘫痪，是拒绝服务攻击的一种升级和发展。

5. APT 攻击

APT 攻击，全称为高级持续性威胁（Advanced Persistent Threat）。APT 攻击本质上并不是一种全新的攻击手段，而是多种攻击手段（比如钓鱼邮件、社工、木马、DDoS 等）的战术性综合利用。APT 攻击因为手法多样，可以很好地隐匿攻击者身份，实现对特定对象的长期、有计划性、有组织性的攻击效果。

（1）攻击行为特征难以提取。APT 普遍采用 0 day 漏洞获取权限、通过未知木马进行远程控制，而传统基于特征匹配的检测设备总是要先捕获恶意代码样本，才能提取特征并基于特征进行攻击识别，这就存在先天的滞后性。

（2）单点隐蔽能力强。为了躲避传统检测设备，APT 更加注重动态行为和静态文件的隐蔽性。例如通过隐蔽通道、加密通道避免网络行为被检测，或者通过伪造合法签名的方式避免恶意代码文件本身被识别，这就给传统基于签名的检测带来很大困难。

（3）攻击渠道多样化。目前被曝光的知名 APT 事件中，社交攻击、0 day 漏洞利用、物理摆渡等方式层出不穷，而传统的检测往往只注重边界防御，系统边界一旦被绕过，后续的攻击步骤实施的难度将大大降低。

（4）攻击持续时间长。APT 攻击分为多个步骤，从最初的信息搜集，到信息窃取并外传往往要经历几个月甚至更长的时间。而传统的检测方式是基于单个时间点的实时检测，难以对跨度如此长的攻击进行有效跟踪。

四、增强法律意识和网络安全素养

习近平总书记关于网络强国的重要思想为我们指明了数字时代的发展方向,强调了网络安全观念的重要性。我们深刻认识到网络安全不仅是技术问题,更是国家安全、社会稳定和个人隐私的重要保障。树立网络安全观念,就是要充分认识网络的开放性、脆弱性和复杂性,强化网络安全责任意识,自觉维护个人隐私,避免散播虚假信息。同时,相关企业应当建设完善网络安全体系,加强对员工的网络安全培训,确保企业信息的机密性和完整性。

网络在为人们带来巨大便利的同时,一些不法分子也看准了这一点,利用网络频频作案,近些年来,网上犯罪不断增长。《中华人民共和国刑法》第二百八十六条规定"违反国家规定,对计算机信息系统功能进行删除、修改、增加、干扰,造成计算机信息系统不能正常运行,后果严重的,处五年以下有期徒刑或者拘役;后果特别严重的,处五年以上有期徒刑。""违反国家规定,对计算机信息系统中存储、处理或者传输的数据和应用程序进行删除、修改、增加的操作,后果严重的,依照前款的规定处罚。""故意制作、传播计算机病毒等破坏性程序,影响计算机系统正常运行,后果严重的,依照第一款的规定处罚。"

学习互联网技术后,要正确使用,不要随意攻击各类网站或者APP,一是不管是有意还是无意,攻击、篡改等行为都会触犯相关的法律,要接受法律的惩罚,对个人产生非常严重的后果;二是攻击行为可能会引火上身,被他人反跟踪或恶意破坏、报复,带来一系列严重的后果。因此,作为一名学生更要时刻保持谦虚的态度,不在互联网上炫耀自己或利用互联网实施犯罪活动。

扩展阅读 5-3

2022 年网络攻击事件盘点(节选)

(https://nsinfo.xatu.edu.cn/info/1007/1671.htm)

数字时代,"一切可编程"意味着软件漏洞威胁无处不在。网络在给我们带来无限方便的同时,也隐藏着无数危机。在网络病毒、黑客攻击面前,很多企业的网络不堪一击,大量用户的个人信息被轻松地获取利用,随意贩卖,用户却浑然不知，也束手无措。随着地下网络犯罪市场中海量泄露数据聚合的"暗宇宙"用户画像不断清晰，以及人工智能等新技术的滥用，网络犯罪分子将有能力发起更具针对性、杀伤力更强的网络攻击、心理攻击甚至物理攻击，给个人、企业、行业、社会和政权造成严重威胁。

案例 1：台积电遭受 LockBit 勒索软件攻击

事件概述：2023 年 6 月下旬，LockBit 勒索软件团伙的附属机构"国家危害机构"分享了被盗的台积电文件目录列表的屏幕截图，并要求台积电在 8 月 6 日前支付 7000 万美元赎金。

影响：台积电将此次攻击归咎于第三方设备供应商的漏洞，导致攻击者能够获取其企业网络中的服务器设置。

案例 2：武汉市地震监测中心遭受网络攻击

事件概述：2023 年 7 月 26 日，武汉市地震监测中心部分地震速报数据前端台站采集点网络设备遭受境外组织的网络攻击。

影响：外交部发言人表示，有外国政府背景的黑客组织对武汉市地震监测中心实施了网络攻击，严重威胁中国国家安全。

案例 3：知网被依法做出网络安全审查相关行政处罚

事件概述：2023 年 9 月 1 日，国家互联网信息办公室对知网 (CNKI) 依法做出网络安全审查相关行政处罚，责令停止违法处理个人信息行为，并处人民币 5000 万元罚款。

违法行为：知网存在违反必要原则收集个人信息、未经同意收集个人信息等多项违法行为。

第二节　网络与信息安全技术

旅游电子商务安全服务都是通过网络与信息安全技术来实现的，拥有良好的网络与信息安全技术对网站和 APP 的建设至关重要。通过有效的安全措施，网站和 APP 不仅能够提供用户稳定可靠的在线体验，确保企业数据和用户个人信息得到妥善保护，防止不法分子非法获取敏感数据，还有助于维护企业声誉和可信度，为企业提供一个安全可靠的数字化运营环境，推动企业在数字化时代持续发展。主要的网络与信息安全技术包括防火墙技术、加密技术、认证技术、访问控制技术、入侵检测技术和安全协议等。

一、防火墙技术

（一）防火墙的概念

防火墙是指在内部网与外部网之间实施安全防范的系统，可以认为它是一种访问控制机制，用于确定哪些内部服务允许外部访问，以及允许哪些外部服务访问内部服务。防火墙一般安置在不同点域的出入口处，对进出网络的 IP 信息包进行过滤并按定义的安全政策进行信息流控制，同时实现网络地址转换、实时信息审计警告等功能，高级防火墙还可实现基于用户的细粒度的访问控制。

（二）防火墙的基本准则

未被允许的就是禁止的。基于该准则，防火墙应封锁所有信息流，然后对希望提供的服务逐项开放。这是一种非常实用的方法，可以造成一种相当安全的环境，因为只有经过仔细挑选的服务才被允许使用。其弊端是，安全性高于用户使用的方便性，用户所能使用的范围大大受到限制。

未被禁止的就是允许的。基于该准则，防火墙应转发所有信息流，然后逐项屏蔽可能有害的服务。这种方法构成了一种更为灵活的应用环境，可为用户提供更多的服务。其弊病是，在日益增多的网络服务面前，网管人员将疲于奔命，特别是受保护的网络范围增大时，很难提供可靠的安全防护。

（三）防火墙的基本类型

包过滤型。包过滤通常安装在路由器上，并且大多数商用路由器都提供了包过滤的功能。另外，PC 机上同样可以安装包过滤软件。包过滤规则以 IP 包信息为基础，对 IP 源地址、IP 目标地址、封装协议、端口号等进行筛选。

代理服务型。代理服务型防火墙通常由两部分构成：服务器端程序和客户端程序。服务器端程序提供具体功能服务,客户端程序发起业务请求。客户端程序与中间节点连接,中间节点再与要访问的外部服务器端程序连接。与包过滤型防火墙不同的是,代理服务型防火墙内部网与外部网之间不存在直接的连接,同时提供日志及审计服务。

复合型。把包过滤和代理服务两种方法结合起来,可以形成新的防火墙,所用主机称为堡垒主机,负责提供代理服务。路由器和各种主机按其配置和功能可组成各种类型的防火墙。

(四)防火墙的局限性

防火墙不能防范不经由防火墙的攻击。如果内部网用户直接从Internet服务提供商那里购置直接的SLIP或IP链接,就可绕过防火墙系统所提供的安全保护,从而造成一种潜在的后门攻击渠道。

防火墙不能防范人为因素的攻击。不能防止由内奸或用户误操作造成的威胁,以及由于口令泄露而受到的攻击。

防火墙不能防止受病毒感染的软件或文件的传输。由于操作系统、病毒、二进制文件类型的种类太多且更新很快,所以防火墙无法逐个扫描每个文件以查找病毒。

防火墙不能防止数据驱动式的攻击。当有些表面上看来无害的数据邮寄或拷贝到内部网的主机上并被执行时,可能会发生数据驱动式的攻击。例如,一种数据驱动式的攻击可以使主机修改与系统安全有关的配置文件,从而使入侵者下一次更容易攻击该系统。

二、加密技术

加密技术是电子商务采取的主要安全保密措施。为了防止网络上的窃听、泄漏、篡改和破坏,保证信息传输安全,对网上数据使用加密手段是最为有效的方式。

(一)加密技术的两个元素

加密技术包括两个元素:算法和密钥。算法是将普通的文本(或者可以理解的信息）与一串数字（密钥）相结合，产生不可理解的密文的步骤。密钥是用来对数据进行编码和解码的一种算法。在安全保密中，可通过适当的密钥加密技术和管理机制来保证网络的信息通信安全。密钥加密技术的密码体制分为对称密钥体制和非对称密钥体制两种。相应地，对数据加密的技术分为两类，即对称加密（私人密钥加密）和非对称加密（公开密钥加密）。对称加密的加密密钥和解密密钥相同，而非对称加密的加密密钥和解密密钥不同，加密密钥可以公开而解密密钥需要保密。

（二）对称加密

对称加密又称私钥加密，即信息的发送方和接收方用同一个密钥去加密和解密数据。它具有高效性和快速性的特点，适用于大量数据的加密。常见的对称加密算法有 AES、DES 和 3DES 等。它的最大优势是加/解密速度快，适合于对大数据量进行加密，但密钥管理困难。如果进行通信的双方能够确保专用密钥在密钥交换阶段未曾泄露，那么机密性和报文完整性就可以通过这种加密方法加密机密信息，随报文一起发送报文摘要或报文散列值来实现。

（三）非对称加密

非对称加密又称公钥加密，使用一对密钥来分别完成加密和解密操作，其中一个公开发布（即公钥），另一个由用户自己秘密保存（即私钥）。常见的非对称加密算法有 RSA 和 ECC 等。非对称加密具有较高的安全性和身份认证能力，适用于保护数据的机密性和完整性。非对称加密信息交换的过程是：甲方生成一对密钥并将其中的一把作为公钥向其他交易方公开，得到该公钥的乙方使用该密钥对信息进行加密后再发送给甲方，甲方再用自己保存的私钥对加密信息进行解密。

（四）哈希函数

哈希函数是一种将任意长度的数据映射为固定长度哈希值的技术，常用于验证数据完整性和生成唯一标识。常见的哈希函数有 MD5、SHA-1、SHA-256 等。它具有以下特点：一致性（相同输入始终产生相同输出）、不可逆性（难以通过哈希值还原原始数据）、雪崩效应（微小的输入变化会导致完全不同的哈希值）和高效性（计算速度快）。

（五）公钥基础设施

公钥基础设施（Public Key Infrastructure，PKI）是一个安全框架，用于管理和分发数字证书以及进行密钥管理。PKI 基于非对称加密技术，通过信任的证书颁发机构（Certificate Authority）颁发和管理数字证书，确保公钥的真实性和有效性。PKI 提供了一种机制，使得用户可以验证和认证通信方的身份，并确保数据的机密性和完整性。它在保护网络通信、电子商务、身份认证等方面发挥着重要作用，并为安全的数字交换提供了基础设施和框架。

三、认证技术

安全认证技术是为了保证电子商务活动中的交易双方身份及其所用文件真实性的必要手段，包括数字摘要、数字签名、数字时间戳、数字证书、认证、智能卡。

（一）数字摘要

数字摘要就是采用单项 Hash 函数将需要加密的明文摘要成一串固定长度（128 位）的密文。这一串密文又称为数字指纹，它有固定的长度，而且不同的明文摘要成密文，其结果总是不同的，而同样的明文其摘要必定一致。数字摘要是用来处理短消息的，而相对于较长的消息则显得有些吃力。可以将长的消息分成若干小段，然后再分别签名。不过，这样做非常麻烦，而且会带来数据完整性的问题。比较合理的做法是在数字签名前对消息先进行数字摘要。

（二）数字签名

数字签名（又称公钥数字签名、电子签章）是一种类似写在纸上的普通的物理签名，使用了公钥加密领域的技术实现，用于鉴别数字信息的方法。一套数字签名通常定义两种互补的运算，一个用于签名，另一个用于验证。数字签名是非对称密钥加密技术与数字摘要技术的应用。

数字签名技术是将摘要信息用发送者的私钥加密,与原文一起传送给接收者。接收者只有用发送者的公钥才能解密被加密的摘要信息,然后用Hash函数对收到的原文产生一个摘要信息,与解密的摘要信息对比。如果相同,则说明收到的信息是完整的,在传输过程中没有被修改,否则说明信息被修改过,因此数字签名能够验证信息的完整性。数字签名是个加密的过程,数字签名验证是个解密的过程。数字签名机制提供了一种鉴别方法,以解决伪造、抵赖、冒充、篡改等问题。数字签名过程见图5-3。

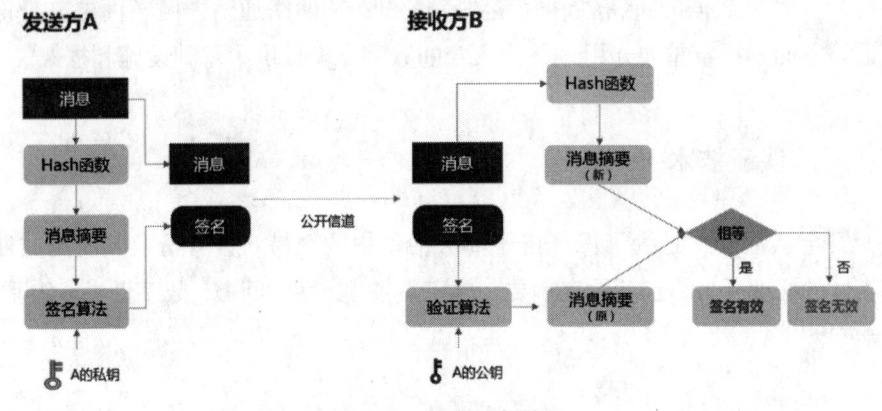

图5-3 数字签名过程

(三)数字证书

数字证书是一种权威性的电子文档,由权威公正的第三方机构,即CA(例如中国各地方的CA公司)中心签发的证书。数字证书里存有很多数字和英文,当使用数字证书进行身份认证时,它将随机生成128位的身份码,每份数字证书都能生成相应但每次都不可能相同的数码,从而保证数据传输的保密性,即相当于生成一个复杂的密码。数字证书绑定了公钥及其持有者的真实身份,它类似于现实生活中的居民身份证,所不同的是数字证书不再是纸质的证照,而是一段含有证书持有者身份信息并经过认证中心审核签发的电子数据,可以更加方便灵活地运用在电子商务中。数字证书工作情况见图5-4。

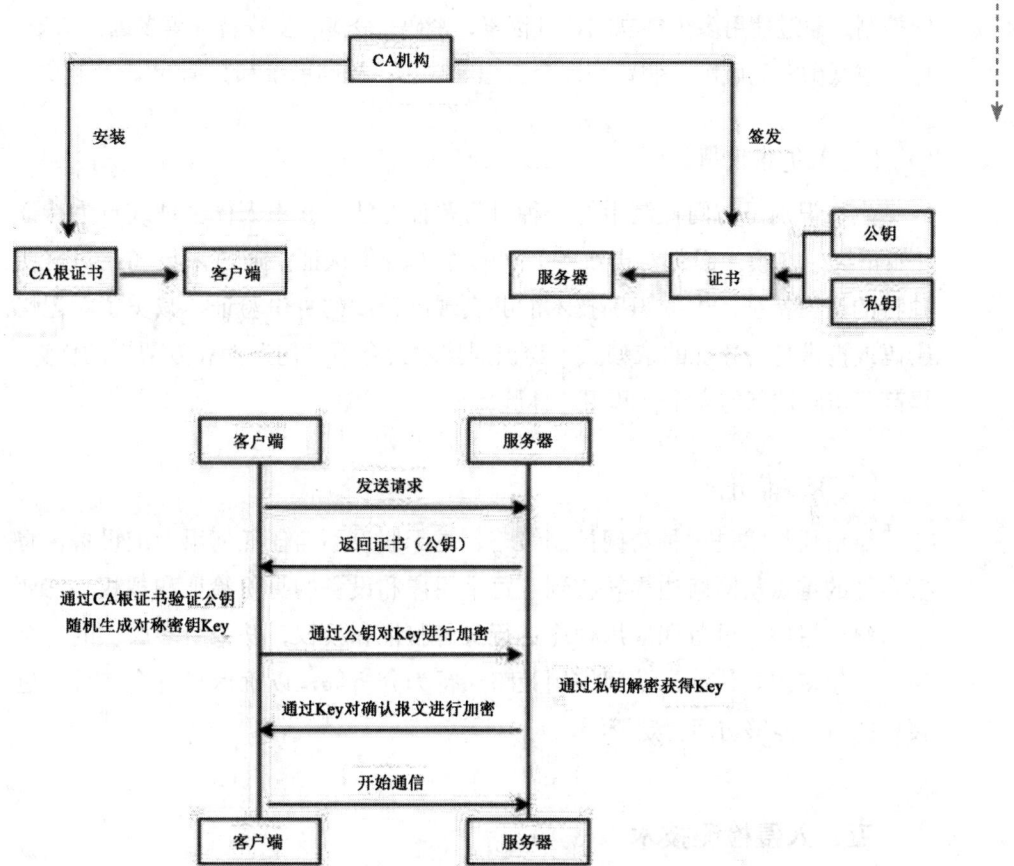

图 5-4 数字证书工作情况

四、访问控制技术

访问控制技术是一种用于限制和管理用户对系统、网络或资源的访问权限的技术，确保只有授权的用户才能够合法地访问和使用资源。

（一）多因素认证

多因素认证是访问控制中的身份验证方法，结合使用多个不同的身份验证要素（如密码、指纹、智能卡等）来增强身份验证的安全性，提供更可靠的访问控制。通过使用多个独立的认证因素，密码、令牌、生物特征等多因素认证，可有效抵御密码破解、假冒和社会工程等攻击，提高系统和数据的安全性。

（二）生物识别

生物识别是访问控制中的一种身份验证方法，利用人体生理或行为特征（如指纹、虹膜、面部、声纹等）进行个人身份认证。通过采集和比对这些独特的生物特征，生物识别技术能够实现高精度的身份验证，减少了对记忆密码或携带身份凭证的依赖。生物识别技术具有不可伪造性和方便性的优势，提高了访问控制的安全性和用户体验。

（三）零信任

零信任技术是一种访问控制策略，基于假设不信任任何用户或设备，将安全性的重点从网络边界转移到了每个用户和设备的身份验证和授权。它要求对每个用户、设备和应用程序进行身份验证和授权，并采用多层次的安全策略，如多因素认证、访问控制策略、行为分析等，以确保只有合法且经过授权的用户能够访问特定资源。

五、入侵检测技术

入侵检测技术用于监控和检测网络中的异常行为和入侵攻击，以及采取相应措施进行防御。

（一）异常检测

异常检测技术通过建立正常系统或网络行为的基准模型，监测和识别与该模型不符的异常活动。它通过分析实时数据流、日志记录和指标，检测未知的攻击、恶意行为和异常事件。异常检测技术可以发现新型攻击和未知威胁，不受已知攻击特征的限制。

（二）行为分析

行为分析技术通过监控和分析网络和系统中的用户和设备行为，识别异常活动和可能的入侵行为。它基于建立正常行为模式的模型，使用机器学习、数据挖掘和统计分析等技术，检测不符合正常模式的行为。能够监测用户的操作、应用程序的行为、网络流量的模式等，识别异常的活动，提供实时的入侵检测和响应，提高系统的安全性和威胁应对能力。

（三）签名检测

签名检测技术通过比对已知攻击的特征或模式进行识别，类似于病毒扫描。它使用预先定义的攻击签名数据库，对传入的数据流或代码进行匹配，以识别已知的攻击行为。签名检测技术依赖于已知的攻击模式和特征，对新型或未知的攻击无法有效识别。然而，它具有高准确性和低误报率的优势，适用于识别已知的攻击、恶意软件和常见的漏洞利用。

六、常见的安全协议

除上述提到的各种安全技术之外，网络安全协议在保护数据的安全性、隐私和完整性方面发挥着重要作用。不同的协议适用于不同的应用场景和安全需求，用户和组织可以根据具体情况选择合适的协议来确保网络通信的安全。常见的协议有：

（一）SSL/TLS（Secure Sockets Layer/Transport Layer Security）

SSL 和其后继协议 TLS 是用于加密和认证网络通信的协议。它们用于在客户端和服务器之间建立安全的加密连接，以保护敏感数据的传输，例如网上银行、电子商务和电子邮件等。

（二）IPsec（Internet Protocol Security）

IPsec 是一种用于提供网络层数据安全性的协议套件。它可以在网络层对数据进行加密、认证和完整性校验，确保在互联网上的通信是安全的。

（三）SSH（Secure Shell）

SSH 是一种用于安全远程登录和文件传输的协议。它通过加密通信和身份验证来保护远程会话和数据传输的机密性和完整性。

（四）VPN（Virtual Private Network）

VPN 是一种通过公共网络（如互联网）建立私密连接的安全协议。它使用加密和隧道技术，使用户能够在不安全的网络上建立安全的连接，以保护数据的传输和隐私。

（五）WPA/WPA2（Wi-Fi Protected Access）

WPA 和 WPA2 是 Wi-Fi 网络中用于加密和认证无线通信的协议。它们提供了更强的安全性和数据保护，以替代较弱的 WEP（Wired Equivalent Privacy）协议。

第三节 旅游电子商务法治建设

旅游电子商务的法治建设对于保护消费者权益、规范经营行为、加强数据保护和处理纠纷至关重要。它确保产品和服务符合法律法规，降低消费者风险，增强消费者信心；建立经营准则，防止不当行为，维护市场秩序；制定数据保护法律和隐私政策，增强用户信任；建立纠纷解决机制，提供公正高效的解决渠道，从而全面促进旅游电子商务的可持续发展。因此，了解旅游电子商务相关法治建设情况是我们一切旅游活动的基础和根本遵循，也对我们的学习和工作至关重要。

一、世界各国电子商务相关法律

（一）美国

美国是全球因特网的发源地之一。自20世纪90年代中期以来，美国大力推广以因特网为运行平台的电子商务这种新的交易方式，使之成为其国民经济增长的重要支点。为促进和保障电子商务的全面发展，美国大多数州都制定了电子商务法，美国也就全球性的电子商务法案进行审议、辩论。研究美国电子商务立法方面的经验与教训，无疑对我国电子商务立法体系的完善有很大的借鉴意义。

1. 各州立法简介

美国的电子商务立法，是以各州的立法行动为先导的。犹他州 1995 年颁布的《数字签名法》(UTah Digital Signature Act) 是美国乃至全世界范围的第一部全面确立电子商务运行规范的法律文件。截至 1999 年 9 月，美国已有 44 个州制定了与电子商务有关的法律。有些州在主干电子商务法之外，还有配套法规。比如伊利诺伊州除了《电子商务安全法》(Illionis Electronic Commerce Securety Act)，还有《金融机构数字签名法》(Financial Institutions Digital Signature Act)；佛罗里达州在《电子签名法》(Electronic Signature Act) 之外，另有《数字签名与电子公证法》(Digital Signature & Electronic Notarization)。这些仅是正式制定、颁布的法律，各州已经提交审议的有关电子商务的法律文件的数目，加起来有数百个之多。从法律文件的名称上看，有的叫"电子商务法"(Electronic Commerce Act)，有的叫"电子商务安全法"(Electronic Commerce Security Act)，还有的叫"电子文件认证法"(Electronic Authentication Act)。其中以"电子签名法"(Electronic Signature Act) 和"数字签名法"(Digital Signature Act) 作为法律名称的最多。

美国各州的电子商务立法，不仅名称多样化，而且其内容差别也非常大。有些州的立法内容比较详细，涉及电子商务的各个主要方面：从对计算机网络通信记录的法律效力的确认，到电子签名的基本标准的确定，以及认证机构的建立等都包括在内。如犹他州、伊利诺伊州就采取了这种对电子商务进行全面调整的方法。而有些州的电子商务法却规定得非常有原则，具有对电子商务的宣言性认可的性质。如加利福尼亚州便采用了这种方式。另外，从调整范围上讲，美国有些州的电子商务法只限于调整与州政府相关的诸如公司注册、税务申报等商务活动，与我国信息化建设中的政府上网工程有些类似。例如美国马里兰、阿拉斯加等州的电子商务法。而有些州的电子商务法则不仅调整与商务有关的政府管理活动，而且调整私法主体之间的在线商事交易关系，其目的是为电子商务的活动提供一个全方位的规范系统。譬如华盛顿

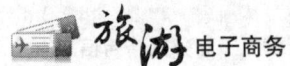

州的电子商务法即属此类。

2. 联邦立法简介

1996年下半年，美国财政部颁布了有关"全球电子商务选择税收政策"白皮书，支持电子和非电子交易间的"税收中性"目标。1997年克林顿政府公布了《全球电子商务框架》，该文在谈到电子商务的政策时，提出了以下五项原则：①私营企业应在电子商务的发展中起领导作用；②政府应避免对电子商务的不当干预；③如果需要政府干预的话，其目的应当是以预定的最低限度主义来支持和推行与电子商务相协调的、简化的法律环境；④政府必须承认因特网的特殊性质；⑤应以全球为基础促进因特网电子商务。其具体做法也有以下几点：一是当事人有以认为合适于自己的方式调整相互之间的合同关系的自由；二是规范必须在技术上是中立的（即不要求使用某种技术，也不以某种技术的使用为假定前提），并且具有超前性（即规范不能阻碍未来技术的发展）；三是只要支持电子技术应用所必需或非常需要的，就应修改现行的法律或新颁的法律；四是立法中既应考虑到高科技商事领域，也要考虑到没有上网的企业。

1997年7月1日，克林顿政府又提出了《全球电子商务发展纲要》（*A Framework for Global Electronic Commerce*），对电子商务的安全问题给予了极大的关注。保障电子商务安全在技术上主要靠加密技术，但加密产品对公众和国家安全会造成潜在的威胁，美国和大多数发达国家对功能最强大的加密产品均加以出口管制。这些出口管制限制了功能强大的加密产品在全世界范围内用于电子商务，从而对电子商务的发展不利。为此，美国政府采取的措施主要有两项，一是只要公司允诺制造和销售能保护公众安全和国家安全的产品，政府就允许公司出口一定高性能的加密产品，而对于出口的密钥恢复产品将不限制其密钥长度和算法。二是将商用加密管制的司法权从国务院转移到商务部。

（二）中国

1.《中华人民共和国电子商务法》

2018年8月31日，第十三届全国人民代表大会常务委员会第五次会议表决通过了《中华人民共和国电子商务法》，并于2019年1月1日起施行。作为我国电子商务领域首部综合性的法律,《电子商务法》的颁布可谓具有里程碑的意义。

电子商务法是调整我国境内通过互联网等信息网络销售商品或提供服务等经营活动的专门法,它的出台和施行标志着我国正逐步健全与互联网经济相适应的法律。电子商务法确立了电子商务活动的一系列基本规则,对规范电商运营、保护消费者和经营者合法权益具有重要意义。这些规则主要体现在以下几方面:一是保障权益规则。保障权益的主体范围包括电子商务经营者、消费者、知识产权人等。电子商务法对消费者可能受到侵害的主要权益做了相应规定,同时也强化了对平台内经营者和知识产权人合法权益的保护。二是规范秩序规则。电子商务法规定,国家建立符合电子商务特点的协同管理体系,推动形成有关部门、电子商务行业组织、电子商务经营者、消费者等共同参与的电子商务市场治理体系。这体现了规范电子商务行为、维护市场秩序的立法目的。三是促进发展规则。促进发展规则体现为电子商务法在产业政策、绿色发展、基础设施等方面的规定,还包括加强电子商务标准体系建设、电子商务与各产业融合发展、跨境电子商务发展等方面的规定。这些规定为促进电子商务发展提供了法律依据。

2.《中华人民共和国电子签名法》

2004年8月28日第十届全国人民代表大会常务委员会第十一次会议通过了《中华人民共和国电子签名法》(以下简称《电子签名法》),并于2005年4月1日开始实施。《电子签名法》既是我国信息化领域第一部法律,也是《中华人民共和国行政许可法》颁布施行以来在信息产业和信息化方面立法设立的第一个行政许可。《电子签名法》通过确立电子签名法律效力、规范电子签名行为、维护有关各方合法权益,从法律制度上保障了电子交易安全,促进了电子商务和电子政务的发展,同时为电子认证服务业的发展创造了良好的法律环境,为我国电子商务安全认证体系和网络信任体系的建立奠定了重要基础。

3. 香港地区《电子交易条例》

2000年1月5日,香港特别行政区通过了《电子交易条例》,标志着香港电子商贸法律发展的一个里程碑,也为电子交易系统做出了法律的保证。此条例包括几方面,例如电子记录、数码签署、认证机关、公开密码及私人密码匙等。《电子交易条例》是一部综合性法律条例，其重要内容可以分为以下五方面：一是确立"电子合约"的有效性。明确规定在订立合约时，除非合约各方另有协议，否则要约及承约皆可以以"电子记录"形式表达。同时，凡使用"电子记录"成立任何合约，也不得因为只有"电子记录"而否定合约的有效性及可强制执行性。二是确立"数码签署"的有效性。《电子交易条例》确认了"数码签署"的法律地位。所谓"数码签署"不是"书面签署"的另一版本，它实际上是将一个电子讯息内容加密（encryption），然后再附载在该电子讯息之中。三是建立公开密码匙基础（Public Key Infrastrueture）。《电子交易条例》的第三个重要内容，就是建立起一个公开密码匙基础。这包括了核证机关（Certification Authority）、私人密码匙（Private Key）及公开密码匙（Public Key）三部分，对这些公共密码匙基础的构成条件，在《电子交易条例》中都清楚界定及解释了它们的法律地位。同时，《电子交易条例》也确立了"非对称密码系统"（Asymmetric Cryptosystem）的法律地位。设立核证机关的认可及监管。四是《电子交易条例》的第四个重要内容，就是建立核证机关的认可及监管制度。所谓核证机关，就是指在电子交易中负责发出证书核实数码签署有效的中介机关，他们在电子交易中扮演着重要的角色，一般被称为受信赖的第三者（Trusted Third Party）。在《电子交易条例》中，对核证机关的认可程序、法律责任及发出证书的法律效力等，也有详尽的规定。五是建立保密责任。《电子交易条例》的第五个重要内容，就是确立从事电子交易各方的保密责任，这是针对电子商贸的安全问题而做出的。在这法例中，明确规定任何人根据此法例的条文或依据此法赋予权力取阅资料记录时，必须履行保密的责任，不得向他人进行披露，也不得在明知或罔顾实情的情况下，提供不真实、不准确甚或误导性的文件或信息，否则需要承担刑事责任，情况严重的，更可判监6个月。

4. 台湾地区《电子签章法》草案

台湾地区于2001年11月14日公布电子签章法，确立电子签章及电磁记录的法律地位，建立了电子凭证机构的管理制度，界定了凭证机构（Certificate Authority，CA）与使用者的权责，建立跨国认证机制。关于法的名称，世界各国的相关法律的名称主要有四种：电子商务法、电子签名法、电子签章法、数字签名法。电子商务法主要指以电子签章为主体的电子商务基本法，其包含的范围比较广；数字签名属于电子签名中的一种，是指以非对称密钥技术为基础的签名，而电子签名还可以包括口令、密钥以及生物特征鉴别等；电子签名与电子签章所指代的对象相同，只是电子签章的表述显得更为全面，包容性更强一些。

电子签章法的制订有两个主要任务，一个任务是构建电子签章及文件使用规范制度，奠定完善的运用环境，并赋予电子签章及文件法律效力；另一个任务是需要突破过去使用电子签章及文件，无法符合现有法律规范要求签名与书面等法定要式行为的规定。

（三）欧盟

1999年末制定的《欧盟电子签名统一框架指令》由15个条款和4个附件组成，主要用于指导和协调欧盟各国的电子签名立法。其中比较重要的主要有四个方面：电子认证服务的市场准入、电子认证服务管理的国际协调、认证中的数据保护、电子认证书内容规范。

电子商务的本质决定了与电子商务相关的服务必然逐步显现国际化的趋势，电子认证服务也毫不例外。从长远的角度看，电子认证在国际范围内的统一和标准化是必然的趋势，在这一过程中，会产生不断的协调、互相渗透、交叉认证、竞争和兼并，这是电子商务自身的要求，也是市场竞争的要求和结果。所以，欧盟的电子签名统一框架指令在这方面，分别在其第三条和第七条中，对电子认证服务的市场准入、电子认证服务管理的国际协调进行了规定。第三条第一款明确规定"成员国不得为证书服务规定任何事先授权"。此外，该条其他款还规定了认证服务管理的客观透明、适当和非歧视的原则。另外，该条第七款也明确指出"成员国可以对电子签名在公用部门的使用而附加一些可能的附属要求，这些要求应该是合规、透明、客观和非歧视的"。而其第七条第一款则明确规定：成员国应保证在第三国设立的认证机构配发的资格证书能和在联盟内设立的认证机构配发的证书一样在法律上被承认。基于这样的准则，就可以基本上确保国际认证服务的相互认可，从而为电子商务的国际化铺就通途。

《欧盟电子签名统一框架指令》规范了有关数据保护的规定。因为在电子商务的各个环节中，认证机构不仅在电子签名、身份认证方面能起关键的作用,其实在数据保护或隐私权保护这一促进和稳定电子商务发展的关键环节上,认证机构也完全可以起到重要作用,至少应承担起相当的义务。《欧盟电子签名统一框架指令》第八条的设立正是从这个宗旨出发的,这种结构很好地弥补了以前大部分电子商务立法的不足。

最后,欧盟电子签名统一框架的附件中对合格证书、签发合格证书的认证服务提供人、可靠签名生成设备等提出了具体要求,全面、细致地规范了认证服务的几个关键环节,可以有效地促进认证服务的规范化。

(四)日本

日本2000年制定的《电子签名与认证服务法》主要的篇幅都用于规范认证服务,这一点与《欧盟电子签名统一框架指令》十分类似。在其第二章、第三章和第四章中,从指定认证服务的许可、境外指定认证服务的许可、指定调查机构的调查、调查机构的成立批准等几个方面对认证服务进行了全面细致的规定,其中,对于认证服务的许可、境外指定认证服务的许可,与欧盟不同的是,日本采用了须经官方许可的做法,并且对许可的条件、不予许可的情形、许可资格的续延、继承、变更、中止等都做了严格的规定。为了保证相关机制的运转,该法中还明确了指定调查机构的权利与义务,形成了一个很有特色的监管模式。

日本《电子签名与认证服务法》的另一个特色是其中关于相应处罚规则的详细规定,这是很多国家的电子签名法所不具备的。当然,这种结构是与其行政管理比较细致全面相适应的,处罚条款可以在一定程度上保障认证服务机构、认证管理机构的合法运作。

二、世界各国旅游相关法律

(一)美国

美国是世界第一大国际旅游收入国。2023年,美国旅游业总产值达2.2万亿美元,提供了1740万个就业岗位,接待国际游客达6280万人次。

美国在1979年颁布《全国旅游政策法》,该法为美国旅游基本法。该法所提出的相关政策、措施,有效地强化了政府、企业、个人之间的合作,为美国旅游业的发展提供了原则性的指导，是旅游业可持续发展的重要保障。全法分为两编：第一编的内容美国世代人的旅游观光权利，提出了可持续旅游目标的明确要求，并对"美国全国旅游政策委员会"的组成人员做出了规定。第二编中则有很大部分是关于旅游资源保护的内容。此外，美国还制定有《野外旅游条例》《原始风景河条例》等单向旅游资源保护法律。

美国联邦政府于2009年推行了《旅行营销法案》，并在此基础上建立了旅游促销组织（CTP）以提高旅游营销效果，改善美国国际旅游形象。2004年，美国出台了《太空旅游法》，用于引导太空旅游产业的发展。

（二）中国

世界旅游业理事会（WTTC）最新的经济影响报告显示，2021年全球规模最大的三大旅游市场依次是美国、中国和德国。WTTC预测，至2032年中国有望超越美国，成为全球规模最大的旅游市场。

《中华人民共和国旅游法》（以下简称《旅游法》）由中华人民共和国第十二届全国人民代表大会常务委员会第二次会议于2013年4月25日通过，自2013年10月1日起施行。自此，我国旅游业发展开启了依法兴旅、依法治旅的新阶段。

《旅游法》历经两次修正，根据2016年11月7日第十二届全国人民代表大会常务委员会第二十四次会议《关于修改〈中华人民共和国对外贸易法〉等十二部法律的决定》第一次修正；根据2018年10月26日第十三届全国人民代表大会常务委员会第六次会议《关于修改〈中华人民共和国野生动物保护法〉等十五部法律的决定》第二次修正。

《旅游法》也是我国旅游业发展史上的第一部法律。《旅游法》作为我国旅游法治体系建设的重大里程碑，对我国旅游产业发展和市场管理发挥了重要的引领、规范及保障作用，引领我国地方旅游立法不断发展，促进了我国旅游法治规范体系的健全和完善。旅游法共设10章112条，除总则、附则之外，分别对旅游者、旅游规划和促进、旅游经营、旅游服务合同、旅游安全、旅游监督管理、旅游纠纷处理、法律责任做出规定，涵盖了行政法、经济法、民法的内容。

(三) 欧盟

欧洲是现代旅游业的诞生地，也是全球最重要的旅游目的地和客源地之一。欧洲各国旅游发展历史悠久，产业规模庞大，且竞争力较强。

以英国为例，英国于1969年颁布实施了旨在促进英国旅游业发展的《英国旅游发展法》，主要包括：①建立英国国家旅游局、英格兰旅游委员会、苏格兰旅游委员会及威尔士旅游委员会，负责促进招徕外国旅游者到英国旅游以及促进英国国内旅游业的发展。②规定从公共基金中拨出专款资助新旅馆的建设以及现有旅馆的扩建、改建和改善。③旨在为旅馆及其他以贸易或经营方式提供住宿设施的企业进行登记注册及为保证上述住宿企业向住宿者公布收费价目以及为其他有关目的做出各项规定。1985年英国又制定了《旅行批发商条例》和《旅行代理人条例》，并根据欧盟的相关法令颁布了《英国包价旅行、包价度假、包价旅游的规定》。此外，英国还在旅游饭店、导游的管理、旅游景区的开发和保护等方面做出了规定，以立法的形式保护本国的旅游业发展。

(四) 日本

日本非常重视旅游业的发展，并将其定位为立国产业。早在1963年6月，日本就制定了《观光基本法》，第一次提出把旅游作为一个新兴的产业来发展，并明确了国家、地方自治体、民间团体在旅游业发展中的各项义务和权利，这也是指导日本旅游业发展的基本法律。

2003年，日本正式确立了"观光立国"政策。在2004年版的《观光白皮书》中，日本政府正式将"观光立国"上升到国家战略高度，并将2003年定为"观光立国元年"。2006年12月，日本政府通过《推进观光立国基本法》，将"观光"界定为21世纪日本的重要政策支柱。该法律作为与实现观光立国相关的措施之基本理念，认识到尊重地区发挥创意所进行的积极活动，并通过持续发展令当地居民自豪且难以忘怀的、充满活力的地方社会，促进国内外的观光旅行是实现长期富民目标所不可或缺的重要事项，同时该法律也规定了应采取的各项措施。在推进观光立国基本法基础上，日本相继出台了《旅游社法》《翻译导游法》《国际旅游振兴会法》《促进外国旅游者访问地区多样化振兴国际旅游法》等专业性极强的法律。自此，日本以"观光立国战略"为核心，已经逐步形成了一套以旅游基本法为基础、以多项旅游专项法规为主体、以大量相关法规为补充的相对完整的旅游法规体系。

思考与练习

1. 旅游电子商务的网络与信息安全威胁主要有哪些，至少举出3种威胁。
2. 请简述现在主流的网络与信息安全技术，至少举出3种技术。
3. 世界很多国家已经制定了电子商务相关法律，请简述其共同点。
4. 我国制定了哪些主要的电子商务法律？其主要内容是什么？
5. 简要分析我国旅游电子商务建设方面还存在哪些问题。
6. 简要阐述今后如何进一步保障我国旅游电子商务网络与信息安全管理。

第六章
网络银行与网络支付

【本章内容】

网络支付是在新世纪伴随着新技术、新生活方式和新经济模式应运而生的。在原有的支付方式不能满足人们新的支付需要时,不同的支付机构在各自擅长的领域内做了大量的努力和创新,并纷纷通过市场的检验,创立了全新的支付方式。

本章第一部分阐述了网络支付的概念和发展情况,着重介绍了网络银行、第三方支付和第三方辅助支付,第二部分介绍了国际主要的网络支付手段。

【学习目标】

通过本章的学习,熟悉和掌握网络支付的概念和当前发展现状,能够根据旅行社自身情况与实际支付场景选择适用的网络支付方式,设计高效、易用的旅行社网络支付方案。

【关键概念】

网络支付;网络支付发展现状;网络支付方案

第一节　境内网络支付方式和手段

网络支付作为一项基础服务改变了无数人的生活和消费模式。网络支付是现代金融创新与科技创新有机结合的产物，也是 20 世纪金融发展的最新体现。2003 年 10 月，在日本横滨留学的淘宝网卖家崔卫平将一台九成新富士数码相机卖给了西安买家焦振中，诞生了支付宝的第一笔交易，刷新了电子商务历史。

一、网络支付

网络支付是指电子交易的当事人，包括消费者、厂商和金融机构，使用安全电子支付手段通过网络进行的货币支付或资金流转。中国互联网信息中心（CNNIC）2023 年第 51 次中国互联网络发展状况统计报告显示，截至 2022 年 12 月，我国网络支付用户规模达 9.11 亿，较 2021 年 12 月增长 781 万，占网民整体的 85.4%（见图 6-1）。报告指出，2022 年，我国线下场景加快拓展，促进相关线上业务进一步发展，形成线下线上互促共融的良好态势。其中，在线旅行预订等领域持续发展，为广大网民创造更加丰富多彩的数字生活。截至 2022 年 12 月，我国在线旅行预订用户规模达 4.23 亿，占网民整体的 39.6%（见图 6-2）。

网络支付用户规模的快速增长主要基于以下四个原因：一是高速发展的电子商务应用，如电商平台、在线购物网站、在线旅游平台等，对网上支付的需求进一步增强，拉动网上支付用户规模的增长。二是随着数字化生活的普及，人们更倾向于在线购物、电子商务和移动支付，推动了网络支付的需求增长；各网上支付厂商在线下消费场景积极布局，不断拓展和丰富线下消费支付场景，并推出诸多补贴政策，吸引着非网上支付用户的尝试。三是智能手机和移动设备的普及使得移动支付变得更加便利，用户可以通过手机

APP或移动钱包进行支付，进一步推动了网络支付的发展。四是年轻一代用户更加习惯于使用数字化支付方式，对于网络支付更加接受和偏好，推动了网络支付用户规模的增长。

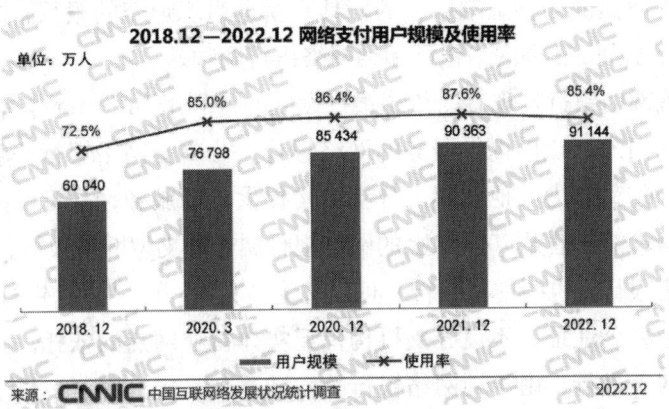

图 6-1　2018.12—2022.12 网络支付用户规模及使用率

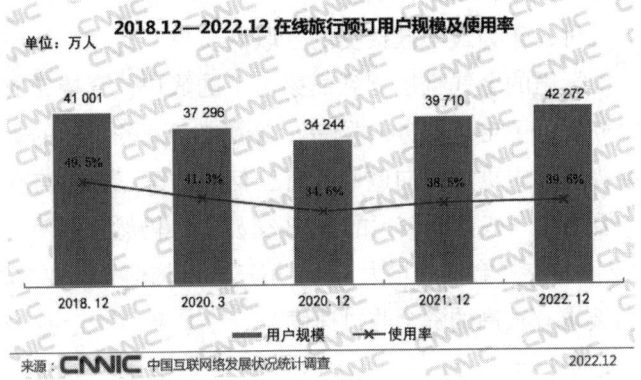

图 6-2　2018.12—2022.12 在线旅行预订用户规模及使用率

二、网络支付系统的发展

（一）网络支付渠道

网络支付从渠道上看，主要分为三大类型，包括网络银行支付、第三方支付平台和第三方辅助支付三种。

1. 网络银行支付

网络银行是指以现代通信技术、网络技术为基础，通过互联网开办银行业务，向客户提供各种金融服务的，具有新型组织形态的银行。国际上一般将网络银行分为分支型网络银行和纯网络银行两种。

分支型网络银行是现有的传统银行设立的，利用 Internet 作为服务手段，建立银行的门户站点以提供服务的网络银行。分支型网络银行一般既可以单独开展服务，又能为其他非网上分支机构提供辅助服务，是目前网络银行的主流运营模式，全世界 70% 以上的网络银行属于分支型网络银行。

纯网络银行（也叫虚拟银行）可以称为"只有一个站点的银行"，这类银行只有一个办公地址，不设分支机构，无实体营业网点的依托，几乎所有业务都通过网上进行。由于纯网络银行的发展受到一定的限制，目前全球范围的网络银行主要是分支型网络银行，纯网络银行数量不多且主要集中在北美和欧洲发达地区。我国目前也没有纯网络银行，全是分支型网络银行。本文所指的网络银行为分支型网络银行。

网络银行支付，作为最早被接受的互联网支付方式，由用户向网上银行发出申请，将银行里的金钱直接划到商家名下的账户，直接完成交易。早期的网络银行服务促进了电子商务的发展，随着电子商务市场的不断发展，在网络零售业中普通用户更加倾向邀请具有公信力的第三方参与交易从而起到监督的作用。但是在一些数额较大的 B2B 交易中，仍然普遍使用此种支付模式，主要原因是随着交易金额的增大，对于第三方机构信誉的要求也越来越高，而且 B2B 支付要求有很高的资金收付速度。

2. 第三方支付平台

第三方支付平台是指独立于买方和卖方之外的一个中介机构，为双方提供支付服务。在通过第三方支付平台的交易中，买方将货款付给买卖双方之外的第三方，第三方提供安全交易服务，其运作实质是在收付款人之间设立中间过渡账户，使汇转款项实现可控性停顿，只有双方意见达成一致才能决定资金去向。第三方支付平台通过一定手段对交易双方的信用提供担保，从而化解网上交易风险的不确定性，增加网上交易成交的可能性，并为后续可能出现的问题提供相应的安全等其他服务。

第三方支付作为目前最主流的网络支付模式，拥有款项收付的便利性、功能的可拓展性、信用中介的信誉保证等优势。第三方支付较好地解决了长期困扰电子商务的诚信、物流、现金流问题，由此引来电子商务网站和商家的追捧。有人甚至说，如果把电子商务看成是未来经济发展的发动机，那么第三方支付就是这部发动机的主力助推器。第三方支付体系架构见图 6-3。

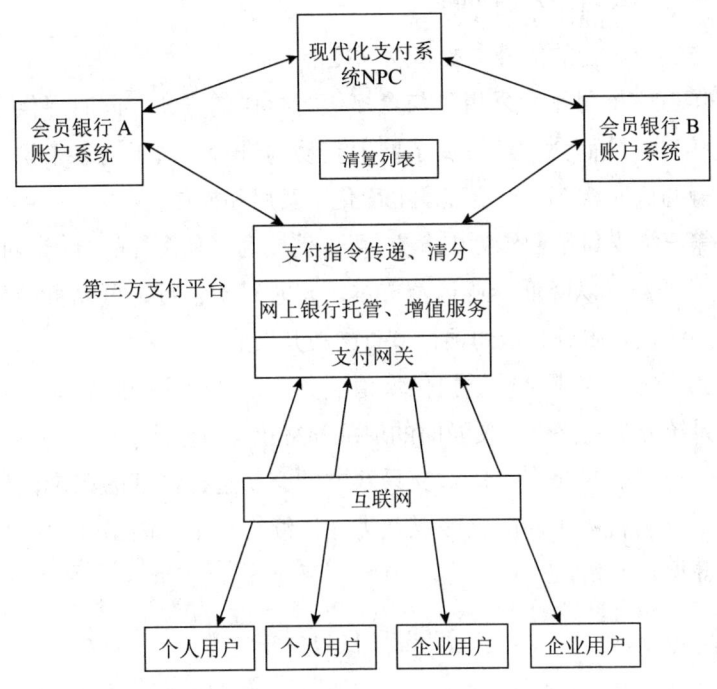

图 6-3　第三方支付体系架构

（1）第三方支付的核心安全技术

数据加密：使用加密算法对用户的敏感信息（如账户号、密码、交易数据等）进行加密，确保在传输和存储过程中的数据安全。

安全认证：采用身份认证技术，如双因素认证、指纹识别、面部识别等，验证用户的身份，防止身份欺骗和冒充。

防篡改技术：通过数字签名、哈希校验等技术，确保支付数据在传输过程中不被篡改和伪造。

风险监测和分析：通过建立风险模型和使用机器学习算法，实时监测和分析交易行为，识别潜在的欺诈和异常交易。

交易隔离：采用技术手段将不同用户的支付数据进行隔离，防止数据泄露和信息交叉。

安全审计和监控：建立完善的安全审计系统，记录和监控支付系统的操作行为和安全事件，及时发现和响应潜在的安全威胁。

(2) 第三方支付平台的优势

第三方支付平台的优势主要有以下几个方面：

一是第三方支付平台采用了与众多银行合作的方式，同时提供多种银行卡的网关接口，从而大大地方便了网上交易的进行。对于商家来说，不用安装各个银行的认证软件，一定程度上简化了费用和操作。

二是第三方支付平台作为中介方，可以促成商家和银行的合作。对于商家，第三方支付平台可以降低企业运营成本，同时对于银行，可以直接利用第三方的服务系统提供服务，帮助银行节省网关开发成本。

三是第三方支付平台能够提供增值服务，帮助商家网站解决实时交易查询和交易系统分析，提供方便及时的退款和终止支付服务。

四是第三方支付平台可以对交易双方的交易进行详细的记录，从而防止交易双方对交易行为可能的抵赖以及为在后续交易中可能出现的纠纷问题提供相应的证据。

扩展阅读 6-1

中国典型的第三方支付平台
支付宝

支付宝（中国）网络技术有限公司是国内领先的提供网络支付服务的互联网企业，由阿里巴巴公司创办。支付宝致力于为中国电子商务提供"简单、安全、快速"的在线支付解决方案。

支付宝交易服务从 2003 年 10 月在淘宝网推出，短短几年时间内迅速成为使用极其广泛的网上安全支付工具，深受用户喜爱，引起业界高度关注。用户覆盖了整个 C2C、B2C 以及 B2B 领域，涵盖了虚拟游戏、数码通信、商业服务、机票等行业，这些商家在享受支付宝服务的同时，更是拥有了一个极具潜力的消费市场。

注册地址：https：//www.alipay.com

财付通

财付通是腾讯公司于 2005 年 9 月正式推出的专业在线支付平台，致力于为互联网用户和企业提供安全、便捷、专业的在线支付服务。

财付通构建全新的综合支付平台，业务覆盖 B2B、B2C 和 C2C 各领域，提供卓越的网络支付及清算服务。针对个人用户，财付通提供了包括在线充值、提现、支付、交易管理等丰富功能；针对企业用户，财付通提供了安全可靠的支付清算服务。现在特别流行的微信支付就是由腾讯公司知名移动社交通信软件微信及第三方支付平台财付通联合推出的移动支付创新产品，旨在为广大微信用户及商户提供更优质的支付服务，微信支付的支付和安全系统由腾讯财付通提供支持。

注册地址：https：//www.tenpay.com

3. 第三方辅助支付

第三方辅助支付方式除了用户、商户和银行外还会经过第三方的参与，但是与第三方支付平台不同的是，在此种支付方式中，用户不需在第三方机构拥有独立的账户，第三方机构是为了使得双方交易更方便快捷而存在的。

超级网银是典型的第三方辅助支付案例。超级网银在中国又被称为"第二代支付系统"，按照央行官方网站的解释，"第二代支付系统能为银行业金融机构提供灵活的接入方式、清算模式和更加全面的流动性风险管理手段，实现网银互联，支撑新兴电子支付的业务处理和人民币跨境支付结算，实现本外币交易的对等支付（PVP）结算。"

传统网银也称第一代网银，处于银行间"各自为政"的状态。第一代网银只有在同一银行账户转账时才能实时入账，但不同银行账户之间转账时，支付指令则要通过付款人开户银行网银支付平台、人民银行跨行支付系统、收款人开户银行行内业务系统等多级系统，有的环节甚至需要手工干预，因此跨行转账耗时需要一分钟到两三天不等。与传统网银的"多个账户需多次登录"不同，超级网银实现相关商业银行网银端口的连接，个人或企业可通过统一的操作界面、查询、管理在多家商业银行开立的结算账户资金余额和交易明细等，通过该系统，用户最终可实现跨行账户管理、跨行资金汇划等金融活动。

超级网银具有：统一身份验证、跨行账户管理、跨行资金汇划、跨行资金归集、统一直联平台、统一财务管理流程、统一数据格式七种产品特色。使用传统网银，想知道自己在各家银行账户情况如何，需进行多次登录、查询操作。而 Super-Bank 通过统一的操作界面，查询管理多家商业银行开立的结算账户资金余额和交易明细。使用 Super-Bank 可直接向各家银行发送交易指令并完成汇款操作，还有强大的资金归集功能，可在母公司结算账户与子公司的结算户之间建立的上划下拨关系。

超级网银可跨行转账实现实时到账。跨行支付的实时到账是二代支付系统的重要功能。从目前网银支付的处理情况来看，当收、付款人双方均在同一银行开户时，资金可实时入账，并将资金入账情况实时反馈客户；当收、付款人双方不在同一银行开户时，支付指令需经过付款人开户银行网银支付平台、付款人开户银行行内业务系统、人民银行跨行支付系统、收款人开户银行行内业务系统等多个系统的处理，涉及支付指令在多个节点、多个系统间的转换，有些环节还需业务人员进行手工干预。

（二）网络支付媒介

网络支付本质上就是支付的网络化，那么支付过程中，代替纸质货币进行交易的媒介就是网络支付媒介。

1. 电子信用卡支付

信用卡是银行或其他财务机构签发给资信状况良好人士的一种特制卡片，是一种特殊的信用凭证。电子信用卡是在电子商务活动中使用的信用卡，可通过网络直接支付，技术上使用安全电子交易协议保证电子信用卡卡号和密码的安全传输，在信用卡进行支付的过程中，也需要客户、商家以及信用卡发放机构的身份，防止抵赖行为的发生。

2. 数字现金支付

电子现金是一种以数据形式流通的、能被客户和商家普遍接受的、通过 Internet 购买商品或服务时使用的货币。通过隐蔽签名技术的使用，允许数字现金的匿名，从而最大限度地保护了用户的隐私。

3. 智能卡支付

智能卡是使用计算机集成电路芯片（即微型 CPU 和存储器 RAM）来存储用户的个人信息和电子货币信息，具有进行支付与结算等功能的消费卡。智能卡的网络支付方式依据在线或离线可分为两类，前者更多的是将智能卡当作拥有中央处理器的信用卡使用，而后者的典型代表则是我们日常使用的公交 IC 卡。

4. 虚拟货币支付

货币是社会生产发展的自然产品，是一种作为一般等价物的特殊商品，主要有三种职能：价值度量、价值储藏和交换媒介。因此从理论上来讲，除去传统的金本位，任何一种商品只要拥有作为一般等价物的资格都可以作为支付工具。虚拟货币就是非真实的货币，比如腾讯公司的 Q 币，还有前文在勒索病毒中提到的比特币等数字虚拟货币。

5. 电子支票支付

电子支票是客户向收款人签发的、无条件的数字化支付指令。它可以通过因特网或无线接入设备来完成传统支票的所有功能。电子支票支付继承了纸质支票支付的优点的同时又降低了交易的费用成本，而因为使用公用关键字加密签名或个人身份证号码（PIN）代替手写签名等方法确保了交易的安全性，因此，现在电子支票支付得到了 B2B 电子商务的认可。

6. 电子汇票系统支付

电子汇票系统是依托网络和计算机技术，接收、登记、存储、转发电子汇票数据电文，提供与电子汇票货币给付、资金清算行为相关服务，并提供纸质汇票登记查询和汇票公开报价服务的综合性业务处理平台，系统支持金融机构一点或多点接入。

扩展阅读 6-2

比特币

比特币（英语：Bitcoin，缩写：BTC 或 XBT）是一种基于去中心化，采用点对点网络与共识主动性，开放源代码，以区块链作为底层技术的加密货币。比特币由中本聪（网名）（Satoshi Nakamoto）于 2008 年 10 月 31 日发表论文，2009 年 1 月 3 日，创世区块诞生。

第一次使用比特币购买商品的记录是 Laszlo Hanyecz 以 10 000 BTC 比特币购买了两个比萨。这一天至今仍被称为比特币比萨日。

第一种加密货币比特币诞生后，人们开始不断寻找交易比特币的解决方案。2010 年 3 月，首个加密货币交易所 bitcoinmarket.com 出现了（现已不存在）。同年 7 月，比特币交易所 Mt.Gox 面世。从 2011 年到 2013 年，比特币价格终于在 2013 年 2 月与美元持平。

2013 年，Mt.Gox 一度成为规模最大的加密货币交易所，交易处理量峰值可达所有比特币交易的 70%。但让人遗憾的是，Mt.Gox 在 2014 年遭遇了加密货币交易所史上前所未有的重大黑客攻击，850 000 BTC 比特币被盗，损失惨重。这是比特币历史上最大的 BTC 比特币盗窃案，被盗比特币当时价值为 4.6 亿美元（目前价值约为 95 亿美元）。

2018 年 1 月，比特币价格创下历史新高，此后涌现出了许多新兴加密资产，加密货币市场目前有超过 2000 种数字货币，而且这一数字还在不断增加。

比特币的价格一直是市场关注的焦点。近年来，比特币经历了多次剧烈的波动，市场上有多种不同的价格预测。例如，有预测认为到 2024 年底比特币价格可能达到 9000 美元甚至更高，到 2025 年底价格甚至可以突破六位数。这些预测都存在一定的不确定性，投资者须谨慎对待。

第二节　境外网络支付方式和手段

随着国民生活水平提高，疫情前我国出境游人数呈连年增长态势，且整体人数基础较大。文旅部和国家统计局数据显示，2015 年至 2019 年出境游人数持续上升，年复合增长率约为 6.6%，2019 年出境人次达 1.55 亿。在防疫政策优化后，人们的出境游意愿将快速复苏。携程数据显示，截至 2 月 28 日，2023 年五一期间出境游预订量同比增长近 17 倍。出境游的高速增长必然会带来境外支付结算的问题，目前国际上跨境支付方式有很多种，每一种都有各自的优缺点，下面介绍几种主要的方式。

一、PayPal

Paypal 是美国 EBAY 旗下的支付平台，在国际上知名度较高，国外买家使用率占 80% 以上，是很多国家客户的常用付款方式。目前是小额跨境贸易工具中最主流的付款方式。PayPal 在国外普及与认可程度非常高，有点类似中国的支付宝。从全球客户群来看，截至 2021 年底，PayPal 活跃用户已增加到 4.26 亿，大多数用户都为私人账户，全球范围内有 8% 的 PayPal 用户为商家用户，即 3400 万。

优点：PayPal 是目前小额支付的首选。PayPal 在线付款方便快捷，国外买家使用率占 80% 以上，买家在欧美地区覆盖广，只需要一个邮箱便能注册，开户免费。

缺点：PayPal 对于跨境交易可能收取一定的手续费，尤其是在货币转换时，费用可能较高。此外，为了确保支付安全，PayPal 可能会对跨境交易设置限制和风险控制措施，导致一些交易被限制或拒绝。

二、信用卡

信用卡是商业银行向个人和单位发行的，用于向特约单位购物、消费和向银行存取现金，具有消费信用的特制载体卡片。发卡银行会给予持卡人一定的信用额度，持卡人可在信用额度内先消费、后还款。信用卡是一个很好的付款工具，在网络营销中使用较为广泛。目前，国际上有五大信用卡品牌，分别是 Visa、MasterCard、AmericaExpress、Jcb 和 Diners club，其中前两个为大家广泛使用。

优点：在欧洲和美国，主流的付款方式还是信用卡方式，在欧洲和美国信用卡是链接个人信用资料的，所以信用卡的方式也是非常安全的付款方式。

缺点：接入方式麻烦、需预存保证金、收费高昂、付款额度偏小；黑卡众多，存在拒付风险。

三、电汇

电汇（telegraphic transfer，T/T）是国际上流行的公司与公司之间的付款方式之一。使用电汇的前提条件是双方都需在开通电汇服务的银行开有账户。电汇时，银行收取汇款方一定汇款费用，拍发加押电报或电传给汇入银行，指示解付一定金额给收款人。收款方无须收费。

优点：电汇适合大额的交易付款，对卖家来说也是最安全的。与票汇、信汇相比，电汇的速度快，因此电汇有利于收款方快速回收货款，加快资金流通。

缺点：费用较高，手续也比较复杂。如果客户要向卖家支付几百美元以下的额度，会非常麻烦，这种方式不适合小额外贸交易。

四、西联汇款

西联汇款是国际汇款公司（Western Union）的简称，是世界上领先的特快汇款公司，迄今已有 150 年的历史，它拥有全球最大最先进的电子汇兑金融网络，代理网点遍布全球近 200 个国家和地区。而西联汇款也是美国财富五百强之一的第一数据公司（FDC）的子公司。

优点：西联汇款在全球范围内有广泛的服务网络，可以方便地进行国际汇款，通常能够提供快速的转账服务，使得资金能够迅速到达收款人手中。西联汇款接受多种支付方式，包括现金、银行转账、信用卡等，用户有更多的支付选择。

缺点：买家和卖家需要去西联线下柜台操作，比较麻烦；此外，对于小额收款手续费较高。

五、速汇金（Money Gram）

速汇金于 1940 年在美国得克萨斯州成立，是一国际特快汇款（Money Gram）公司，提供个人到个人的全球特快汇款服务，竞争对手主要是西联汇款和 Xoom。目前速汇金和我国境内的银行合作，合作伙伴有：中国银行，工商银行，交通银行，中信银行。

优点：汇款速度快，十几分钟即可到账；汇款金额不高时，费用相对较低，无中间行费，无电报费；手续简单，无须填写复杂的汇款路径，收款人无须预先开立银行账户。

缺点：汇款人及收款人均必须为个人；必须为境外汇款；客户如持现钞账户汇款，还需交纳一定的现钞变汇的手续费。

六、支付宝（国际版）

支付宝国际版（Alipay International）是支付宝为全球用户提供的跨境支付服务，旨在方便海外用户在中国及其他支持的国家和地区进行支付和交易。支付宝国际版支持多种语言和多种货币，使用户能够在跨境交易中享受方便快捷的支付体验。用户可以使用支付宝国际版进行在线购物、转账、缴纳账单等，还可以通过扫描支付宝的二维码进行线下支付。

优点：属于阿里巴巴的一种外汇收款方式，费用相对较低，安全系数相对较高；提现无须申请，只要买家确认收货且货物妥投后，国际支付宝会直接将钱汇到国内支付宝账户或绑定的银行账户中。

缺点：国际支付宝目前仅支持买家美元支付。

七、Payoneer

Payoneer 简称 P 卡，是一家在 2005 年于美国成立的跨境资金下发公司，是亚马逊目前唯一官方推荐的收款方式，提供全球支付解决方案。其主要业务是帮助其合作伙伴将资金下发到全球，其同时也为全球客户提供美国银行/欧洲银行收款账户用于接收欧美电商平台和企业的贸易款项。

优点：中国身份证即可完成 Payoneer 账户在线注册，并自动绑定美国银行账户和欧洲银行账户。可以接收欧美公司的汇款，并通过 Payoneer 和中国支付公司的合作完成线上的外汇申报和结汇。电汇设置单笔封顶价，人民币结汇最多不超过 2%。

缺点：Payoneer 无法通过银行卡或信用卡充值，从 Payoneer 到国内银行

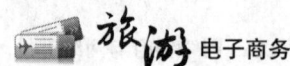

卡时，不能以美元入账；相比其他的收款方式，提现的手续费相对较高，提现到中国的银行卡需要收 1.2% 手续费。

八、PingPong

PingPong 金融是一家在 2014 年成立的国内首家跨境收款平台，专注为中国跨境电商提供亚马逊收款服务。PingPong 先后在美国、中国香港、欧元核心区和日本获得了支付牌照，是少数具有开展全球跨境支付业务能力的中资机构。

优点：拥有多国的支付牌照，如美国、欧洲、日本等地的支付牌照；支持对接多平台收款，亚马逊、Wish、eBay、Shopee 等众多平台收款；1% 费率封顶，无汇损，最快 2 小时到账；全天候运营，节假日无忧。

缺点：只能收贸易货款，不能收个人款。

九、World First

万里汇（WorldFirst）属于蚂蚁集团旗下品牌，2004 年成立于英国伦敦，主营业务是跨境电商和外贸 B2B 的跨境收付兑服务。

2019 年，万里汇加入蚂蚁集团成为旗下子品牌后，继续与具备资质的境内机构合作，为中国卖家提供更加本地化的服务，依托跨境金融领域的全球生态合作网络，为客户提供一站式产品解决方案与资金安全保障。

优点：没有年费管理费；币种支持多，包括美元、英镑、欧元、加币、日元等；支持多种资金转出方式，银行账户、支付宝、第三方付款均可，人民币提现快速到账。

缺点：支持对接的平台相对较少，与客户沟通方式不灵活，主要通过邮件沟通。

网络支付是网络银行的重要功能之一。网络支付是基于电子货币基础上的一种新型支付手段，是货币这一商品交易的一般等价物的新模式。在电子商务迅猛发展的十几年中，网络支付的手段与形式也随着计算机相关技术的发展而不断创新，作为互联网金融最重要的一环，支付环节受到越来越多的金融机构重视。

由于互联网的虚拟性，电子商务存在着固有的支付安全和信誉保障问题，站在消费者的角度来看，电子购物及支付货款的安全问题是头等重要的问题。因此，独立的第三方支付公司大批涌现便不足为奇。第三方支付平台拥有款项收付的便利性、功能的可拓展性、信用中介的信誉保证等优势，提出并实践了完整的支付解决方案，在电子商务中发挥着重要的作用。

此外，出境游已经成为一种新的旅游理念，越来越多的人走出国门。很多中高端旅游公司看到了出境游这块大蛋糕，开始发力出境游市场，不过与之相配套的跨境网络支付结算并没有跟上市场发展的速度，很多跨境结算方式并不是很方便。但是随着支付宝等公司开始发力跨境支付结算领域，相信未来的跨境旅游电子商务市场会越来越好。

思考与练习

1. 简述网络银行的定义。
2. 相比传统银行，网络银行的优势是什么？
3. 简要说明网络银行相对传统银行提供的特色服务。
4. 列举多种第三方支付平台并对比他们的特色服务。
5. 上机熟悉主要的跨境支付平台。
6. 案例分析：

20 世纪 90 年代末，电子商务的诞生促进了网上支付的发展，从而为第三方支付机构创造了发展机遇。1999 年，我国第一家第三方支付平台——首信宝诞生。2003 年 10 月 15 日，支付宝上线，最初为阿里巴巴集团旗下网站淘宝网的部门，2004 年 12 月 8 日独立运营。2011 年，包括支付宝在内的 27 家企业获得了央行颁发的首批支付牌照，第三方支付行业合法地位正式确立。2016 年，移动支付取代银行卡收单成为第三方支付行业规模最大的业务类型。2019 年，移动支付交易规模占比已达 62.8%，成为社会最为主流的支付方式。根据蚂蚁集团招股书，2019 年第三方支付交易总规模达到 201 万亿元，其中蚂蚁集团旗下的支付宝与腾讯旗下的财付通交易规模合计市场份额超过 90%，占据绝对优势。

目前，支付宝已从单一的支付工具发展为提供支付、生活服务、政务服务、社交、理财、保险和公益等多个场景并逐步覆盖全行业的开放性平台，注册用户已突破2亿，日交易额达到7亿，日交易笔数达到400万笔，除淘宝和阿里巴巴外，支持使用支付宝交易服务的商家已经超过46万家。

2022年12月16日，支付宝开放平台官方消息，为了进一步帮助商家降本增效，降低公私域联动门槛，支付宝宣布升级"繁星计划2.0"：在原有公域流量开放基础上，新增平台级IP活动、消费券会场两大公域阵地开放，未来半年内再加码50亿流量补贴，支持商家私域数字化经营。

结合上述材料，请回答以下问题：（1）结合支付宝的例子，谈谈第三方支付与其他电子支付有何不同？（2）请谈谈第三方支付发展迅速的原因是什么？（3）在电子商务过程中，众多商家为什么选择支付宝作为支付手段？

第七章
旅游电子商务网络营销

【本章内容】

本章介绍了网络营销的概念和作用，并着重列出了当今常用的十种网络营销手段，配合真实营销案例进行介绍，启发学生建立新时代网络营销思维。

【学习目标】

通过本章的学习，了解网络营销的概念和作用；掌握当今十种重要网络营销手段的含义和应用方式，了解经典营销案例；拓宽思路，培养新型营销理念和思维，能够在当今新媒体环境下进行旅游电子商务的网络营销方案策划。

【关键概念】

网络营销；搜索引擎营销；视频营销；软文营销；智能客服营销；微博营销；微信营销；小红书营销；抖音营销；直播营销；HTML5 营销

第一节　旅游电子商务网络营销的概念和作用

一、网络营销的概念

1. 什么是网络营销

网络营销（Internet Marketing）是以互联网作为核心平台、以网络用户为中心、以市场需求和认知为导向的一种新型营销活动。它借助各种电脑网络和数字互动媒体技术实现多方面的营销目标，包括市场研究、广告宣传、销售，以及顾客服务等。

网络营销具有许多优势，包括可扩展至全球市场、目标定位精确、能够进行实时反馈和数据分析等。它已成为现代企业不可或缺的一部分，对于建立品牌知名度、吸引客户、提高销量和增强客户忠诚度都至关重要。

2. 网络营销和电子商务

网络营销和电子商务是两个相互区别同时又紧密联系的概念。网络营销旨在通过互联网和数字技术来推广产品、服务或品牌，以吸引潜在客户、提高品牌知名度、改善客户关系等。它侧重于市场推广、广告、内容营销、社交媒体互动等策略，以满足市场需求和提升整体营销效果。电子商务则是一种商业模式，其主要目标是在线销售产品或服务，以实现交易和盈利。它涉及在线购物、交易处理、支付系统、库存管理、物流配送等方面，致力于完成产品或服务的在线销售和交付。

尽管有明显的不同，网络营销和电子商务常常相互结合使用，以实现更整合的商业目标。网络营销可以帮助电子商务网站吸引流量，而电子商务则提供了销售和交易的平台，二者相辅相成，有助于企业实现整体目标。

二、网络营销的作用

网络营销在现代商业环境中具有多方面的作用，可以对企业产生积极的影响。主要包括：

1. 提升品牌知名度

通过在线广告、社交媒体宣传、内容营销等手段，网络营销可以有效提高品牌在目标受众中的知名度，加强品牌形象。信息发布渠道包括企业自有信息源，如官网、社交媒体平台、APP等，还包括第三方信息发布平台，如搜索引擎、网络论坛、网络知识共享平台等。通过这些手段，可以高效地将企业信息发布到全球任何一个地点，既可以实现信息的广覆盖，又可以形成地毯式的信息发布链。

2. 提高销售和收入

通过在线销售渠道，网络营销可以直接促进产品或服务的销售，从而提高企业的收入。事实上，当前网上销售的作用越发重要，很多新生企业甚至完全依赖互联网销售。此外还有专门适用的网络的促销手段，如电子优惠券、团购、直播、会员积分等，可以迅速高效地提升销量。

3. 降低营销成本

相对于传统广告和营销方式，网络营销通常更经济高效。企业可以更精确地定位受众，进行选择性投放，降低广告成本，提高广告效益。此外，互联网的全球性质使企业能够触及国际市场，以较低成本扩大潜在客户群体，实现全球化发展。

4. 数据分析和绩效优化

网络营销各平台都提供专业的分析工具，及时产生丰富的数据，帮助企业分析活动绩效，调整策略，优化投资回报率（ROI）。在激烈的市场竞争条件下，分析网络营销数据可以节省大量人力物力，高效生成市场调研的分析报告、趋势分析图表和综合调查报告，为广大商家提供了一种市场的快速反应能力，为企业的科学决策奠定了坚实的基础。

5. 实时反馈和客户支持

网络营销使企业能够快速响应客户反馈，提供实时支持和解决问题，增强客户体验。这种实时服务极大地提高了顾客的满意度和问题解决效率，使以顾客为中心的原则得以实现。

6. 实现目标定制

网络营销允许企业精确地定制广告和内容，以满足不同目标受众的需求和兴趣。例如，旅游企业可以根据旅游者的旅游目的地、出行方式、旅游食宿标准、旅游服务意向等进行组合，通过搜索已有数据库系统，生成能够尽量满足旅游者个性化需求的旅游产品，进行有针对性的推荐，帮助消费者发掘消费需求，最终让旅游者实现个性化旅游。

总的来说，网络营销在帮助企业扩大市场份额、提高销售、改善客户关系和降低成本等方面发挥着重要作用。它已成为现代商业成功的不可或缺的一部分，有助于企业在竞争激烈的市场中取得优势。

第二节 旅游电子商务网络营销的方法

一、搜索引擎营销

搜索引擎营销（Search Engine Marketing，SEM）是一种数字营销策略，旨在通过在搜索引擎上投放广告，以及优化网站内容来提高网络可见性，吸引更多潜在客户并增加网站流量。SEM通常包括两个主要组成部分：搜索引擎广告和搜索引擎优化。

1. 搜索引擎广告

搜索引擎广告是通过在搜索引擎上购买关键词广告位，使用户搜索特定的关键词时，能够在搜索结果页面中看到广告，广告位置通常在搜索结果的顶部或底部，有时会被直接标识为"广告"或"商家推广"。这种广告一般采用付费点击（Pay-Per-Click，PPC）模型，广告主只需在用户点击广告链接时支付费用。

2. 搜索引擎优化（Search Engine Optimization，SEO）

搜索引擎优化是通过优化网站内容和结构，以提高其在自然搜索结果中的排名，从而增加非付费流量。要实现SEO，需要专业人员进行关键词研究、内容优化、网站布局架构优化、建立高质量的反向链接和社交媒体优化等工作，以提高网站在搜索结果中的排名，让用户更容易发现目标网站。

旅行搜索引擎 Point.me 完成 1000 万美元 A 轮融资，扩展礼宾服务

旅行搜索引擎 Point.me 近日完成了 1000 万美元的 A 轮融资，由 Thayer Ventures 领投，PAR Capital Ventures 等多家机构参投。此轮融资将帮助 Point.me 加强与美国信用卡发行商的合作关系，扩展其礼宾服务，并扩大其付费会员业务。据悉，Point.me 已与包括美国运通、Bilt、Capital One、Chase 和 Citi 等信用卡提供商的忠诚奖励项目进行合作。公司表示，新的投资将使其能够与现有合作伙伴进行更深入的整合，为持卡人提供无缝搜索和预订服务，同时也将与更多提供商建立新的合作关系。

百度 AI 寻人获评《新周刊》"2021 年度公益项目"

二、视频营销

视频营销是利用视频内容来吸引和影响目标受众的一种数字营销策略。可发布视频的渠道包括社交媒体平台、视频分享网站、品牌网站等。视频营销可实现各种目的，包括产品推广、品牌建设、客户互动。通过视觉和声音的结合，视频能够生动地传达信息，引起观众的情感共鸣，并提供丰富的用户体验。在移动设备普及的今天，这种营销形式已经成为吸引受众和提高品牌曝光的重要工具。

视频营销需要瞄准特定的目标受众。通过深入了解目标受众的需求、兴趣和行为，营销人员可以更有针对性地创建视频内容。视频内容类型包括广告、品牌故事、产品演示、客户见证等。视频内容应与品牌的核心信息和价值观相一致，并能吸引观众兴趣和参与。视频发布后需要建立观众的互动机制，例如点赞、评论、分享或订阅等。最后，企业需要跟踪视频的效果，对数据进行分析，包括观看次数、观众反馈和转化率等，以进一步调整和优化视频营销策略。

最成功的旅游营销战略

经过 1 年的运作，"全世界最好的工作"的受众达到 30 亿，几乎占了全球总人口的一半；收到来自202个国家（和地区）近3.5万份申请视频。全球每个国家（或地区）都至少有一人发了申请；招聘网站的点击量超过800万，平均停留时间是8.25分钟；谷歌搜索词条"世界上最好的工作＋岛"，可搜到4万多条新闻链接和23万多个博客页面；据国际知名公共关系公司泰勒·赫林统计，这次营销活动在全球公共关系案例历史上排名第八。

短视频的内容对短视频营销成功与否至关重要。在五四青年节到来之际，Bilibili发布了"献给新一代的演讲"——《后浪》。视频由著名演员何冰独挑大梁。在激情有力的声音中，《后浪》犹如给青年们的一封信，激荡起青春之声。

《后浪》的发布无疑为B站破圈立下了汗马功劳，成为一次可圈可点的视频营销。通过重磅的正能量内容，加之媒体的集合曝光，为视频内容的传播打下了坚实的基础，为B站辐射到了不同阶段用户。不得不承认《后浪》成功了，B站也成功了。

三、软文营销

软文营销是将广告内容融入自然内容中，以提供更具吸引力和整体性的广告体验。软文广告一般以与周围内容相似的形式和风格呈现，看起来更像是内容本身而不是传统的广告。成功的软文营销需要做到以下几点：

1. 自然融合

软文广告的目标是融入其所在的媒体或平台，使其与周围的内容无缝融合。这种广告常常不引人注目，因为它的风格和外观与自然内容非常相似。

2. 有价值的内容

软文广告应提供有趣、有用或教育性的内容，以吸引目标受众并获得他们的信任。因此内容的质量至关重要，它直接影响受众的参与程度。

3. 不干扰用户体验

与传统广告形式不同，软文广告的目标是看起来就像是正常的内容，不打扰用户的浏览体验，不引起用户的反感。

软文营销的成功取决于能否精确瞄准目标受众。广告主需要了解其受众的需求、兴趣和行为，以创建相关性高的广告。软文广告的效果一般通过点击率、互动率、分享次数、转化率等指标来衡量。

《千万不要用猫设置手机解锁密码》一文登上微博热搜，在很多其他网络社交平台上也有很高的阅读和转载量。看到这篇文章的标题就已经让人觉得很有趣了，其内容更是有意思。主人公用通俗轻快的口吻讲述了有一天突发奇想，用一只猫设置手机指纹解锁密码的经过，还附上了猫和手机的照片。猫为哪款手机设置指纹解锁密码呢？原来，用的是华为MATE7，其内置的指纹锁和解锁功能引发了作者的奇思妙想——用猫爪为手机设置指纹密码。过程中引发的一系列有趣的事件让网友们忍俊不禁，也很难不注意到这款手机。

北京传播弘扬中华
优秀传统文化

四、智能客服营销

智能客服营销利用人工智能（AI）和自动化技术来提供个性化、实时的客户支持和交流，以促进销售、增强客户关系和提升用户体验。智能化客服在旅游行业中具有广泛的应用，具体包括：

1. 在线预订和查询支持

通过聊天机器人或虚拟助手，用户可以便捷地查询酒店、航班、租车、旅游景点等信息，并进行实时预订。这可以节省用户的时间，获得即时的帮助和建议，方便旅游产品的销售。

2. 个性化旅游建议

基于用户的偏好和行为历史，智能客服可以提供个性化的旅游建议。例如，根据用户的兴趣推荐特定目的地、活动和餐厅，以增加销售机会。

3. 行程规划和定制

用户可以使用智能客服来规划自己的旅行行程。这包括预订酒店、机票、景点门票，并创建个性化的旅行日程。客户还可以随时通过聊天获取建议和修改行程。

4. 实时旅行支持

在旅途中，用户可以通过智能客服获取实时信息，例如航班延误通知、天气更新、紧急联系信息等，这有助于提高用户的安全感和满意度。

5. 多语言支持

智能客服可以提供多语言支持，帮助国际旅行者克服语言障碍，提供更流畅的服务体验。

6. 反馈和投诉管理

智能客服可以用于收集用户反馈和投诉，并将其快速转发给相关部门进行处理，这有助于改进服务质量和客户满意度。

智能客服营销是提高客户体验、增加销售和降低成本的有力工具。随着技术的不断发展，智能客服可以不断学习和改进，适应不断变化的客户需求和市场条件。

五、微博营销

微博是基于用户关系的社交媒体平台，用户可以通过PC、手机等多种移动终端接入，以文字、图片、视频等多媒体形式，实现信息的即时分享、传播互动。现在我们提到微博，一般都是指新浪微博，曾经的腾讯、网易、搜狐等微博业务都已经退出了历史的舞台。微博营销的主要方式包括：

1. 微博官方账号

企业可以在微博上创建官方账号，以发布有关其产品、服务或品牌的信息。官方账号需要验证，以增加可信度。企业通过定期发布有吸引力的内容，吸引更多的关注者。

2. 内容创作和分享

微博营销的关键是发布有趣或有价值的内容，例如文本、图片、视频、投票和互动帖子等，以吸引受众的注意和互动。

3. 微博广告

微博平台为企业提供了各种付费的广告产品形式，包括帖子推广、话题推广、品牌页推广、微博直播、微博问答等。这些广告可以根据目标受众的特征和兴趣进行定向投放，以提高广告的效果。

4. 话题营销

企业账号可以参与流行话题、热门事件或社会趋势，以提高微博的曝光率。通过使用相关的话题标签，微博内容会被更多人看到。利用热门话题和趋势，企业可以制定相关内容，并使用相关话题标签，以提高帖子的可见性和分享度。

5. 微博活动

企业应与关注者保持互动，回复评论、提供客户支持、参与话题讨论，建立更强的品牌忠诚度。此外也可以组织各种互动活动，如投票、抽奖、线上问答、有奖竞猜等，以提高用户互动和参与度。

6. 与 KOL 合作

与明星、网红或其他类别有影响力的微博用户合作，借助他们的粉丝基础来推广产品或服务。这些较有影响力的微博用户也被称为意见领袖（Key Opinion Leaders，简称 KOL），他们比一般用户的影响力更广，因此企业可以请他们帮助宣传产品或服务，借助他们的影响力来扩大品牌知名度。

7. 用户生成内容（User Generated Content，UGC）

用户生成内容指由普通用户创建的各种数字媒体内容，包括文字、图片、视频、评论、评分、回答问题、博客文章、社交媒体帖子、产品评论等。由于 UGC 内容是由普通互联网用户而不是企业方制作的，因此被认为有更高的可信度，比起付费广告具有更好的说服力和传播效果。在各个社交媒体平台上，企业都用各种方式鼓励用户分享与品牌相关的正面内容，如使用产品的照片、评论或故事等，以促进口碑传播。同时应时刻关注和品牌有关的负面信息，及时回应和处理，以维护品牌声誉。

了解受众的需求、关注热点话题、精心策划内容、与受众建立真实有效的互动，是做好微博营销的基础。此外，微博平台提供一系列分析工具帮助企业追踪和评估营销活动的效果，帮助企业及时调整和改进策略。

斥资 160 万英镑的"英国等你来命名"活动，利用中国人对充满谐趣的昵称的喜爱，让中国受众为遍布英国的 101 处景点、地标建筑和名胜来取名。活动由奥美北京策划并推广，是迄今为止在由国家旅游委在中国国内举行的，作为 GREAT Campaign 一个组成部分的最大规模营销活动。活动通过国家旅游局的官方微信和微博触及近 3 亿潜在用户，活动的网站浏览量超过 200 万，并有 3000 万人观看了发布视频。在活动启动 10 周内共收集了 13 000 个地名。

六、微信营销

微信是当前我国最广泛使用的通信和社交工具，拥有庞大的用户群体，因此微信营销也成为营销的重要阵地。微信营销的主要方式包括：

1. 微信公众号

企业可以创建自己的微信公众号，向关注者发布有关产品、服务、行业资讯等内容。微信平台提供不同类型的公众号，订阅号主要用于内容传播，服务号可用于提供更多功能，如在线支付、预订、客户服务等。

2. 微信小程序

微信小程序是一种轻量级的应用程序，用户可以在微信中直接使用，无须下载安装。企业可以开发自己的小程序，提供在线购物、服务预订、游戏等功能，方便与用户互动和交流，提高用户体验和促进销售。

3. 微信广告

微信提供付费广告产品，主要包括朋友圈广告（在目标用户朋友圈中展示广告，以提高品牌认知度）、公众号广告（在微信公众号文章中插入广告，以扩大受众范围）和小程序广告（在微信小程序内部推广产品或品牌）。各类广告都有不同的位置和形式，分别对应不同的价格。广告可以根据目标受众的特征和兴趣进行定向投放，以提高传播效果。

4. 微信群组

企业可以创建或参与特定的微信群组和社交圈子，通过微信群发消息功能向群成员发送品牌和促销信息，与群成员及时互动，建立粉丝社群。

5. 微信红包和优惠券

企业开发各种微信红包和优惠券来吸引用户，提供折扣、奖励和促销活动，帮助直接提升销量。

6. 微信视频号和直播

借助庞大的用户基础，2020 年上线的微信视频号和直播功能很快有了巨大的用户群。企业可采用视频营销的原则进行推广，也可以通过微信直播功能进行在线产品演示、答疑解惑和互动活动。

和微博相比，微信营销具有以下特点：

（1）侧重点不同。在微博平台，企业与用户的对话是完全公开的，企业近似于一个媒体，因此微博的内容以信息的传播和品牌的推广为主。而作为个人通信工具，微信可以实现企业与用户的私密沟通，因而能够做到真正个性化的信息推送、在线服务和购买。因此，微信营销更加强调企业对用户个人的服务功能，企业需要大力发掘微信平台的服务价值。

（2）到达率不同。微博消息数量没有限制，因此营销信息易被淹没在海量信息中，单条信息价值贬值。而微信公众号对推送消息数量有严格限制，客观上提高了单条信息的可见性，此外还通过消息提醒功能，将更新的营销信息推至消费者视线之内，保证了信息的有效到达率。

（3）人际传播机制不同。微博是开放的社交平台，用户之间的关系松散，互动层次较浅。而微信作为人与人之间的通信工具，本身就带有强有力的社会关系网络，而利用这一网络进行营销信息传播，例如通过朋友圈分享、互相点赞、评论、群聊发布等，可以实现多维度信息传播及用户交互，营销活动具备生态属性，更加深入有效。

成功的微信营销需要建立强大的内容战略、深入了解目标受众和持续的互动。考虑到微信在当今中国人生活中的重要性，微信营销已经成为最重要的营销阵地之一。

航司微信营销有套路：南航推送最积极，春秋航空粉丝互动最好

结合各航司的综合运用效果，根据基本表现情况，设定6个维度的评分指标，以此计算综合得分排名。春秋航空在七大吸引力着力点基本都涵盖了，获得较高的阅读覆盖率和粉丝互动率，综合排名榜首。其他航司可以尝试继续突破专长或针对自身薄弱的环节努力攻克，灵活运用各要素再结合航司自身优缺点查漏补缺；同时，伴随着微信应用不断更新改版，时刻关注行业动态走向，运用大数据思维及时调整优化推广策略，最大化利用微信推广的平台，从而吸引更多用户关注，提高粉丝经济效益。

七、小红书营销

小红书是最近几年兴起的社交电商平台，用户能够分享购物体验、发现新产品、获得消费评价，在这一过程中连接用户、品牌和商品。小红书特色在于其独特的社交化内容和用户社区，创造了多次消费潮流，因此目前已成为网络营销的一个重要平台。小红书营销的主要方式包括：

1. 开设品牌账号

企业可以在小红书上创建官方账号，发布有关其产品、服务或品牌的信息。这些账号需要审核和认证以增加可信性。

2. 内容创作和分享

在小红书上，内容是关键。企业可以通过发布高质量、有趣和有创意的内容来吸引用户，例如产品测评、使用教程、购物攻略等。

3. 与KOL合作

小红书与明星、博主和KOL（关键意见领袖）进行合作，他们的推荐和分享对用户有很大的影响力，企业可以借助他们的影响力来扩大品牌知名度。

4. 用户生成内容（UGC）

小红书之所以能成功，很重要的因素就是鼓励用户生成内容。用户可以分享自己的购物经验、生活体验、美妆技巧、穿搭建议等，这种非广告内容更可信、更有吸引力，因为它提供了真实的、基于用户体验的信息。企业可以鼓励用户创作与其品牌相关的内容，如使用特定产品的照片和点评，形成口碑传播。

5. 购物功能

小红书的另一个特色是在分享的同时提供购物链接，使其他用户可以直接购买推荐的产品。这种融合了社交和电商元素的特点使小红书成为一个与其他社交媒体明显不同的社交电商平台。

6. 参与互动

小红书提供点赞、评论、分享、关注等社交功能，鼓励用户积极参与和互动，这种人际社交互动增加了用户的黏性。企业应积极参与互动，回应用户的评论和提问，与潜在和现有客户建立更紧密的联系。

成功的小红书营销需要企业建立强大的内容战略，与受众建立紧密联系，与KOL和用户积极互动，同时也需要了解并遵守小红书的社区准则和推广规定。

从这个案例，窥探小众品牌如何突围小红书。通过对"海马爸比"小红书营销案例的简要回顾，我们可以总结出小众品牌、品类产品在小红书营销

上的要点:

1. 优先建立品类认知

福特汽车的创始人亨利·福特曾说过:"最初,人们只希望拥有一匹跑得更快的马,而不是一辆汽车。"当品牌和品类声量都较低时,更应该先进行品类的心智种草,帮助用户建立对品类的认知,再进行品牌的种草转化,这一思维应当贯穿整个营销链路中。

2. 深挖卖点,多场景覆盖

"产品特点≠卖点"。我们需要根据产品已有特点,结合用户痛点,打造出用户更能直观感知到的产品宣传卖点。同时,多场景、多形式的笔记内容,更能覆盖不同类型的目标用户。

3. 精细化运营

作为小红书官方代理商的微思敦认为,相比高知名度的大品牌,小众品牌的预算不高,所以小众品牌需要更全面的投放数据分析和精细化运营,保证每一分预算都花在刀刃上。

4. 长线运营

小红书种草营销的魅力在于"润物细无声",不是简单粗暴的直接带货,而是直击产品、关乎体验的消费、使用分享。以内容为触点、产品为链接,更能切入目标用户的生活方式,缩短品牌与用户沟通链路,实现沉浸式种草并获得转化。

"与用户做朋友",对于小众、新锐品牌来说,小红书更能帮助品牌建立起与用户之间优质高效的沟通桥梁,让品牌营销具有更大的长尾效应和社交裂变的可能,非常值得品牌方进行长线的运营。

八、抖音营销

抖音是一款近年来十分火爆的社交媒体应用程序,以短视频的创作和分享为特色。抖音视频通常只有15秒到60秒的长度,这种短小精悍的内容适合现代人短暂的注意力和快节奏的生活方式。再加上强大的个性化推荐算法、极强的娱乐性,以及网红明星的加持,抖音拥有了庞大的用户群,成为炙手可热的营销阵地。

1. 抖音广告

抖音短视频广告：品牌可以在抖音上购买短视频广告位，展示品牌宣传片、产品广告或其他营销内容。这些广告通常以 15 秒或 60 秒的视频形式呈现给用户。

抖音落地页广告：品牌可以将用户引导到自己的网站或应用程序，以实现更深入的互动和转化。

其他广告形式：信息流、种草加热、商城品牌广告等，随时间推出各种产品。

2. KOL 合作

品牌可以与抖音上的明星或网红合作，邀请他们代言或制作品牌相关的视频内容，借助他们的影响力吸引更多关注和粉丝。此外，还可以与抖音上的优秀内容创作者合作，让他们制作关于品牌或产品的内容。这些创作者的创意和制作能力可以为品牌带来更多关注和曝光。

3. 抖音账号

企业可以在抖音上创建官方账号，以发布有关其产品、服务或品牌的短视频，例如产品教程、用户故事、幕后花絮等。

4. 购物功能

抖音的购物功能使用户可以直接在应用内购买产品。品牌可以设置购物页面，展示产品信息和购买选项，也可以设计优惠券或者团购券，直接促进销售。

5. 品牌挑战活动

品牌可以发起抖音挑战活动，鼓励用户制作与品牌相关的创意视频，分享自己的体验，并标记品牌相关的标签，从而提高品牌知名度和互动性。

6. 舆情监测与危机公关

由于抖音受众基础巨大，近年来的多场企业公关危机都来自抖音网友的爆料，在短视频迅速传播的特性作用下，可以达到爆发性的传播速度，对企业品牌形象造成巨大的负面影响。因此，抖音是企业进行舆情监测的重要阵地，企业必须关注用户对企业的各种评价，及时响应，快速沟通，尽量避免危机成形。

同样，企业需要注意营销活动的实时反馈。抖音平台提

短视频对乡村振兴的主要作用

供一系列数据分析工具，帮助企业了解受众反馈和行为，以优化营销策略。

九、直播营销

直播营销利用实时在线视频直播来与受众互动，推广产品、服务、品牌或内容。直播营销在近年间逐渐流行，目前主要的社交媒体和购物平台都提供直播功能，包括淘宝、抖音、微博、微信等。直播营销流行的原因包括：

1. 产品演示和展示

通过视频直播，观众可以实际看到产品的外观、性能和使用方法。这种实时展示往往比静态图片和文字描述更能激发购买欲望。

2. 实时互动

直播带货提供了实时的互动性体验，观众可以在直播过程中与主播互动、提问、评论和分享意见。这种实时互动让观众感到他们可以直接参与，获得个性化的购物建议和回答问题的机会，增加了购买动机。

3. 主播影响力

经过几年的发展，各领域已经形成了一些知名主播。观众已经对这些主播建立了一定的信任，认为主播是专家，其产品演示和推荐往往更具有说服力。

4. 娱乐性

许多直播带货节目设计得非常有趣和具有娱乐性，包括游戏、互动挑战、抽奖和表演等元素。这增加了观众的参与度，使购物过程更具娱乐性。

5. 限时优惠和促销

许多直播带货活动会提供限时促销和折扣，鼓励观众立即购买。观众会产生一定的紧迫感，怕错过折扣或优惠，进行冲动消费。

6. 适应移动设备

通过智能设备，用户可以随时随地观看直播，而不需要使用电脑或前往实体店，这种便捷性使直播带货更受欢迎。

直播营销的优势在于实时互动和直接接触观众的能力。成功的直播营销需要精心策划、高质量的内容、有效的互动和一定的技术支持。如果使用得当，直播营销也能给企业带来较明显的销量提升。

李佳琦卖爆了，花西子却暴跌 90%

根据蝉妈妈数据，花西子在抖音平台 8 月份销售额过亿，在美妆护肤品牌中排名第四。进入 9 月以后，花西子官方旗舰店的每日销售额也在 100 万~250 万元之间。但李佳琦眉笔事件发生后，花西子官方旗舰店的单日销售额暴跌 90% 以上，不到 10 万元。而在 9 月 7 日的时候，花西子的抖音单日销售额还突破了 1000 万元。这种打击不可谓不惨重。

网络直播中对青年价值观的引领

十、HTML5 营销

HTML5 是新一代标准网络技术，用这种技术制作的网页可以在移动设备上无缝运行，适应不同屏幕尺寸和操作系统。以往的网络技术制作出来的网页更适合电脑，在手机上打开会出现加载速度过慢、尺寸不兼容等问题，此 HTML5 技术在这个智能手机和平板电脑广泛应用的时代就显得尤为重要。应用 HTML5 技术制作特定用途的网站，比如宣传推广、娱乐、教育等，可以很方便地在智能手机上打开、使用和转发，从而实现信息的病毒式传播，实现低成本高覆盖高参与度的效果。用 HTML5 营销常用的形式包括：

1. 富媒体广告

富媒体（Rich Media）是包括多种不同类型的媒体元素（如文本、图像、音频、视频和动画）的内容，而且多带有交互功能，用户可以进行简单操作。相对于传统的纯文本内容或静态图像，富媒体提供了更多的互动和娱乐性，能够更好地吸引和保留观众的注意力。HTML5 技术可以制作富媒体广告，比一般广告更引人注目，能够吸引更多的用户。

2. 互动性内容

使用 HTML5 和 JavaScript 可以创建互动性内容，如投票、小游戏、问卷调查等。小游戏可以进一步分为抽奖、好友互动、魔性闯关、答题测试等形式。根据目的的不同，再在特定的区域插入广告二维码或图片。如果设计得当，让用户喜欢，可以在增强用户参与度的基础上传播品牌信息。

3. 视频广告

HTML5 支持视频元素，可以嵌入在线视频广告。通过视频广告，企业可以传达更多的信息，提高品牌认知度，并吸引更多观众。

4. 故事型内容

使用 HTML5 的动画和多媒体元素创建故事型内容，以吸引用户并传达品牌故事。这种形式的内容往往更具吸引力，有助于建立情感联系。

5. 交互性地图

通过 HTML5 的地图 API 可以创建交互性地图，让用户轻松查找到实体店铺或分店位置。这对于本地业务和实体店铺有实际意义。

6. 数据可视化

使用 HTML5 和 JavaScript 库创建数据可视化图表和图形，以帮助用户更容易理解复杂的数据和统计信息。HTML5 允许实时数据更新，例如股票市场报价、新闻快讯和社交媒体更新，这使得广告和内容能够随着事件的发展而实时更新。

7. 优惠券和促销

HTML5 内容可以直接链接优惠券和促销手段，并且实现转发有奖等多形式的促销。

HTML5 的制作分为专业方式和普通方式。专业方式是通过专门的前端开发人员编写代码完成，但普通人也可以应用易企秀、人人秀等平台制作简单的 HTML5 页面，实现基础功能。HTML5 的应用在技术上难度不大，好的创意才是脱颖而出的关键。

网易连续打造刷屏级 H5，这些爆款案例真能复制吗？

网易连续打造爆款 H5，其中他们对年轻人的洞察、对人性的理解、选题的策略、创新创意的形式、文案的底层逻辑、H5 的交互、视觉的呈现、传播分享点的包装、对 H5 的认真态度等是可以好好去提炼和借鉴的。

思考与练习

1. 请简述网络营销的定义，并解释为什么网络营销在当今商业环境中如此重要。

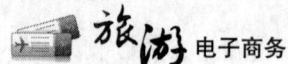

2. 描述网络营销与传统营销的主要区别，并讨论网络营销的优势。

3. 分析一个你感兴趣的旅游公司的营销案例，讨论其营销策略的优缺点，并提出改进建议。

4. 假设你是一家旅游电子商务公司的营销经理，你将如何选择并应用上述十种网络营销手段中的三种来推广你的旅游产品？请给出具体的理由和实施策略。

5. 在大数据和人工智能时代，网络营销手段将如何进一步发展和演变？这对企业网络营销策略的制定有何影响？

第八章
旅行社电子商务

【本章内容】

本章通过分析旅行社电子商务的含义、层次和作用,提出旅行社电子商务的发展模式,包括基于第三方旅游交易平台的合作模式、基于加盟旅行社电子商务平台的联合体模式、基于目的地公共旅游信息网的发展模式、依托现有的 OTA 平台的发展模式和基于大型旅行社自建电子商务平台的发展模式;最后介绍了旅行社电子商务系统的建设步骤与构成。

【学习目标】

通过本章的学习,熟悉和掌握旅行社电子商务的含义和作用,能够根据旅行社自身情况选择适用的电子商务发展模式,设计适用的旅行社电子商务系统建设方案。

【关键概念】

旅行社电子商务;发展模式;系统建设

第一节 旅行社电子商务概述

旅行社电子商务的发展在旅游电子商务的发展过程中是比较有争议的,有两种有代表性的观点:一种观点认为旅游电子商务的发展的最终结果是省略掉传统旅行社;另一种观点认为与电子商务的结合将会使传统旅行社浴火重生。这两种观点各有自己的预测和理由,但是,从目前来看,旅行社电子商务有三个比较显著的表现:一是以中青旅为代表的旅行社已经走在中国旅游电子商务的前列,摸索并总结了一套旅行社电子商务发展的思路、模式和经验;二是仍有相当一部分旅游者选择旅行社安排出游;三是确实有一批旅游者希望旅行社能改变现有模式,与网络有机结合,他们希望通过网络进行旅行社产品选购和结算。

一、旅行社电子商务的含义

旅行社电子商务是指一整套基于互联网技术、有着规范的业务流程的在线旅游中介服务,是指专业从事旅行中介服务的企业组织建立并实施一整套基于规范业务流程的,以先进的计算机技术、互联网技术及通信技术为基础的在线旅行服务模式体系。

这种服务模式的最大特点是在线、即时地为旅游者服务,在时间上体现出快捷和便利,因此被称为在线旅游服务模式(Online Travel Service,OTS)。旅行社应用电子商务,调整企业同消费者、企业同企业、企业内部关系,从而扩大销售、拓展市场,并实现内部电子化管理的全部商业经营过程。

二、旅行社电子商务的层次

从应用层次来看,旅行社电子商务可分为两个层次:

一是面向市场，以交易活动为中心，包括促成旅游交易实现的各种商业行为——网上发布旅游信息（包含网络旅游新闻媒体）、网上广告宣传、旅游市场调研和实现旅游交易的电子贸易活动——网上旅游洽谈、售前咨询、网上旅游交易、网上支付、售后服务等。

二是利用旅行社业务流程重组和内部网络平台建设形成经营管理活动，实现旅游企业内部电子商务，包括旅游企业建设内部网络和数据库，利用计算机管理系统实现旅游企业内部管理信息化。可以预见的是，发展到成熟阶段的旅游电子商务，将是旅游企业／机构外部电子商务和内部电子商务的无缝连接，这将极大地提高旅游业的运作效率。在这一方面，区别于传统意义的、连接内部数据库系统和业务流程的新型呼叫中心和B2C网站，是比较好的运作示范典型。

三、旅行社电子商务的作用

1. 旅行社电子商务改变传统交易模式，降低企业营销成本

网上交易改变了传统的交易模式，使得顾客与企业直接见面，省去了中间商的层层加价，降低了旅行社旅游线路价格，将更多的优惠转移给旅游者，减少了顾客的旅游花费。互联网的大容量、高速化、互动性，改变了受时空限制的服务方式和较低的服务效率，可以将顾客的需求及时、快速、准确地反馈给旅行社，有利于旅游企业与顾客双向沟通。另外，旅行社企业的各种信息在网络上以数字化的形式存在，可以以极低的成本发送并及时修改，如市场调研、客户满意度调查、广告、营销推广活动等。省去了常规营销方法的大量费用，降低了旅行社营销费用。

2. 旅行社电子商务促进信息交流，增加产品透明度

旅行社的一般业务过程是将酒店、景区等供应厂商的旅游产品采购之后，进行优化组合，形成特色的旅游线路或旅游项目产品，再销售给旅游者。在此过程中，旅行社需要与众多的旅游供应商、旅游者进行信息交换。而电子商务由于其开放性、交互性等特性成为旅行社对外信息宣传的最佳平台。电子商务可以打破时空的限制，最大限度地将各种旅游资源和旅游信息有效地结合在一起。通过电子商务，旅行社可以及时更新旅游线路和产品的信息、

动态，为旅游者提供最全面、最准确的旅游产品和旅游信息。旅游者对旅行社提供的旅游线路和产品在价格、特点等方面都有清楚的了解，可以消除旅游者在旅游活动过程中信息不对称的影响。

3. 旅行社电子商务适应现代旅游者散客化和个性化浪潮

当今社会，旅游者逐步走向消费成熟化，他们不仅需要传统的包价旅游团队，而且越来越多的旅游者希望根据自己的爱好，选择有针对性、有主题、有重点的旅游方式。传统旅行社的经营模式已经不适应现代旅游者的散客化和个性化需求，旅行社可以利用互联网向旅游者分类提供超大量的旅游信息，旅游者在网上查询自己感兴趣的有关旅游产品各类要素的信息，旅行社提供必要的组织指导服务，就可以形成因团而异、因人而异的时尚旅游产品。互联网技术的广泛运用，使这一涉及面广泛、需求复杂的个性化旅游产品得以实现。

4. 旅行社电子商务改变传统促销方式，建立良好客户关系

网上促销的宣传面广泛、网页设计图文并茂、表现手法灵活、内容轻易更新、成本低廉，而且可以与上网者进行双向信息交流，以满足不断变化的市场需求。可以随时给用户提供最新、最实用的旅游信息，以便吸引更多的旅游客源，真正起到促销的作用。同时，利用电子商务充分了解顾客，加强与顾客的沟通，提供有针对性的个性化旅游服务，与旅游者建立良好的合作关系，不仅有利于树立良好的企业形象，而且有利于顾客忠诚度的提高，为旅游企业实现社会形象和企业利益的双赢。

电子商务发展：惠及亿万百姓生活

第二节　旅行社电子商务发展模式

一、基于第三方旅游交易平台的合作模式

1. 基于第一代旅游交易平台的合作模式

中国旅盟网、中华知行网、出行在线、趣途旅游超市、乐途旅游超市等网站代表了第一代旅游交易平台的网站。此类旅游交易网站一般都是旅游产

品与服务的资源营销商,网站依托庞大的旅游资源库和旅行社、酒店、景区、交通票务等相关企业的旅游信息,为旅游者提供包括吃、住、行、游、购、娱等在内的多方面需求,并拥有网上支付、在线地图、社区交流等综合功能。其网页设计多为以旅游者关心的周边游、国内游、出境游和自助游等旅游线路为宣传焦点,同时,配有各类旅游区、观光景点和各种旅游活动项目。这样,网站可以全面向旅游者展示各地旅游企业提供的旅游服务产品,涵盖旅游线路的所有产品及企业信息。每项产品的介绍都会按地区范围、旅行社的意愿及其他合作伙伴的有关信息相互联系,以全行业整体形象为游客提供全方位的旅游产品信息和网上服务。同时,也提高了各个旅行社及产品在游客面前出现的次数。对于旅行社而言,第一代旅游交易平台主要是为旅行社业提供网上营销业务环境,在旅行社和合作伙伴之间、旅行社与旅游者之间建立以互联网为基础的交流窗口,为旅行社扩大客源地、提高知名度、降低业务成本提供最为便捷有效的手段。网站的业务收入主要是各类旅游广告收入、旅行社及相关企业的加盟费、向旅游者收取的相关服务收入等。所以,旅行社只需向网站支付一定的加盟费用,就可以通过网站进行宣传营销。另外,此类模式的旅游交易网站除主要针对旅游者以外,加盟旅行社之间也会发生业务联系。

2. 基于第二代旅游交易平台的合作模式

以同程网、旅业在线网、全游网、中国假日、雅途旅游交易网、钟鼎旅游同行平台等为代表的则属于第二代旅游交易平台的网站。此类旅游交易网站所起的作用是为旅行社之间的业务交流提供一个在线交易平台,是旅行社营销的助推力。它不像第一代的旅游交易网站那样拥有庞大的旅游资源和旅游信息,而只是在其中扮演旅游中间商或者是旅游经纪人的角色。第二代旅游交易网站所提供的服务项目主要包括加盟旅行社的简介、旅游经理人的个人资料及名片,为旅行社会员免费开通该社主页网站,发布旅行社会员的线路产品、报价和各种分类信息,开通地接专版,查询组团询价信息、提供地接报价信息等功能。同时,旅游交易网站可将会员旅行社按地域、线路种类、价格高低等进行分类,提供各种不同线路的相关信息,为加盟旅行社寻找业务伙伴提供参考。对于旅行社而言,第二代旅游交易网站都是定位于诚信的旅游经营平台,非常重视加盟旅行社的诚信。此类网站旨在建立旅行社之间特别是组团旅行社和地接旅行社之间的互动信息交流平台,使旅行社在业务活动中能够充分掌握各种信息，节省时间，降低成本，同时最大限度地增加旅行社营销的机会，为旅行社相互之间跨区域建立联系提供更多的商业机会。网站的业务收入主要是旅行社的广告宣传收入、向旅行社及相关企业收取的加盟费用、其他服务收入等。所以，旅行社只需向网站支付一定的加盟费用，便可发布旅行社的信息和查询业务对接旅行社的详细信息。另外，第二代旅游交易网站不仅局限于旅行社与旅行社之间的业务交易，而且也涉及与酒店、景区等相关旅游产业链上旅游企业的业务合作。

3. 基于第三代旅游交易平台的合作模式

与前两代旅游交易平台相比，第三代旅游交易平台的最大的不同在于其"信息高速公路"式的经营理念。目前，为中国酒店提供国际领先的实时在线中央预订、分销、管理和交易系统的HUBS1（汇通天下网）是第三代旅游交易平台的雏形。前两代旅游交易平台的服务对象或者加盟对象仅限于某个单体旅行社或者其他旅游企业，为旅行社与旅行社之间、旅行社与其他合作伙伴搭建一个网络营销平台。并且，旅游交易平台之间的兼容性也比较差。而第三代旅游交易平台的服务对象或加盟者不仅包括单体旅行社或其他旅游企业，而且还包括旅游供应商、旅游分销商和旅游交易平台网站等。除了为旅行社提供直销的服务以外，旅游交易平台内的单体旅行社和旅游交易平台网站都可以实现信息、资源的共享。也就是说，在第三代旅游交易平台上，单体旅行社与任何一家加盟的旅游交易网站、旅游分销商、旅游供应商等都可以实现在线交易，无限扩大了分销渠道。加盟的单体旅行社拥有在线服务的网站，其网上分销自动与外部保持同步，无须专人维护，使得直销和分销功能同时发挥。另外，第三代旅游交易平台拥有先进的中央预订系统和全球分销系统等信息技术，在最大限度上简化旅行社与旅行社之间、旅行社与其他旅游企业之间、旅行社与旅游代理商之间的业务操作流程，节省大量的人力和时间等。而加盟的方式与前两代旅游交易平台的加盟方式类似，也是在遵守联盟协议的基础上缴纳一定的加盟费用。

二、基于加盟旅行社电子商务平台的联合体模式

1. 基于加盟旅游协作网的联合体模式

目前，全国共有各种不同的旅游协作网近30家，其中具有代表性并且

发展相对成功的有天马旅游协作网、"龙之旅"旅游协作网、中国八方旅游联合体等。旅游协作网是在自愿基础上建立起来的松散型契约式的旅游联合体。旅游协作网本着网络化、品牌化、规模化的发展原则，通过推行品牌战略，走联合之路，加强旅游新产品开发，建立统一经营网络与互联网络，扩大市场占有率，形成规模化经营。

从成员构成来看，既有旅行社之间的同质旅游联合体，也有旅行社与旅游饭店之间不同层次旅游企业组成的联合体；既有区域性的，也有跨区域的旅游联合体。旅游协作网成员是在没有资产纽带前提下，成立联盟大会，制定联盟章程，形成一定的约束机制，做到统一品牌形象、统一建站模式、统一操作模式和促销活动，以此弥补在资金、规模方面的劣势，减少内部竞争，巩固其在旅游行业中的地位。旅游协作网一般会定期或不定期召开成员大会，组织成员单位参加培训考察和旅游促销等活动。申请加盟的旅行社除定期缴纳一定的会费以外，还要具有一定的实力和业务规模，以及良好的诚信经营体系。同时，联盟成员要对联盟的理念、章程，以及相关的义务和责任有高度的认同感，自觉遵守联盟的约束机制。

2. 基于加盟大型旅行社电子商务平台的联合体模式

大型旅行社由于人力、资金、技术等方面的优势，旅游信息化发展程度比较高、电子商务发展比较成熟和完善。其中，以春秋旅行社组建的网络经营联合体、广之旅发起成立的"旅游名店城"、辽宁诚信联盟等为代表。作为实力强大的旅行社组建的旅游网站，可以提供丰富的旅游线路和旅游产品，通过专线与成员旅行社的业务数据库保持实时连接，实现旅游产品网上实时查询预订。单体旅行社特别是中小旅行社由于自身实力的差距，不能随时满足旅游者的出行需要。而此类网站拥有大量特色的旅游线路，并通过网络汇总加盟旅行社的旅游者出行需求，可以满足旅游者随时出行的需要。因此，对于网络成员旅行社而言，其竞争力明显得到提高。

以春秋旅行社为例，春秋旅行社和申请加入春秋网络的旅行社签订合作合同，规定春秋旅行社与加盟方的旅游业务合作属于协议性联营，加盟方通过电脑网络系统与春秋旅行社共享信息，为春秋旅行社组织客源，同时接待由春秋旅行社组织的散客。对春秋旅行社而言，其发展区域网络合作伙伴的原则是强强联合；而对各个网络成员旅行社而言，他们借助春秋旅行社的电子商务系统开展网络化经营，有利于节省成本，扩大经营空间。

三、基于目的地公共旅游信息网的发展模式

目的地公共旅游信息网站主要是指在政府主导下创建的旅游电子商务平台，其主要包括"金旅工程"建设下的公共商务网、中国旅游网和各地方政府自建的旅游官方网站等。此类网站属于非营利性网站，是一个中立的旅游电子商务交易平台。旅行社可加入这个电子商务平台进行旅游信息发布、网上促销、网上交易，开展 B2B 和 B2C 电子商务，建设与公共旅游信息网相连接的旅行社网站。旅行社主要面向拼团散客、自助游散客和商旅客人，以旅游产品预订、交易收入等作为其主要的获利渠道。由于中国旅行社业普遍存在"小、弱、散、差"的问题，旅行社借助非营利性的行业电子服务平台实现信息化是一种集约利用资源的模式，避免了旅行社独立开发建设网站所需人力、财力和技术的投入，节约了成本，提高了效率。

四、依托现有的 OTA 平台的发展模式

随着时代的发展，互联网科学技术渗透到旅游行业，正在不知不觉改变中国旅游业，推动着中国旅游业的创新与发展。从携程旅行、同程旅行、去哪儿、途牛等 OTA 携互联网技术闯入传统旅游业开始，线上之路已打开，流量时代，各大 OTA 平台借助消费升级与流量红利，突破万亿大关。互联网时代"酒香"也怕巷子深，应对携程类 OTA 平台挤压本就已经筋疲力尽，如何生存发展，对于传统旅行社而言，真的是迫在眉睫。与此同时，随着获客成本的不断提升，OTA 交易规模增速放缓，一方面是在线旅游市场规模基数已经达到一定体量，另一方面 OTA 的发展遭遇"瓶颈期"，也需要新的场景获取用户。于是，各大 OTA 平台也开始放眼线下。关注线下旅行社的原因是，第一，在北京这样的城市还是有大量的中老年客户的，他们熟练使用网络是有一定困难的；第二，在中西部地区，对于出境游这样的非标品，用户在网络上预订的意识还没有完全形成。因为这两个客观情况的存在，OTA 平台在进入非标品领域时，不应该完全用所谓流量的思维方式去做。在出境游领域，纯粹靠线上流

量，不会像机票那样有立竿见影的效果。比如 1000 个消费者到网上看这个线路，可能只有几个人会预订。因为像出境游这样的产品，对于很多消费者来讲，是一个很复杂的事情。对初次出境者，需要有专门的人为其提供服务。因此，线下旅行社可以依托 OTA 平台的信息化和大数据开展社内产品和服务的销售，给旅行社以另一种方式做电子商务提供了技术保障，并且使旅行社能够站在中介网站的巨大消费者群的基础上开展业务。以 OTA 平台同程为例，其投资南通旅行社半年以后，该旅行社的业务量得到了迅猛增长，当年一季度同比增长 300%，2016 年营收规模实现 5 倍增长。上海的美辰国旅加入同程之后的几个月，也表现出了不一样的战斗力。

目前，常用的比较有影响力的 OTA 平台主要有同程旅行、飞猪旅行、携程旅行、去哪儿、途牛等。

1. 同程旅行

图 8-1 同程旅行网站

发展历程。同程网络科技股份有限公司（简称同程旅行）成立于 2004 年。经过数年在旅游在线市场的成功运作，同程网已成为国内知名的旅游电子商务平台之一，也是中国唯一拥有 B2B 旅游企业间平台和 B2C 大众旅游平台的旅游电子商务网站。

同程旅行

2006 年 12 月，同程网项目荣膺 CCTV"赢在中国"五强项目，并得到软银赛富、IDG、今日资本等多家海内外风险投资商的青睐，2008 年获得国内著名创投机构 1500 万元风险投资。总部位于中国苏州工业园区。经过近十年的创业历程，公司已进入中国在线旅游的前列，也是国内具备 B2B 和 B2C 双平台的大型旅游网站。公司现有员工 1500 余人，注册资本 6000 万元，业务涵盖酒店、机票、景点门票、自助旅游在线预订，旅游信息化，旅游软件开发，旅游目的地资讯及攻略等方面。公司先后获得苏州创投集团、腾讯集团等投资，并于 2012 年 9 月完成股份制改造。2014 年 3 月 24 日，总部位于苏州的在线旅游企业同程网宣布更名为同程旅游，并启用 LY.com 域名。未来十年同程将以在线景区门票和周边自助游为主打，继续抢占在线休闲旅游市场份额。2018 年 3 月，同程旅游集团旗下同程网络与艺龙旅行网合并成为同程艺龙，2018 年 11 月 26 日，同程艺龙成功在香港联交所主板挂牌上市（股票代码：0780.HK）。同程艺龙致力于打造在线旅行一站式平台，业务涵盖交通票务预订（机票、火车票、汽车票、船票等）、在线住宿预订、景点门票预订，及多个出行场景的增值服务，用户规模超过 2 亿，是中国两大出行平台之一。2020 年 4 月 22 日，同程艺龙推出了全新的服务品牌"同程旅行"，启用了新的品牌标识和品牌口号"再出发，就同程"，希望用更年轻的方式服务更多的用户。"让旅行更简单、更快乐"，为用户创造简单、快捷、智能的出行服务。

同程旅行加盟流程与条件

图 8-2　同程旅行加盟流程与条件

2. 飞猪旅行

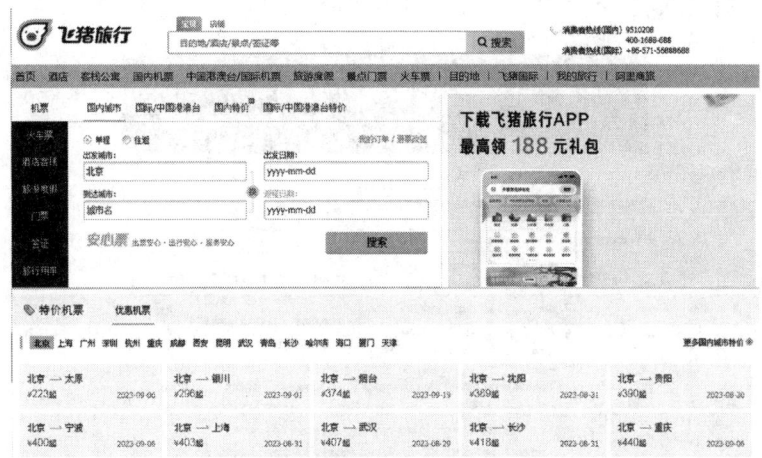

图 8-3　飞猪旅行网站

发展历程。2014 年 10 月 28 日，阿里巴巴正式推出旅行品牌"阿里旅行·去啊"。"阿里旅行·去啊"的前身是"淘宝旅行"。2016 年 10 月 27 日，阿里巴巴集团宣布，将旗下旅行品牌"阿里旅行"升级为全新品牌"飞猪"，英文名"Fliggy"。2016 年 12 月 23 日，飞猪标识升级为 2.0 版。2023 年 3 月 28 日，阿里巴巴集团宣布启动公司治理变革，构建"1+6+N"的组织结构，集团全面实行控股公司管理。据报道，此次阿里组织变革中，飞猪是"N"中的一员，将独立面向市场，且"具备条件的业务集团和公司，都将有独立融资和上市的可能性"。2023 年 6 月 30 日，在线旅游平台 Agoda（安可达）与飞猪宣布扩大合作，将在海外酒店供应链、数字营销、住宿创新等领域合作。

飞猪旅行

商家入驻。开店主体要求为以企业名义注册的实体公司，并且能够提供飞猪入驻要求的相关文件，暂不支持个体工商户入驻。同时需提前申请注册并激活全新的支付宝账户。根据入驻选择填写信息，提交企业资质、行业许可资质，如有品牌信息请完成品牌入库并提交品牌资质，提交成功等待审核。审核通过后完善店铺信息：首先激活账号，设置店铺密码及信息，并绑定与飞猪开店公司名称一致的支付宝账户，激活成功后使用店铺账户重新登录；然后签署飞猪店铺相关协议；最后根据资费标准，确保支付宝账户余额充足，并在 15 天内完成店铺技术年费及保证金缴存。完成店铺装修、发布商品及店铺上线，完成入驻。

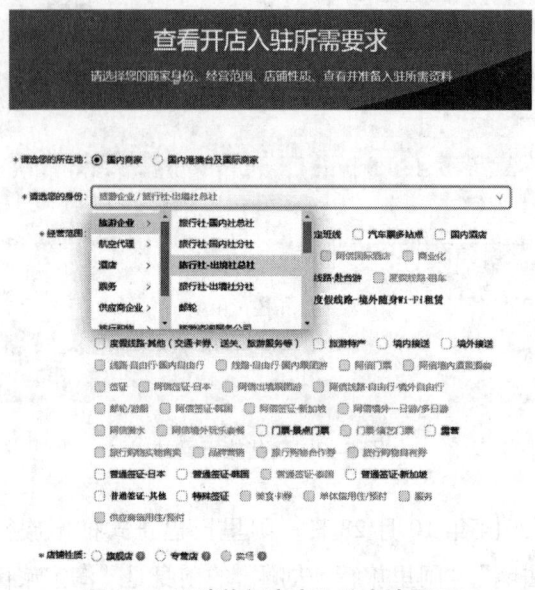

图 8-4　飞猪旅行商家入驻申请界面

3. 携程旅行

图 8-5　携程旅行网站

发展历程。携程旅行网创立于 1999 年，总部设在中国上海。2003 年 12 月，携程旅行网在美国纳斯达克成功上市。2010 年，携程旅行网战略投资我国台湾地区易游网和香港特别行政区永安旅游，完成了海峡两岸的布局。2014年，投资途风旅行网，将触角延伸至北美洲。2018年3月21日，携程发布定制师认证体系，国内首张定制师上岗证出炉。2019年10月29日，携程宣布英文名称正式更名为"Trip.com Group Limited"。2021年4月19日，携程正式于港交所挂牌上市。未来几年，携程致力于成为具有全球影响力和受人尊敬的在线旅游企业。

携程旅行

商家入驻。加盟商按界面要求，填写个人信息。平台初审：综合考量客流量、人流动线、客群属性、竞争环境等因素，由分公司协助选址。签署《携程旅游门店经营管理责任协议》《携程旅游门店经营管理责任（补充）协议》等文件。按标准缴纳保证金和管理费。加盟商可先学习系统操作、下单。平台复审：公司提供设计，加盟商遵守设计要求、按标准施工。公司协助加盟商办理门店营业执照、旅游备案登记证等证照。部门/公司文化、门店礼仪与规范话术、TDS2.0系统、门店质量管理、质量规范制度、质规合同保险、旅游法律法规等课程培训，以上培训课程需在2个月内完成，有三次考试机会，考试合格后方可上岗。集团总部结合装修要求和品牌形象标准，严格验收。若不合格，加盟商需返工。各地分公司根据开业流程执行。装修验收合格及开业后，系统预开账户转变为正式账户。

图8-6 携程旅行商家入驻

五、基于大型旅行社自建电子商务平台的发展模式

这种模式的旅行社电子商务发展目标是建立高度信息化的在线旅行社。网站信息系统的建设成本及中后期的维护成本都比较高,需要大量的人力、财力和物力等资源的支撑。所以,这种发展模式的旅行社一般是实力雄厚的大型旅行社。典型的电子商务网站有青旅在线、国旅在线、悠哉网、春秋航空旅游网等。

工匠精神打造臻品游 携程旅游发布跟团新钻级标准

悠哉网是在线旅行社模式的新锐代表。悠哉网在"电子货架平台"上为旅游顾客群提供的旅游线路来源主要有两种:一是向旅行社采购,将旅行社成熟的精品线路变成自己的库存产品,把旅行社变成供应商,自己扮演渠道商的角色;二是自主研发旅游线路,针对度假产品的个性化需求,强调研发"非标准化"线路和产品,并且通过互联网技术,分门别类,实行切位管理和库存化管理,把自己变成旅游产品供应商。这样,旅游顾客就可以在悠哉网实现"一站式购物",享受到一次性购买的便捷性体验。截至 2011 年 8 月,悠哉网已实现营业收入超过 3 亿元,正在向中国最大的在线旅行社发力。可以看出,在线旅行社运营模式使旅游电子商务企业身兼供应商和渠道商两种角色。互联网化的渠道商能够满足旅游顾客群对互联网使用的深度化需求,是在线旅行社运营模式存在的价值所在;而供应商角色则能使在线旅行社推出丰富、多样、个性的旅游产品,以满足旅游顾客群的体验需求,是在线旅行社运营模式的优势所在。

大型旅行社将网站视为旅行社的一个部门,运营目的有两个:一是让旅行社及其产品进行网上推广;二是实现自身营利,从而实现"网社合一"。旅行社网站提供酒店预订、机票预订、"酒店+机票"式的商务套餐和自由行服务,以及签证服务、用车服务和量身定制旅游线路的服务等。其中,由于旅行社强大的资源支撑,线路预订是网站的主营业务。旅行社网站依托强大的旅行社资源作为品牌支撑,旅行社的规模优势、品牌知名度等都转化成了网站的品牌优势。同时,旅游网站依托旅行社实体,其酒店预订、线路预订的价格会比一般旅游网站的低。网站的业务收入主要包括旅游线路服务费、酒店和机票的预订代理费等;其目标市场主要针对拼团散客、自助游散客和商

旅客人等。这种模式的实质是依托旅行社的产品开发和网络优势，提供有保证的服务、开发个性化散客旅游产品，满足旅游者的个性化需求。

在线旅行社运营模式也面临挑战。一是一些规模较大的旅行社不甘于仅仅做上游，都在开发自己的旅游网站，直接面对旅游顾客群推出自己的旅游线路产品。虽然对于这些旅行社而言，旅游网站只是其网络营销的工具，与真正的在线旅行社运营模式有着本质区别，但在面对旅游顾客群时却构成了同质竞争。二是在线旅行社推出的无论是外购还是自主研发的旅游线路，虽然强调个性化，以产品丰富取胜，但究其实质还是现成的"制式"产品。旅游顾客群只有选择旅游品的权利，即只能在众多现有的旅游线路中选择适合自己的产品，而不能根据旅游顾客需求为其量身定制旅游产品。

1. 中国旅游集团——中旅旅行

中国旅游集团旅行服务有限公司是中国旅游集团旗下旅行服务业务的全资子公司。2018年10月，中国旅行社总社有限公司与中国国际旅行社总社有限公司实施战略重组，共同组成中国旅游集团旅行服务有限公司（以下简称"中旅旅行"）。重组后的中旅旅行旅游产业要素更加齐全，是集旅行社业务（包括入境业务、出境业务、国内业务、定制业务、创新业务等）、会展业务、商旅及航票业务、签证及证件业务等综合业务于一身的大型旅游企业，也是国内最具规模和品牌影响力的旅行社央企。

我和旅行

图 8-7　中国旅游集团网站——中旅旅行

2. 中国青年旅行社——遨游旅行网

遨游旅行

中青旅控股股份有限公司是我国较早开展在线预订的旅行社之一，电子商务运营模式相对比较成熟，中青旅的遨游旅行网于2004年11月筹备启动，2005年5月首版网站上线，目前已经是旅游行业知名电子商务网站。中青旅网站——遨游旅行网如图8-8所示。

图8-8　中青旅网站——遨游旅行网

3. 春秋国际旅行社——春秋旅游网

春秋旅游网

春秋旅游网国际旅行社（如图8-9所示），自2000年组建以来一直是作为春秋国际旅行社的一个经营部门来发展的，它的发展同时也在推动企业的信息化改造，是"旅游传统企业信息化"比较成功的案例。对于春秋旅游网的网站而言，网络资源与传统企业资源的进一步整合无疑将是最为主要的调整与发展方向。通过电子商务的带动，实现企业的信息化改造，完全打通企业内部部门之间，以及企业与外部的信息壁垒，减少信息传递的环节，加快营利模式中各个环节之间的沟通速度，整合网上、网下的业务，使得传统的旅行社与网站融为一体，打造出完全的信息化旅游企业。

图 8-9 春秋国际旅行社网站——春秋旅游网

第三节　旅行社电子商务系统建设

一、开展旅行社电子商务的必要性

近年来，通过电子商务快速发展的在线旅行社把一个个分公司开到了各个大中城市。携程旅行网甚至开始在机场车站力推低价目的地无购物旅游。传统旅行社眼看着自认为是门槛的本地化优势逐渐消失，感受到了前所未有的压力。目前，旅行社将不得不把自己在报纸上的广告预算转移到互联网上，因为越来越多的游客不再关注报纸，甚至一个旅行社的网站如果不能提供在线客服、在线预订和支付，就会失去很多已经不喜欢电话预订的游客。而要支撑一个可以在线预订和支付的旅行社电子商务网站，并不那么简单，需要旅行社从业务管理、客户关系管理等诸多方面进行信息化的配合，甚至要在整个经营思路上发生转变。

旅行社本身从事的就是产品整合的工作，随着旅行社业务的扩展，对信息处理能力的要求将越来越高。同时，资源供应方的信息化程度的提高，对于合作伙伴的信息化程度也提出了要求。旅游主管部门的管理要求如电子合同的推进、旅游目的地官方网站的旅行社接口的开放，都需要旅行社自身做出积极的配合，才能分享整个行业智慧旅游建设带来的成果。

二、旅行社电子商务系统建设步骤

旅行社电子商务系统是旅游商务与技术结合的产物,所以在旅行社电子商务应用的全过程中,都必须充分兼顾旅游商务和技术这两个方面的因素,以科学、合理的程序展开系统设计、建设和应用工作。如果按阶段划分,要实现旅行社电子商务应用,旅行社电子商务系统建设大致需要经过旅游商务分析、规划设计、建设变革和整合运行四个阶段。

1. 商务分析阶段

这是实现旅行社电子商务应用计划的第一步。这一阶段的工作主要是进行充分的旅游商务分析,通过分析要明确两方面的问题:旅行社要不要做电子商务和选择什么模式或者平台做电子商务。分析内容主要包括:

——需求分析,包括旅行社自身需求、旅游市场需求,以及客户需求等方面。

——市场分析,包括旅游市场环境、客户分析、供求分析和竞争分析等。

——旅行社自身状况分析,包括对旅行社组织机构、管理、业务流程、资源、未来发展等的分析。

通过对以上要素的综合分析,明确网络商务发展给旅行社带来哪些冲击和机遇,在这样的不可逆转的变化趋势面前,旅行社的发展目标需要进行怎样的路径调整。旅行社如果选择做电子商务,应该从上而下进行什么样的运营思路和资源配置的转变,对旅行社发展目标和内外环境因素有了清醒认识,确定必须要做电子商务,并下决心要调整旅行社内部传统业务流程适应电子商务要求后,才能进入下一阶段的规划设计。

2. 规划设计阶段

在完成上述旅游商务分析的基础上,在掌握电子商务最新技术进展的情况下,充分结合旅游商务和技术两方面因素,提出旅行社电子商务系统的总体规划,明确旅行社电子商务系统的系统角色,构建旅行社电子商务系统的总体格局,确定旅行社电子商务系统的商务模式,以及与旅游商务模式密切相关的网上品牌、网上商品、服务支持和营销策略四个要素。

旅行社电子商务系统设计工作可以由此展开,从子系统、前台、后台、技术支持、系统流程、人员配置等各个方面全面构架旅行社电子商务系统。此阶段工作完成的好坏,将直接关系到后续旅行社电子商务系统建设和将来旅行社电子商务系统运行、应用的成功与否。

3. 建设变革阶段

这个阶段的工作分为两条线：

一条线是按照旅行社电子商务系统设计，全面调整、变革传统的组织、管理和业务流程，以适应旅行社电子商务运作方式的要求。

另一条线是按照旅行社电子商务系统设计，全面进行计算机软硬件配置、网络平台建设和电子商务系统集成，完成旅行社电子商务系统技术支持体系的建设，从技术上保障旅行社电子商务系统的正常运作。

4. 整合运行阶段

上述建设变革阶段完成后，就可以将经过变革的组织、管理和业务流程，与已经建好的电子商务技术平台整合起来，进行旅行社电子商务系统的试运行。再经过必要的调整、改进以后，实现旅行社电子商务应用的工作就可以进入整合运行阶段，开始实现旅行社电子商务的应用。

当然，旅行社电子商务系统的建设不是一件一旦建成就可以一劳永逸的事情，它需要在系统应用的过程中，根据旅游商务和技术两个方面的变化，不断创新、改进、完善，确保和提高旅行社电子商务系统的竞争力。

三、旅行社电子商务系统构成

马云说："要么电子商务，要么无商可务。"当旅行社决定要做电子商务后，还必须根据企业条件和实力，决定企业接入电子商务的模式，选择利用现有的知名电子商务平台或是自建电子商务系统。不同的方案分别适用于不同规模和战略目标的旅行社。对于大型旅行社来说，往往选择自建电子商务系统。其具体构成包括电子商务网站、数字化管理系统、微博/微信公众号、微信小程序，以及移动终端应用系统（APP）等。

（一）电子商务网站

1. 必须确定的三个问题

第一，是否真的需要一个网站？旅行社的业务是否真的有这样的需求：是不是想吸引来自世界或者全国各地的客人，是不是想拓展旅行社的业务渠道。如果没有这样的需求，就不必浪费精力和财力建网站，很多优秀旅行社没有网站（或只有一两页简单的介绍）也不影响传统业务的正常经营。

第二，旅行社建设网站的目的是什么？旅行社的电子商务到底做成什么样，一切取决于旅行社如何定位网站和现有业务的关系。不是有了网站就有了一切，不是网站制胜，也不是传统制胜，而是要把网站和旅行社发展目标有机结合，站在旅行社整体的高度去考虑网站的功能和应用，一定不能将网站和旅行社分开来考虑问题。有些网站把电话号码放在网上，简单介绍一下业务就能吸引到客户。有些网站技术非常前卫，动用了庞大的技术人员力量和销售力量，也没能把潜在客源转化成现实客户。因此，旅行社整体战略目标的定位和商务网站的目标定位是否一致非常重要。

第三，旅行社有没有能力把商务网站做好？旅行社在尝试做电子商务之前一定要先审核一下自己的实力、条件和资源，不能人云亦云，有条件的做一个网站易如反掌，没有条件的就举步维艰。

2. 旅行社网站评价基本标准

快速的访问速度。通过在尽可能多的地区安装服务器，采用至少双保证的网络链接，保证在全国各地都能快速浏览网站。

游客能否得到所需要的信息。网站的信息是否准确全面的、及时更新的。

游客需要的产品服务能否立刻预订到，并且得到旅行社最及时的服务。给旅行社网站配备先进的线路预订系统，游客预订后立刻有短信提醒，旅行社在第一时间可以知道订单并且可以联系游客。

网站后台配备完善的功能强大的旅行社管理系统，便于网站信息的及时更新和客户的维护。

线路展示页面详细、全面的线路产品介绍，让游客一目了然。

网站页面漂亮。颜色运用大方悦目，版面排列突出重点，方便游客查询所需资料。

（二）数字化管理系统

旅行社是信息流、现金流高度集中的服务型企业，信息管理的能力直接决定旅行社的管理效率和营利能力，高效的数字化管理系统可以为旅行社提供功能强大、操作简便、费用低廉的旅行社云计算服务，帮助旅行社提升服务能力，提高操作效率，提升管理水平，降低管理成本。数字化管理系统应该支持组团社、地接社、批发商等多种类型旅行社业务操作需要；系统包括销售、计调、采购、财务、行政、质量等多个功能模块；满足旅行社销售、计调、财务、行政等各业务环节的操作和管理功能，包括销售管理、供应链管理、财务管理等。可实现与电子商务网站、同业分销、第三方应用等多个渠道平台的数据对接，满足旅行社全方位业务需求。通过严谨而科学的系统流程及核心业务节点的监控确保旅行社应收应付等核心财务数据的准确性；通过大数据分析功能帮助旅行社真正做好营销并为旅行社决策提供数据支撑。

1. 销售管理

销售管理主要包括规范管理客户档案，对客户服务跟进过程进行记录，通过客户大数据分析，帮助旅行社有效管理优质客户资源；通过对销售数据的统计和分析，生成销售人员业绩报表、应收账款报表，为高效的销售管理提供数据支撑。

2. 供应链管理

供应链管理主要包括准确统计协议供应商的交易人数，便于计算返利；同时通过对于供应商的账期管理，有效提升旅行社的应付账款管理水平；完善的游客名单表管理机制有效减少了销售环节和操作环节之间的数据误差，最大限度避免误操作带来的损失。

3. 财务管理

财务管理是旅行社的核心管控环节，旅行社通过严格的收付款管控和报账审批管控，有效地管理旅行社复杂的财务往来，为旅行社的业务决策提供准确及时的数据支撑。

（三）微信公众号

移动互联网技术对支付方式、消费方式、交易方式的影响，正在不断地渗透到各个行业和人们的日常生活中。人们获取信息、购买消费主要通过手机来完成，从查找、浏览到下单支付，一部手机就可完成全部操作。以携程类 OTA 为例，其在线住宿预订 64.5% 的订单都来自移动端。而同样作为旅游行业一员的旅行社，更不能忽视潜在顾客消费习惯对其互联网业务的影响。移动互联网，已经成为目前互联网化发展最主要的切入点。依托移动互联网，一条分享链接，可以通过一部联网的手机，借助手机用户的QQ、微信、微博等途径分享到全国各地，甚至全世界各地，而且直接影响到个人的朋友圈。

越来越多的企业商家注意到了移动端应用的影响力，将目光转向移动端，先影响人们的生活习惯和思考方式，再推动业务发展。而开放的技术入口、8亿用户基数，使得微信成为当下中小企业融入移动互联网最便捷的途径。对于旅行社而言，选择微信作为移动互联网切入口，运用微信公众号，借助微信开发技术和微信营销方式，是目前最可行的互联网解决方案。微信公众号开放的技术服务入口，使其可以进行独立开发运作，赋予更多的功能应用，这也为旅行社开展线上业务提供机会，即使在面临同行竞争时，也能发挥自己独特的优势。

1. 技术实现不逊色于APP

技术实现上，经过微信开发技术搭建的公众号平台系统，拥有完全不逊色于APP的功能应用。可同时具备微商城、会员管理、代理合作通道等多种功能应用，并且拥有良好的用户体验。

2. 品牌传播速度更快更直接

微信公众号是与微信、朋友圈之间互联互通的，微信用户只需关注公众号就可体验服务。而借助微信好友、朋友圈作为传播媒介，运用恰当的推广方式，旅行社品牌曝光传播速度迅速，能直达潜在客户的微信朋友圈，其影响力远超传统媒体广告。必须注意的是，最佳的运作模式是线上线下同步运作，在线下门店展示和推广旅行社公众号，将线上顾客引流到线下门店获取服务。面对面的服务，能更直接准确地了解你的顾客，并提供相应的服务，旅行社存在和发展依靠的始终是良好的口碑。

3. 更多的营销推广方式

借助微信开发技术，公众号可拥有更多营销功能，用于不定期推出的营销宣传用途，线上线下联动，可获得火爆的营销效果。第一，微信投票＋品牌宣传。微信投票是目前常规微信宣传方法，设置奖品奖励，通过朋友圈推广，引发关注和投票，可获得品牌宣传效果，也可以短期内提高关注粉丝量。第二，微信拼团＋旅游线路预订。微信拼团是目前最火爆的团购方式，因2人即可成团，邀请好友拼团，拼团价格更低等互动性优点获得推崇。旅游线路预订也可采用此种方式，合理的定价，既能保证成团率，也能保证淡季收益。也可同步推出精品小团，专为情侣、家庭出游提供旅游服务。第三，微信砍价＋公众号吸粉。微信砍价被广泛应用于公众号吸粉用途，邀请人数越多，价格更优惠。旅行社在做宣传推广时，可采用此项功能，先增加关注粉丝量，后推出优惠活动，获得更好的宣传曝光效果。第四，优惠券＋旅游线路预订＋更多服务。优惠券不仅可以领取使用，还可以推荐或赠送给好友，属于好用实惠的营销工具和营销方法。以优惠价获得一次旅游产品体验，这是相当诱人的营销方法。可结合多种用途使用，比如参团优惠、赠送旅游纪念品、上门接送等。

快速发展的移动互联网，见证了各个行业的发展，阿里电商双 11、双 12 每年效益可观，滴滴等网约车影响了出行方式，携程、去哪儿影响着旅行方式。在依靠大平台无法获取市场占有率，推广自有品牌和服务成为迫切需求时，微信公众号成为旅行社移动互联网化的最佳选择。未来，也必将有越来越多的旅行社，通过技术开发的微信平台受益。

（四）移动终端应用系统（APP）

1. 总体概述

APP 是英文 Application（应用程序）的简称，由于 iPhone 等智能手机的流行，APP 指智能手机的第三方应用程序。比较著名的 APP 商店有苹果的 iTunes（影音）商店、安卓的 Android Market（安卓市场）、诺基亚的 Ovi Store（奥维商店），还有 BlackBerry（黑莓手机）用户的 BlackBerry APP World（黑莓应用程序世界），以及微软的应用商城。一开始 APP 只是作为一种第三方应用的合作形式参与到互联网商业活动中。随着互联网越来越开放化，APP 作为一种萌生于 iPhone 的营利模式开始被更多的互联网商业大亨看重，如淘宝开放平台、腾讯的微博开发平台、百度的百度应用平台都是 APP 思想的具体表现。一方面可以积聚各种不同类型的网络受众，另一方面借助 APP 平台获取流量，其中包括大众流量和定向流量。

随着智能手机和 iPad 等移动终端设备的普及，人们逐渐习惯了使用 APP 客户端上网的方式，而目前国内各大电商均拥有了自己的 APP 客户端，这标志着 APP 客户端的商业使用已经开始初露锋芒。随着移动互联网的兴起，越来越多的互联网企业、电商平台将 APP 作为销售的主战场之一。

2. 旅行社 APP

遨游旅行 APP。遨游旅行 APP 是中青旅遨游网的移动 APP 名称，依托技术手段，立足标准化产品体系，建立移动化预订、快捷支付平台，致力于建立以中青旅品牌为依托和保证，具备开放性、全国性的旅游度假产品预订及旅行服务 APP，为用户的旅途提供强大、完整的出行前服务。遨游旅行 APP 提供出境游、国内游等旅游产品，消费者在出行类型上也可以选择自由行、团购等方式。在 PC 端的内容展现，APP 都有对应的位置展现。遨游旅行 APP 还为消费者提供了游记，像遨游客一样消费者可以通过这些游记了解目的地的旅游景点情况，进而可以决定是否购买此目的地的旅游产品。

春秋旅游 APP。首先，春秋旅游 APP 具备丰富的目的地信息和景点推荐，无论想去哪个国家、哪个城市，只需在 APP 中输入目的地名称，它都会提供详细的地理位置、当地天气、主要景点等相关信息。而特别值得一提的是，春秋旅游的景点推荐是根据用户的兴趣爱好和偏好来进行智能匹配的，大大减少了用户在选择目的地时的困惑和犹豫。其次，春秋旅游还提供了丰富的旅行攻略和行程规划功能。针对自由行爱好者，春秋旅游提供了详细的行程规划建议，包括每个景点的游览时间、交通方式、餐饮推荐等，让用户能够更好地安排自己的时间和资源。针对跟团游用户，春秋旅游也提供了各种精选的旅行团，让用户省去了烦琐的行程安排和预订流程，只需一键预订，即可轻松享受旅行的乐趣。再次，春秋旅游还有一个很有趣的功能，那就是"社区"。同样喜欢旅行的用户可以在"社区"进行交流和分享，了解更多的旅行经验和心得。而如果用户有什么问题或疑惑，只需发布一条帖子，其他用户就会积极地给予解答和建议。最后，春秋旅游还为用户提供了一项特殊的功能，那就是"旅行日记"。在每一次旅行结束后，用户可以在 APP 中记录下旅行感受和见闻，上传拍摄的照片，与其他用户分享美好回忆。

3. APP 营销特点

成本低。APP 营销模式的费用相对于电视、报纸甚至是网络都要低得多。只要开发一个适合于本品牌的应用就可以了，可能还有一点推广费用，但这种营销模式的营销效果是电视、报纸和网络所不能替代的。

持续性。一旦用户下载到手机成为客户端或在 SNS 网站上查看，那么持续性使用成为必然。

促销售。有了 APP 的竞争优势，无疑增加了产品和业务的营销能力。

信息全面。全面展示信息，能够有效刺激用户的购买欲望。移动应用能够全面地展现产品的信息，让用户在没有购买产品之前就已经感受到产品的魅力，降低了对产品的抵抗情绪。因此，用户通过对产品信息的了解，可增强购买欲望。

品牌建设。移动应用可以提高企业的品牌形象，让用户了解品牌，进而提升品牌实力。良好的品牌实力是企业的无形资产，为企业形成竞争优势。

随时服务。用户通过移动应用了解产品信息，可以及时地在移动应用上下单或者是链接移动网站进行下单。利用手机和网络，方便顾客交流和反馈，易于开展制造商与个别客人之间的交流，客人喜爱与厌恶的产品样式、格调和品位，也容易被品牌一一掌握。这对产品的大小、样式设计、定价、推广方式、服务安排等，均有重要意义。

跨时空。营销的最终目的是占有市场份额。互联网具有的超越时间约束和空间限制进行信息交换的特点，使得脱离时空限制达成交易成为可能。企业能有更多的时间和更多的空间进行营销，可每周 7 天、每天 24 小时随时随地提供全球的营销服务。

精准营销。通过可量化的精确的市场定位技术突破传统营销定位只能定性的局限，借助先进的数据库技术、网络通信技术及现代高度分散物流等手段保障和顾客之间的长期个性化沟通，使营销达到可度量、可调控等精准要求。摆脱了传统广告沟通的高成本束缚，使企业低成本快速增长成为可能，保持了企业和客户的密切互动沟通，不断满足客户的个性需求，建立稳定的企业忠实顾客群，实现客户链式反应增殖，从而达到企业的长期、稳定、高速发展的需求。

互动性强。这种营销效果是电视、报纸和网络所不能替代的。将时下最受年轻人欢迎的手机位置化"签到"与 APP 互动小游戏相结合，融入暑期营销活动。消费者接受"签到玩游戏创饮新流行"任务后，通过手机在活动现场和户外广告投放地点签到，就可获得相应的勋章并赢得抽奖机会。

用户黏性。APP 本身具有很强的实用价值，用户通过应用程序可以让手机成为一个生活、学习、工作上的好帮手，这是手机的必备功能。每一款手机都或多或少地有一些应用。APP 营销的黏性在于一旦用户将应用下载到手机，应用中的各类任务和趣味性的竞猜会吸引用户，形成用户黏性。

思考与练习

1. 简述旅行社电子商务的含义及层次。
2. 分析旅行社电子商务的功能及作用。
3. 思考与分析旅行社电子商务面临的问题。
4. 简述旅行社电子商务系统建设的步骤。
5. 为一家你熟悉的旅行社（或者虚拟一家旅行社）设计一个微信公众号，包括公众号设计思路、名称、功能设计、栏目设计等内容。
6. 为一家你熟悉的旅行社（或者虚拟一家旅行社）设计一个APP，包括名称、功能、装饰风格等内容。
7. 如何选择旅行社电子商务网站应用策略。

第九章
酒店电子商务

【本章内容】

通过本章的学习，应该了解以下内容：酒店电子商务的概念、要素及基本组成；酒店电子商务的模式及功能；酒店管理信息系统。

【学习目标】

通过本章的学习，熟悉和掌握酒店电子商务的概念、经营管理模式和销售模式，并能运用这些原理和方法，做到具体问题具体分析。并能够以信息技术为依托，熟练运用酒店电子商务平台解决实际问题。

【关键概念】

酒店电子商务；酒店网络营销；酒店信息管理系统

第一节 酒店电子商务概述

酒店电子商务，即通过特有的系统连接上国际互联网，利用互联网和通信技术图文并茂地展示酒店本身；向全球亿万用户分销自己的客房，以及各种服务；并可依此组成酒店连锁业，组成战略联盟，以强劲灵活的营销手段向广大的市场进军。总的来说，酒店电子商务是指酒店业利用先进的信息技术手段，以计算机网络为平台，最终实现酒店商务活动各环节的信息化、标准化、程序化。包括网上发布、交流酒店基本信息和酒店商务信息，以电子手段进行酒店宣传促销、开展酒店售前售后服务；通过网络查询、预订酒店服务产品并进行支付；酒店顾客信息收集、整合；酒店内部经营管理信息系统的应用等。从广义的角度看，酒店电子商务是一种包含计算机信息技术、网络技术、电子商务、酒店营销等多种技术在内的综合应用；从狭义的角度看，酒店则只是旅游活动的食、住、行、游、购、娱中的一个环节，是电子商务在酒店经营销售中的一种狭义的应用。

酒店电子商务主要包括内部经营和外部销售。内部经营方面，要求酒店有独立的HMIS（Hotel Management Information System），酒店可以通过购买、自行开发、外包、合作开发等方式获得HMIS软件，从而利用电子化手段开展酒店企业内部管理，对酒店经营管理的情况进行及时有效的分析汇总，协助管理者针对不同情况制定相应的经营策略；外部销售方面，酒店可以根据自身的信息技术条件，采用不同的电子商务模式，例如建立自主网站、网页或借用旅游网站的预订平台等，目标是扩大酒店宣传与销售渠道、拓展酒店与顾客交流平台，从被动营销走向主动营销，最终帮助企业获取较好的社会效益和经济效益。

从酒店企业本身的行业特点来看，对信息技术的依赖程度是相当高的，电子商务体系是当今酒店企业发展的必然趋势。2011年以来，中国新开业的星级酒店如雨后春笋，各大国际酒店管理集团竞相制订出里程碑式的开业计划，巩固自身在中国的豪华酒店之领先地位，努力使自己比竞争对手占据更大的市场。

一、电子商务在酒店业发展中的优势

1. 为客人提供方便快捷的服务

Internet 将酒店产品的信息集中在一个平台上，客人可以通过酒店在网络上宣传的企业形象了解酒店的硬件及软件设施，寻找自己所需的产品服务信息，发现产品信息，比较产品信息从而最终选择自己需要的服务。可以跨空间、跨时间地进行远程预订，方便快捷地进行预订服务。还可以通过与酒店在网上进行实时的交流来了解酒店的具体信息。

2. 拓宽酒店的销售市场，扩大预订消费群体

Internet 使得酒店业务有可能延伸到以往从未到达的地方，将酒店产品信息传递到世界各地，并将对酒店产品有需求的客人与酒店相连接，使酒店产品信息在空间上得到前所未有的拓展，因此电子商务可以给酒店业经营增加新的销售渠道，扩大预订消费群体。

3. 使酒店产品有形化，增强预订群体对酒店产品的信任度

酒店产品具有无形的特点，客人在预订、购买这一产品之前，无法亲自了解到所需产品的信息，而客人在入住一家酒店之前总希望能得到尽可能多的酒店信息，但在酒店提供的宣传册上，最多有一些酒店建筑、房间、餐厅及配套设施的介绍和一些图片，所得到的信息非常有限。Internet 可以提供虚拟酒店和大量的酒店产品信息。通过 Internet，客人可以随心所欲地了解酒店产品，可以在选择酒店前就了解该酒店的位置、价格与类型等，对酒店产品产生预先的体验。然后通过选择虚拟入住，开始在网络上的酒店体验。虚拟入住系统使客人通过电脑屏幕，从抵达酒店门口、接受门童的服务开始，一次领略前台 check in、客房入住、餐厅就餐直至 check out 离开酒店的全部过程，让顾客在决定入住前就能充分体验酒店的有关产品与服务，感受不同的产品所带来的不同感觉，选择最适合自己的产品进行消费。这样酒店网络预订不仅培养和扩大了消费群体，而且使无形的酒店产品"有形化"，增强预订群体对酒店产品的信任度。

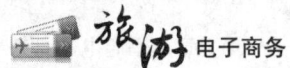

4. 降低交易成本，克服行业劣势

通过网络这种信息丰富的数据库和高速传输的通道，酒店可以快速准确地了解市场动向和几乎每一个顾客的需求，同样顾客也可以将自己的意见及时反馈给酒店，酒店通过市场研究和分析进而提供给顾客不同的酒店产品组合，使产品供给向"量身定做"的方向发展，这样不仅提高了酒店与客人之间的协调合作水平，提高了产品质量，而且大大降低了酒店的销售成本。

传统的酒店预订大多采取电话和传真的方式进行。旅行社的业务人员或酒店客人通过电话或传真与酒店的销售人员取得联系，将入住需求告诉销售人员，由销售人员填写预订单交给预订部人员输入酒店的预订系统来完成房间预订的登记过程。在这样的流程下，如果要修改订单，则需将以上过程重复一遍。对于团队预订来说，订单的修改更为频繁。电子商务模式下的预订网络很好地解决了这个问题。不管是客人自己的预订还是通过旅行社进行的团队预订，所有的预订信息全部在网上完成，同时相关的信息也通过内部网进入前台、预订及财务等相关部门的数据库，提供给酒店进行业务管理时使用，节约了大量的业务成本。

如今，大多数的酒店和客人都是在持续一段的消费之后将一大笔款项支付出去，这种计算方式是比较笼统的。比如电费的支付就应该以小时为计算单位。电子化货币使这样的精确支付成为可能。通过电子商务，酒店对于费用和资金流动方式的控制也将会比现在精确得多，账户流动也将更加顺畅和迅速，从而节约相应的财务成本。

二、酒店电子商务的内容体系

酒店电子商务体系主要可以分为内外两个系统，即外网和内网。外网是网络营销平台 Internet，内网是内部电子管理系统 Intranet。酒店要兼顾外部经营环境和内部管理环境两个环境系统。外网 Internet 主要是通过先进的网络信息技术手段实现酒店商务活动各个环节的电子化，包括信息发布服务、在线预订服务、提供个性化酒店产品和服务、旅游社区的售后服务和网上交易服务等。内网 Intranet 则主要是酒店局域网信息管理系统实现酒店业务流程的电子化。

酒店企业的电子商务体系是由内外两个部分构成的，也就决定了酒店要兼顾外部经营环境和内部管理环境两个环境系统。通过外部网络与酒店外部环境建立良好的信息沟通和交流。同时，通过内部网络解决管理环境上的问题，降低信息传递的成本，提高管理的效率和效能。下面分别进行介绍。

（一）外部网络营销平台

从整体上看，酒店企业外部营销平台即酒店企业互联网电子商务在国内酒店行业的应用形式主要有 B2C 和 B2B 两种模式。

B2C 主要指的是网上商店（酒店企业对顾客），它是酒店与顾客间的电子商务，也是酒店企业整体形象宣传的窗口。它通过网络，实现旅游产品的在线预订和宣传。酒店企业出售的主要商品包括客房与餐饮娱乐旅游产品。酒店企业对顾客的电子商务功能主要有：网上预订、网上支付、网上推广宣传、网上产品展示和其他服务。

B2B（酒店企业对商家）网上交易平台为企业提供了一个集中的信息交流的平台，帮助企业进行在线商贸。主要是酒店与旅行社、交通运输部门间的电子商务。此类电子商务的普遍做法为酒店本身专线方式与全球定位系统联机，并利用其提供的接口与旅行社旅行接待商务往来、与航空公司进行机票订购与出售的在线交易等。

作为酒店对外宣传的窗口，酒店的外部营销平台网站设计要特别注意以下方面：

1. 信息发布服务

信息发布服务包括发布本酒店的客房类型、价格、餐饮及特惠活动等信息；发布酒店联盟企业的相关信息（如同行业的合作伙伴、旅行社，以及航班等信息），当地旅游景点、旅游线路信息，以及旅游常识、天气预报、民俗趣事等信息。具体表现形式包括文字、图片、Flash 动画，视频介绍等。还可以根据需要做成不同语言版本来方便不同国家的合作企业和客人使用。如网页在做成中英文版本的基础上，可以根据其主要客源的不同做成第三种、第四种语言版本，提升行业竞争力。

2. 在线预订服务

在线预订服务包括本酒店客房、民航班机机票、旅行社旅游线路等方面的实时、动态在线预订业务。除此之外,酒店的预订中心要可以支持对酒店的所有客房和会议设施等进行实时的预订,客人可以在线实时查询是否仍有空房,以及酒店的会议日程安排等信息。酒店要能够支持单位或团体用户预订,支持签约企业或机构的协议价预订。酒店电子商务系统为客人提供在线旅游产品的客户端应用程序,方便预订客户(指通过系统进行预订的个人,以及机关团体)与酒店在网上实时洽谈业务,进行预订商务活动的记录和管理。同时要提供电子支付平台,提供在线预订的在线支付。

3. 提供个性化的饭店产品和服务

酒店通过自己的网站,不仅可以对酒店的背景、实力及特色进行全面的介绍,同时,还可以通过文字图片及三维动画等方式,生动地介绍酒店的背景和发展状况,起到销售促进的作用。酒店可以通过先进的网络信息技术建立"虚拟客房",让顾客在入住前就充分体验并了解所预订的酒店产品。同时,酒店可以通过分析客人的网络资料获取客人们的兴趣和爱好,针对客人的特点和个性需求重新整合酒店产品,全面提升酒店的对客服务管理水平,增强顾客的满意度和忠诚度。

4. 客户回馈服务

酒店网站通过建立完善的酒店反馈系统,使酒店的客人,不管是内部客人还是外部客人,均可以方便地通过网络反馈意见和建议。反馈的意见和建议都能确保信息及时、准确地传给信息的接收者。反馈系统方便酒店的管理者查看客户的反馈,通过对顾客满意度的调查,对调查结果进行及时的数据分析来制订相应的解决方案。

(二)内部局域网平台(酒店内部管理信息系统)

酒店局域网电子商务主要是应用酒店局域网信息管理系统实现酒店业务流程的电子化。酒店电子商务不是简单地建立一个属于酒店自己的网站,而是把酒店内部的各种部门整合为一个有机的统一体,最大限度地发挥酒店的潜能。先进的电子商务系统不应仅限于企业内部管理的文件无纸化传送,还应能够执行诸多的企业管理职能,如采购管理、财务管理、信息数据管理等。酒店局域网信息管理系统是直接为客人服务的,其服务质量的好坏、效率的高低直接关系着客人的感受,同时还承担着接受客人的信息反馈、把握市场

目标的作用。主要有以下几种职能:

1. 酒店的行政管理职能

酒店作为一个企业,除了其特定的酒店产品销售和服务提供以外,需要大量的行政工作来确保酒店组织内部各机构的正常运转。酒店的内部网络将处于不同物理位置上的部门连接在一起,同步执行酒店管理层的各项行政政策和方案。通过内部网络系统,酒店高层领导将决策同时通报给酒店的相关部门,或者通过网上会议系统进行网上会议,节约了大量的时间成本和资金成本。

2. 成员间的信息沟通职能

内部网络不只是用来传达酒店高层指示的,业务部门可以利用它来互相沟通、交流,并向高层反馈基层的意见和建议。通过内部网络,这些信息可以完全、真实地传递到高层领导的手中。

3. 酒店内部的数据共享职能

所有客人都是整个酒店的财富,也是酒店内各个部门应该加以关注的目标。通过内部网络的数据库,可以得到相应客人的所有资料,便于向特定的客人提供有针对性的促销和个性化服务。

4. 整体的协作发展职能

经济全球化的进程使得酒店的全球化发展变得越来越重要。酒店要依靠与战略联盟及合作伙伴的紧密联系来发展业务,向客人提供全程跟踪服务,相互间的信息提供和服务提供要及时、准确,才能保证协作发展的顺利进行。

第二节　酒店电子商务外部网站的建设策略

电子商务体系的成功与否很大程度上取决于网站的建设,网站是企业与客户接触的主要平台,它直接地影响着客户的购买欲望、对企业的印象等方面。所以一个成功的电子商务体系,网站的建设极为重要。而成功的网站建设主要包括以下几个方面:

一、网站主页便于用户登录

一方面，用户必须容易地寻找到酒店主页网址。目前利用网络搜索引擎搜索相关信息是网民搜寻信息的主要方式。但目前我国酒店主页在相关的搜索引擎中的可搜索性较差，用户总无法简单地获得网址或直接链接上酒店主页。这就要求酒店必须加以改善，争取在各大搜索引擎中（如百度、谷歌等）做到较高的排位，使那些通过此方法获取主页网址的用户能较方便地登录网站。与此同时需要增加网页的有效链接，如在各大综合网站的旅游频道、浏览量大的网站中插入链接，使用户有更多的途径进入酒店网站，提高网站的访问量。同时，在酒店的相关刊物、宣传单、公司名片等宣传物中都必须明显地标出酒店的主页网址等信息，方便顾客进行网上预订。另一方面，速度是用户上网相当重视的一个方面，因此开启网站的速度必须加快，过慢的连接速度也将影响网站的利用率。因此就要求酒店网页的编写必须适当，在注重网页内容的同时也得兼顾网页的打开速度，选用先进的编程语言来实现，最大限度降低页面的数据下载、传输、网络翻译的时间，只有这样才能减少顾客的等待时间，减少不必要的顾客流失。

二、网页设计优化合理

国内酒店网页的设计均存在着页面欠美观、结构不合理、信息量少，以及功能不齐全等通病。从以往电子商务成功的例子中我们不难发现，好的网页设计是关键。

1. 成功的电子商务网站具备的特点

（1）页面美观。页面设计美观大方的网页往往更容易吸引顾客，只有吸引住顾客，其他方面才变得有意义。

（2）更多、更新、更有用的信息。一个想进行酒店预订的顾客，不仅想在网页中获取客房、服务、价格等信息，而且是更及时、更全面的信息。所以酒店网站的信息应该更加全面一些，比如可以提供酒店周围的交通环境、所在地的旅游景点介绍、导游等相关信息。

（3）合理的结构。在追求网站内容多、信息全面的同时，我们不可忽略其结构的合理性，有些网站过分强调了其内容而使网站的内部结构相当不严密。所以在网站的建设中，层次性、联系性必须加以注意，使网站的结构更加严密、合理。

（4）功能齐全。很多酒店网站的功能极其简单，只有酒店的介绍，以及预订功能，甚至有些连最基本的预订系统都没有，这样的网站形同虚设。一般来说，一个较为基本的酒店网站必须具备：酒店介绍、预订功能、留言箱、信息发布，以及基本的链接等。

（5）良好的操作性。为了方便新手、有语言障碍，以及其他对网络不熟悉的顾客，友好的操作界面是相当重要的。所以，网站必须拥有多语言版面，这也是酒店国际化发展所需要的。清晰的网站导航也是必需的，加上合理的链接才能大大地增强网站的可操作性。

2. 酒店网页的组成

基于互联网平台的酒店电子商务体系，一个最主要的对外功能就是利用网络进行酒店产品的销售和宣传。客人只要登录酒店的网站，就可以查询到酒店所有客房的状态及酒店配套设施供应情况，然后选定一项产品进行在线预订并得到电子确认。然而这只是电子商务体系最基本的要求。一般来说，一个较完善的酒店网页必须由以下几个部分所组成：

（1）酒店简介。一般包括酒店的自身介绍和历史介绍、酒店的地理位置及周围环境、酒店的企业文化，以及联系方式等方面。酒店介绍主要能让顾客对酒店加深了解，对树立酒店形象也有一定的帮助。

（2）酒店产品介绍。酒店的服务产品主要是客房、餐饮、休闲娱乐及会议设施等。酒店需要把各种客房、会议室、宴会厅的内部情况、价格、住宿、服务情况等介绍给客人。价格介绍必须详细具体，清楚地标明节假日与平时的价格差别、旺季和淡季的价格差别等。同时酒店可以借助一些新的技术如虚拟现实技术来生成各种虚拟环境，让顾客得到身临其境的感受。

（3）预订系统。预订系统是酒店网页最重要的部分，它是开展电子商务的重要工具。客户登录到酒店的门户网站，可以通过酒店提供的预订平台进行相关服务内容的预订，如客房预订、会务预订、餐饮预订、休闲服务预订等。一般这一模块必须拥有在线预订、在线支付、订单打印、客户管理等子模块，它们都是完成一次成功的电子商务活动所必不可少的。

(4) 信息公布模块。这个模块主要发布酒店新闻、酒店大事记、酒店推荐、招聘信息等酒店对外的相关信息。由于网络日趋流行，上网的人越来越多，网络宣传已经成为企业宣传的主要手段，低成本、高效率的特点是其他宣传方式所无法比拟的。所以这一模块对于酒店企业来说也是不可缺少的，网站是一个信息载体，在法律许可的范围内，可发布一切有利于酒店形象、顾客服务，以及促进销售的酒店新闻、产品新闻、产品信息、各种促销信息、招标信息、合作信息、人员招聘信息等。因此，拥有一个网站就相当于拥有一个强有力的宣传工具。然而，需要注意的是，信息必须得到即时的更新和管理，只有即时的、有效的信息才能为酒店运作起到积极的作用。

(5) 客户回馈。酒店网站需要建立完善的信息反馈系统，让酒店的客人不管是在店客人还是离店客人都可以通过网站来反馈意见和建议，并且反馈的意见和建议能够自动发送到相应处理人员的邮箱，帮助管理者寻求相应的解决方案。

(6) 链接。链接主要用来弥补网站自身信息量的不足，可在一定程度上扩展信息的范围和内容。纵观现在酒店网页的信息量是相当不够的，网页只能提供给顾客少量的旅游信息、景点介绍、商务信息等，这远远满足不了顾客的需要。所以网页上可以提供更多相关的链接，如旅游网站或其他综合门户网站等，这样便能弥补酒店网页信息量上的不足，也可以在信息的更新、维护等方面减少更多的投入。

除了以上几个主要方面外，酒店网页仍可以增设一些其他的功能，如航班查询、常见问题解答、帮助信息，以及网站导航信息等。这些功能的设置将有助于客户上网的效率。在一个完善的网站里，有效的辅助信息是必要的，也是客户所要求的，从网上订车票、预订客房、查阅电子地图到完全依靠网站的指导在陌生的虚拟环境中观光、购物。其次酒店可以通过会员制在客房预订上减少那些烦琐的预订程序。而在管理方面，通过会员机制，酒店能更好地进行客户信息管理，以及在收益管理上也有相当的帮助。

三、即时、有效的网页管理与维护

网站的管理与维护一般需要投入一定的资金、人力和时间等，所以为了省去各种花费，酒店业者往往会疏忽或放弃对网站进行管理和维护，这是错误的。因为缺乏管理，网页上的信息就缺乏准确性。对于酒店企业来说，客房的价格经常波动而不对网页上的信息进行更新，事实上就是放弃了电子商务的使用。许多酒店对其网站信息的更新方面做得并不好。酒店客房销售情况是极具季节性的，节假日、旅游旺季与平时的价格差距相当之大，所以酒店客房价格应该及时更新，否则会造成误会。由于网站的维护不到位，信息更新缓慢，这些酒店通过网站销售客房的概率相当小，甚至接近于没有。因此，网站的存在就没有意义了。

第三节　酒店网络营销策略

酒店行业常见的网络营销方式有酒店直销、中介分销和搜索引擎推广三种，具体有以下几种形式。

一、酒店直销

酒店直销时，销售的主体是酒店，既可以是单体酒店自己，也可以是酒店集团的统一销售行为。

1. 官方网站营销

酒店或酒店集团的官方网站应当是酒店对外宣传和销售的主要网络阵地。网站的响应速度、布局风格、各国语言、预订的便捷程度、是否支持在线支付等都是消费者非常关注的信息。对消费者而言，他们也不喜欢在中间商那里多花钱，但这种网上直销方式在客观上要求酒店在人力、物力、财力上都要有较高的投入，目前国际连锁酒店多选择此类渠道。

酒店还可以在客人每次退房后，通过短信或邮件、电话的形式询问其对客房使用的满意度。还可以定期向会员客户发送优惠信息。通过交流，使每一位会员客户都能在营销过程中受益，培养顾客对酒店长期的忠诚度。

酒店除了基于官方网站为消费者提供便捷、高效的预订体验之外，还可以基于网站后台运营数据,对客户消费习惯、消费行为进行精准分析,以建立相应的用户数据库,为后续消费者的消费提供有针对性的优质服务,才能不断提高消费者的满意度和黏性,以建立稳定的客户群体,进而才能不断提高酒店运营的经济效益。

2. 微博营销

微博营销是当下的热点。微博的特点是"病毒式"传播,速度非常快,接触对象以年轻人居多。做好微博营销要从以下几个方面下功夫。一是要获得账号认证,获得认证可以形成比较权威的良好形象。二是发布内容要多样化,最好每篇文章都带有图片等多媒体信息,发布的内容要有价值,例如提供特价或打折信息等。酒店恰当的微博内容可以让客户和潜在客户感到亲切。三是要积极互动,多参与转发和评论,主动搜索行业相关活动话题,主动去与用户互动。定期举办有奖活动。有些酒店进行过微博抽奖活动,效果非常好,对粉丝数量的增加很有帮助。如有些酒店提出"抽奖活动最好针对粉丝多、影响力大的意见领袖,请他们转发、评论酒店的消费体验,达到酒店产品宣传的目的"。

3. 微信营销

近年来,物联网技术、云计算、移动通信技术等新技术迅速发展,智能手机、平板电脑等新设备层出不穷,这些数字化技术带来了全球经济、社会结构的巨大变革,改变着社会经济的各个方面,也带来了酒店营销方式的变革。相比微博而言,微信是私密性更高的社交平台,消息局限于用户好友圈,酒店营销人员借助微信朋友圈、公众号、聊天群、视频号等,与用户建立联系,能够在服务过程中给予用户较高的亲切感和私密感。越来越多的国内酒店将微信运营纳入自身的移动营销战略中,用于增加销售机会和订单量、拓展直客会员、传播酒店形象并提高品牌声誉。开通公众账号后,酒店可以在微信平台设置菜单栏目、发布图文内容并进行粉丝互动,同时进行微信号推广活动,扩大在线微信粉丝,进一步发展为忠诚会员,促使客户预订下单,提高酒店的预订率,为酒店带来实际收入。

4. 视频平台营销

视频平台分为视频网站、短视频、直播软件等。视频网站上传播的视频内容主要以媒体视频为主,包括电影、综艺节目、优质创作视频等。酒店营销人员可以通过投放与酒店行业密切相关的宣传片、广告片等，让广大消费者更好地了解酒店产品信息。

短视频相比视频网站，在宣传时长方面进行了控制，但是视频内容更加丰富。近年来，短视频已经成为不同年龄群体休闲娱乐、信息获取的重要手段。酒店人员可以注册酒店官方账号，通过短视频来展示酒店产品和酒店企业文化，以此来提高酒店的知名度和影响力。

直播类软件以现场直播为主，能够全方位、动态展示酒店内景，通过主播与用户的互动，帮助用户更好地了解酒店产品及相关服务，激发消费者的消费欲望。

二、中介分销

中介分销时，销售的主体是第三方，可能是旅行社，也可能是专业的网络代理商。

1. 网络预订代理

网络预订代理主要是指利用互联网，开展酒店销售并获取佣金的企业。旅行社包括传统的旅行社和新兴的电子在线旅行社，新兴的电子在线旅行社是最重要的网络预订代理。目前，大多数的酒店都采用代理的形式进行客房销售，一般与旅行社签订代理合同，由其进行代理销售，而且所占营销比例大。在国内，酒店自建网站且能自营网上预订的比例只有10%左右，原因主要是单体酒店自建网站受"孤岛效应"的限制，真正能引来的预订和支付是非常少的。事实上，很多酒店的网站都是一个简单的形象展示窗口，由于缺乏相关的技术维护人员，连定期的更新都难以实现，更不用说实现电子商务的开发与应用了。这也是我们与国际酒店的最大的差距之一。而与此同时，也促生了大量的第三方预订网站。订房中介在中国的典型代表有携程网、艺龙网等，它们大都不直接从住店客人手中收取费用，而是让酒店定期将佣金上交，所以酒店和中介也经常就客户是否入住了酒店有所争议。

国外订房中介的典型代表是Expedia，该网站不同于中国网络订房中介的是Expedia会在客人预订时收取全额房费，如果客人入住良好没有投诉，则Expedia会在一到三个月内把房费返还给酒店。当然，佣金已经被Expedia留在自己账户了。

2. 团购等新兴预订中介

团购网站的兴起为酒店业开拓了另一个分销渠道，酒店团购可能会成为团购网站继餐饮团购、电影票团购之后第三个大力发展的产业。酒店团购的优势在于能够吸引大量的本地客源，超低的价格吸引了大量消费者的目光，图文介绍让更多消费者了解了酒店的优势，吸引客人体验酒店，这种方式特别适合新开业的酒店，用来打开知名度。例如，许多经济型酒店如汉庭、如家，他们多是通过团购网站上的人气提高自己的知名度和新增的客户。但是团购了限量供应的餐饮、客房、康乐等酒店产品之后，消费条件往往也比较严格，比如限定有效期，必须提前2天预约，不能与其他优惠同时进行等条件。此外，酒店团购采取先支付的形式，到店率可达到90%，更能够减少酒店商家的房屋空置，收益率比较高。对于酒店商家而言，可以通过团购平台来消化剩余房源，在淡季提高入住率，还可以提升自身的品牌知名度，将团购用户变成自己的忠实用户。

点评网站也是酒店分销的另一种形式。"大众点评网""到到网"是酒店行业的点评网站的代表。点评网站首先要聚集人气，找到大量的曾经在该酒店消费的客人，并请他们提供点评信息。点评网站存在的问题之一是如何让消费者确认点评者的真实性，也就是说，能否确信点评信息既不是该酒店自己写来美化自己的，也不是竞争对手来丑化该酒店的。

3. 重组产品再销售

客栈民宿作为特殊的住宿业态，和酒店行业的发展相差很大。与酒店业的标准化相比，客栈民宿行业具有更多的个性化经营特色。由于其具备更多的本地特色，丰富的文化和内涵，轻松的社交关系等，逐渐吸引了越来越多的游客选择客栈民宿。客栈民宿通常依托周边旅游资源提供具备当地特色的经营项目，非常多的客栈民宿收入的很大部分，并不是依靠房间销售，而是周边产品的销售。作为游客，也更愿意在客栈完成本地消费产品的购买。

随着自媒体的发展，基于自媒体的社交型电商模式会高速发展，利用微博、微信公众平台吸引精准顾客，利用在线服务平台，以及自己的交易平台实现销售的重组产品。

三、搜索引擎推广

目前，85%的网络用户依靠搜索引擎来搜寻网上信息。由此可见搜索引擎营销的重要性。常见的搜索引擎推广主要有通用搜索引擎与垂直搜索引擎两种。

1. 通用搜索引擎

百度和谷歌是通用搜索引擎的代表。如果酒店和它们合作，当互联网用户输入酒店的关键词，相应信息会依次出现，排名的位次对于客户点击量影响很大，通常第二页之后的信息基本无人点击，提高排名最重要的方法是搜索引擎优化。在百度网，排名不好的企业可以向搜索引擎公司买断关键词，被称为竞价排名，是按照点击次数付费的。

2. 垂直搜索引擎

垂直搜索引擎是针对某一个行业的专业搜索引擎，是搜索引擎的细分和延伸，是对网页库中的某类专门的信息进行一次整合，定向分段抽取出需要的数据进行处理后再以某种形式返回给用户。酒店行业的垂直搜索引擎的典型代表是去哪儿网，它为消费者提供了同一家酒店在不同渠道商那里的报价，消费者通过搜索结果可以选择这间房的最低价格。

搜索引擎营销主要通过竞价排名、购买关键词广告、引擎优化等多种方式来提高酒店在搜索引擎中的排名。如何做好搜索引擎营销呢？首先要明确网站定位，其次要找准目标用户，包括细分人群、搜索喜好，最后要准确设置"标题和描述"。"标题和描述"要结合品牌定位、品牌优势及提供的产品、服务去撰写，同时，要细心观察参与竞价该词汇的其他网站或酒店如何撰写标题和描述，找出差异化竞争点，从而脱颖而出。

四、其他网络营销平台

未来酒店网络营销的创新模式将很可能出现在其他网络营销平台上：一些拥有大量会员的组织，如信用卡中心、移动通信公司等，如能拓展其业务、成为酒店的分销渠道，将为酒店网络营销市场注入新的力量和机会；传统的机票

共建诚信网络生态，抵制虚假酒店网络营销

分销系统有望加入酒店销售这一板块；门户网站旅游频道利用流量优势，在酒店网络分销市场上占据一定空间；对很多依赖搜索引擎的用户，旅游行业搜索引擎和比价搜索的吸引力促使不少酒店和渠道加盟。

第四节 酒店预订网站案例

一、全球最大的旅行租房社区——Airbnb

AirBed and Breakfast（简称为 Airbnb）是一家连接有空房出租的房主和有住房需求的商务差旅或自由人士的服务型网站，为用户提供各种各样的住宿信息，是一个非常值得信赖的社区交流型服务网站，用户可以用它发布和预订世界各地的独特房源。

2008 年 9 月，Airbnb 上线，网站运营模式比较简单，为有房源的人发布空房信息提供平台，为不想住酒店的用户寻找合适的住处提供另一种可能。满足用户的基本住宿需求后，Airbnb 开始发展特色服务，鼓励用户在上面发布城堡、树屋、别墅、村庄等各具特色的住处。2011 年又开始添加了一些交互功能，可以通过社交网站增加住房的关注度和可信度。2011 年推出长租服务，帮助用户寻找长达数月的住处。此后，Airbnb 不断推出新服务以满足用户需求，如"Local Companion"服务，让游客与当地人进行互动，获取购物、旅行指导等服务。同时也加强了房源的本地化、个性化和人文气息，以区别于传统酒店。

Airbnb 采用 P2P（person-to-person）的生产与消费模式，用户不仅能在平台上寻找短租房，同时也可以上传自家房屋的信息到平台上，接受其他用户的预订。通过这一平台，充分挖掘了"分享经济"的价值，更好地利用了闲置资源。

Airbnb 和传统连锁酒店相比，可以在不同的地区提供具有当地风情的特色住宿服务，适合希望能够体验当地生活、具有探险精神的旅客，花费也可能会低于同等水平的连锁酒店。初期依靠低价积累用户群体的战略，为它打开市场做出了重要贡献。此外，Airbnb 在经营理念上更加强调社群经营。长期以来，Airbnb 鼓励房东和旅客深入互动，包括旅行导览、共同参加当地活动等，使得旅客能更加有深入当地生活的真实感。

除了价格实惠之外，Airbnb 的住客体验独特。Airbnb 的住客通常可以使用传统酒店缺少的实用性住宅设施，如设备齐全的厨房、洗衣机、烘干机等。房东和租客也更像是"付费朋友"的关系，房东可以为租客提供有用的当地建议。

针对中国的用户，Airbnb 推出了简体中文版，在网站首页的显著位置增加了北京、上海的房源信息，并且与国内出境游最大的社区网站"穷游网"签订了战略合作协议。

总之，传统的酒店行业将被 Airbnb 和它的效仿者们颠覆，现在 Airbnb 的市场份额还是全球酒店市场份额很小的一部分，其还有巨大的市场潜力。

二、全球最大的旅游社区——TripAdvisor

TripAdvisor（官方中文名为"猫途鹰"）成立于 2000 年 2 月，目前是全球最大的旅游社区。TripAdvisor 在酒店元搜索和旅游点评服务上拥有绝对领导地位，为用户提供及时、可信的全球化旅游信息，客观的酒店、景点餐厅的点评和建议，酒店索引，酒店选择工具，酒店房价比价搜索，以及社会化的旅途图片分享、视频上传和在线驴友交流等服务。旅行者的真实评论是其最大的特点。

TripAdvisor 的主要运营模式是通过大量真实用户分享的旅游点评和建议来吸引海量的访客，再引导访客到机票、酒店、租车等旅游产品提供商网站上去完成购买。其营利模式是根据机票、酒店等旅游产品供应商的有效链接跳转率来获取佣金。

TripAdvisor 与国内外的旅游预订网站均建立了紧密合作，用户可根据地理位置、酒店星级、销售价格等条件搜索全球酒店信息；同时，网站的智能比价功能可快速查阅同一家酒店在不同预订平台的最佳价格及房态信息，结合点评、评分及照片，让用户在计划行程时做出更好、更明智的选择和决定。目前 TripAdvisor 在中国的合作伙伴包括：携程、艺龙、同程旅游、Hotels.com、Booking.com、希尔顿、万豪、香格里拉、洲际、喜达屋、格林豪泰等。

第五节 酒店管理信息系统

一、管理信息系统定义

管理信息系统（Management Information System，MIS）是信息科学的一个分支，是由人和计算机组成的能进行信息的收集、传递、储存、加工、维护和使用的系统。酒店计算机管理系统是 MIS 中的一个重要分支，它实现的是计算机管理系统在酒店中的具体应用。

酒店管理信息系统是在充分把握酒店手工信息处理流程的基础上，系统性地进行信息采集、归类、整理和处理，从而集中统一地管理酒店信息及其流向。与一般企业的 MIS 不同，它具有以下特点：一是时效性非常强，客人多点消费，一次性结账，随时都要有客人准确的消费信息；二是人员信息流中不仅有员工信息，更多的是客人信息；三是酒店客房作为一种特殊商品，具有不可储存性，必须及时销售出去，这更需要实时地把握客房状态。

国内的酒店计算机管理系统最早是在 20 世纪 80 年代初开始的，到了 20 世纪 80 年代中后期，随着国外酒店计算机系统的大规模引进，国外酒店的现金管理技术进入我国，进一步促进了我国酒店管理技术的发展。国内系统正是在充分吸收国外管理系统的精华，再结合国内的实际情况的基础上，逐步发展成熟。到了 20 世纪 90 年代中期，随着计算机在酒店中的普及应用，以及计算机技术的不断发展，酒店计算机系统的发展到了一个新的时期，新的系统平台、新的软件功能、新的系统特点及发展方向不断涌现。

二、酒店管理信息系统结构

酒店信息管理系统的主要功能有预订、接待、结账、夜间稽核、客房管理、餐饮管理、程控电话管理以及查询服务等。每个模块功能都和客人直接有关，其采用计算机管理信息的目的是提高酒店服务的质量，提高信息管理的精度，从而提高酒店在客人心目中的信誉。系统功能一般可分为前台系统、后台系统、扩充系统、接口系统四大部分，图 9-1 为酒店管理信息系统所包含的内容。

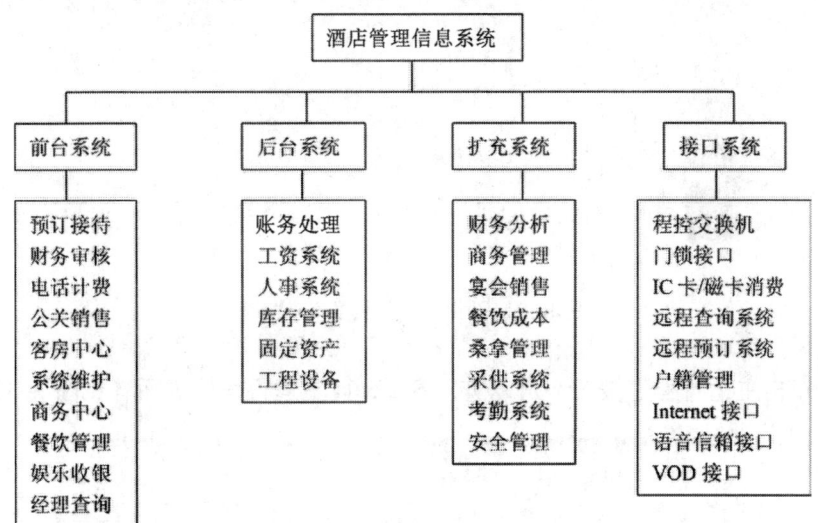

图 9-1　酒店管理信息系统

（一）酒店前台系统

酒店管理系统（Property Management System，PMS），又被称为物业管理系统、前台管理系统，是酒店业最早实现信息化的部分，是酒店信息系统最重要的组成部分，其主要功能包括客户资料管理、客户管理、收银与账务管理、客房管理、夜审、报表、系统维护等模块，是酒店日常经营的基础。

Fidelio PMS 是美国 MICROS 公司推出的前台管理系统。2006 年，石基公司购得 Fidelio 的源代码，在 Fidelio 的基础上自行开发出了 Sinfonia PMS 系统，图 9-2 是 Sinfonia 软件主要程序一览表。

图标	程序名称	功能简介	使用部门
	Fidelio	主运行程序	前厅、客房、餐饮、财务、营销等
	FIDNIGHT	夜审程序	夜审员、夜审主管、大堂副理
	FCONFIG	系统维护	EDP员工、主管
	FOBACKUP	系统数据备份	EDP员工、主管
	WFINDEX	数据重新索引	EDP员工、主管
	WINDBX	数据库编辑软件	EDP员工、主管

图 9-2　Sinfonia 主要程序一览表

双击主运行程序按钮，可以进入 Sinfonia 主运行程序界面（见图 9-3）。

图 9-3　Sinfonia 主运行程序界面

Sinfonia 前台系统主要包括 Reservations（预订菜单），可以完成客人的预订信息；Front desk（前台菜单），可以为到达酒店的客人办理入住、分配房间、查看房态等；Cashiering（收银菜单）可以对客人进行抛账、查看账单、结账、收取押金及预订保证金、快速结账等；Rooms Management（房务管理菜单）可以查看房间分配情况；Miscellaneous（杂项菜单）可以查看用户登录文件、快捷键等。Set up（设置）可以对用户配置进行设置。

酒店整体界面介绍

1. 客户资料管理

客户资料管理就是把顾客的信息记录在客户资料（Profile）上面，分为个人客户资料和非个人客户资料。个人客户资料是酒店的单体客人在 PMS 中的映射，非个人客户资料是酒店协议单位（公司、旅行社、预订代理、团队等）在 PMS 中的映射。客户资料是整个系统的基础，后续的预订操作、入住操作、收银与账户操作全部要以客户为对象。同时客户资料也是酒店为客人打造个性化服务的基础。客户资料需要精确地记录顾客的消费历史、预期业务、兴趣与喜好等信息，以便后续更好地提供高质量的对客服务。图 9-4 为 Sinfonia 系统中的个人 Profile 界面。

个人资料菜单的建立

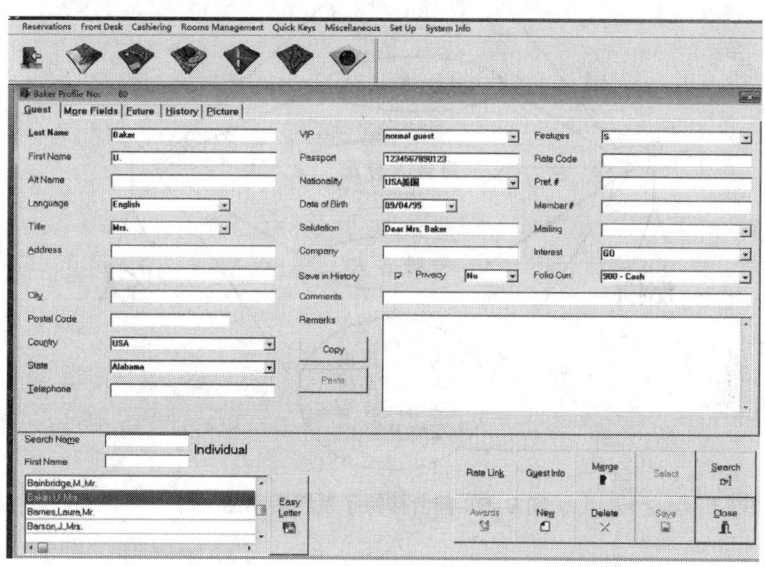

图 9-4　客户资料（Profile）管理——Sinfonia 系统

从图 9-4 可以看出，个人客户资料可以存储顾客的个人信息，比如客人的姓名（Last Name、First Name）、性别（Title）、地址（Address）、电话（Telephone）、护照号（Passport）VIP 等级、生日（Date of Birth），以及消费历史（History）、未来预订（Future）、消费偏好，比如客人喜欢入住的房型房号（pref#）、客人喜欢的朝向（Features）、兴趣爱好（Interest）等。这些信息可以用来提高对客服务质量，从而进一步提高宾客满意度，比如在节假日发送祝福邮件、生日时赠送生日贺卡、客人入住时根据客人以前的住店喜好布置房间等。

2. 预订接待系统

预订接待系统一般安装在酒店总台，由总台预订接待人员操作。主要完成功能有：散客、团队预订登记、信息查询；散客、团队在住期间信息修改，如换房、改房价、续住、加床、同房加入、拼房等工作，还有客史档案查询等；配合前厅管理提供一系列报表，如宾客抵住离报表、出租率报表、预留房报表等。图 9-5 为前台接待子系统活动图。

前台入住办理

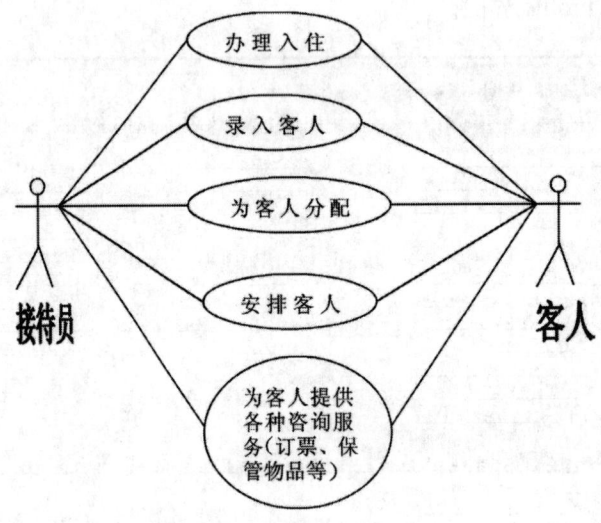

图 9-5　前台接待子系统活动图

据酒店预订部门的工作模式和客源特点：预订系统可分为散客预订和团队预订两个模块，散客预订指处理各种零散客人，包括散客信息的输入、修改和取消，以及查询等。可以根据散客现有的信息进行预订，也可以根据散客的历史档案信息迅速做出处理，加快预订录入速度、预订时自动检查黑名单，及时做出相应警示处理。预订信息既可以由酒店预订员直接录入，也可以由外部预订信息导入，外部预订信息包括集团预订网站，也有可能是第三方的代理商或者其他合作伙伴。

图 9-6 是 Sinfonia 系统的个人预订信息主界面。

图 9-6　个人预订信息主界面——Sinfonia 系统

从图 9-6 中可以看出，预订员必须根据客人的要求，快速、准确、礼貌地操作 PMS，记录客人的到店日期（Arrival）和离店日期（Departure）、房间数量（#Rooms）、房型（Rm Type）、价格代码（Rate Code）、房型（Rm Type）、预订类型（Resrv Type）

预订界面

等信息。如果是已经入住过的客人，客人的 Profile 信息可以直接导入，系统会将预订关联到客人已经有的客户资料上面。如果客人是第一次预订，系统会自动建立一个客户资料，并将预订中的相应信息复制到客户资料中去。预订信息和客户资料为整个酒店的高效经营发挥了重要作用，如果获得的预订信息准确而完整，那么入住登记、收银等工作就会变得简单自如，反之，就会给酒店工作造成很大的麻烦，有些麻烦甚至无法挽回。

团队预订主要针对各种旅行团体、会议等客人。团队预订包括团队主单输入、修改、删除，团队预留房分配，团队付款代码定义，团队房价定义修改，团队成员信息批量输入和修改。对团队的预留房可以自动排房，也可以手工排房。团队预订相对散客预订要复杂得多，不仅有团队总账号，设置团队总付项目，还要有客人分账号，个人消费可以个人自付。如果是会议团队，客人的抵离店日期、房型、房价会有所不同，必须考虑周全。目前，大多数酒店在散客预订时，并不为客人预分房间，但对于团队客人，或者在酒店出租高峰期，为更加精确地控制客房可用情况，酒店会为客人提前分配房间。

接待功能的目标就是及时为客人开房。如果客人已预订，则其相关信息已存放在计算机中，酒店方面可在客人到达之前准备好各种服务，如 VIP 客人的鲜花、水果等的摆放，把应到客人列表、各种客人的特殊要求列表等传递到相关服务部门。客人到达后，接待员只须直接在预订单上补充客人信息就可以了，如客人身份证号码、来源等。

散客（Walk-in）的客人需要输入的内容比较多，客人的全部信息都要在接待时输入。所以不少酒店为了不让客人等候时间过长，明确规定接待客人不得超过 3 分钟。我们设计前台系统时要能够提供充分的保障。

预订完成后，酒店内部的预订记录、客房存量信息、预测等信息自动更新。除此之外，预订信息会在客人入住时自动转换为入住信息，并且生成一个预期到达客人（Arrivals）名单。接待人员在工作任务上也具有预订的职责，这在境外的酒店很普遍。而接待系统同时也应该具有预订的全部功能。

3. 前台入住、收银系统

客人预订完成后到酒店，前台员工为其办理入住，完成收取客人入住押金、房间分配、房卡制作等操作。客人的状态也由预期到达（Expected）变更为在店客人（Checked-in）。客户账户开启，酒店可以对其账务进行操作。客房状态也由空净房（Vacant Clean，VC）转化为占用房（Occupied Clean，OC）。

收银子系统应包括：快速结账，多种付款方式，多币种结账，各种账面灵活调账，部分或全部结账，提前记账，折扣处理，错账处理，综合查询，报表系统。图 9-7 是前台收银子系统活动图。

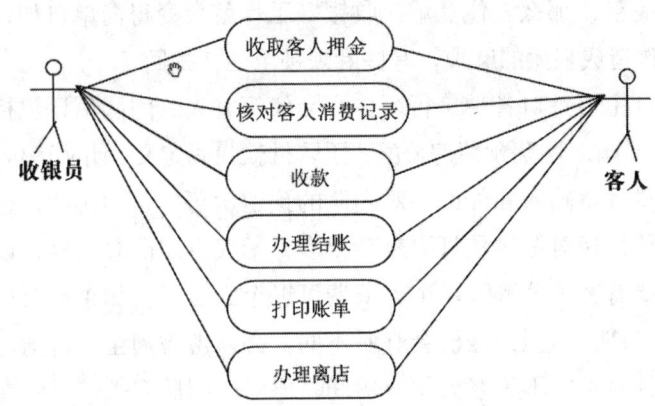

图 9-7　前台收银子系统活动图

酒店提供了不同的账单类型，其中个人账单（Individual Folics）也叫作"客房账单"或者"顾客账单"，指派给住店顾客，其作用是记录他们和酒店之间的服务与费用。团队账单（Master Folics）一般对应于不止一个顾客或房间，包含着不转账至个人账单的一些交易记录，团队账单一般用于给多数团队和会议提供所需的记账服务。还有一种账单为"非住客账户"，这种账户一般是为那些产生店内费用的非住店顾客设立的账单，如会议客人、餐饮客人、企业客户等。为了吸引当地公司或旅行社，通常允许客人在酒店举行活动时进行其他消费，并允许当地的公司或者旅行社挂账，酒店前台会建立非住客账户跟踪这些交易。

客人账单下的消费一般有两种来源：一种被称为抛账（Posting），也被称为挂账、过账、入账。在客人住店期间，前台和酒店各个营业点的责任是记录客人所有的交易，这种记录的过程被称为抛账。另一种由顾客账务模块自己生成，如在系统夜审期间，房费以及服务费将自动转账至所有的住店客人账单上。图9-8为Sinfonia系统的顾客账单。

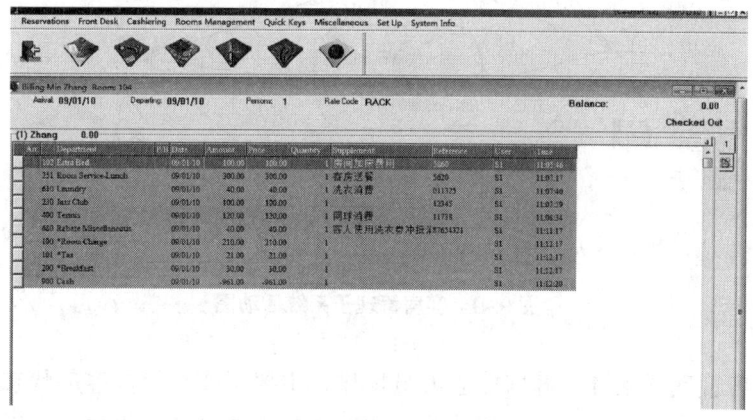

图9-8　顾客账单——Sinfonia系统

从这份账单可以看出，有通过抛账（Posting）抛入客户账户的账单，如Room Service-Lunch（客房送餐）、Laundry（洗衣消费）。也有夜审和提前离店时自动转入顾客账户的账单，如Room Charge（房费）、Tax（税金）、固定费用（Fixed Charges）的Breakfast（早餐）。

从财务的角度来看，酒店管理系统最重要的部分是顾客账务模块，电子账单的建立使得远程销售点可以将费用直接抛至住店客人和非住店客人账户上。顾客账务模块使得管理层能够在对客服务期间，对客户账务进行控制。

4. 客房管理子系统

客房管理子系统应包括房态管理、消费录入、查询、报表等。其最主要的任务是修改客房状态，提供房间是否空闲、出租、干净、脏房等信息，以便于预订员分配房间。在客人入住时，房态被设置为 OC（Occupied Clean），这一信息会自动更新至客房部员工。在夜审之后，所有在住客房的状态由净（Clean）变更为脏（Dirty），在客房服务员清洁并检查完毕后，需要将客房状态再次修改为净（Clean），这一信息会自动更新至前台，前台员工可以将其中的空净房（Vacant Clean）客房继续销售。图9-9为客房管理子系统活动图。

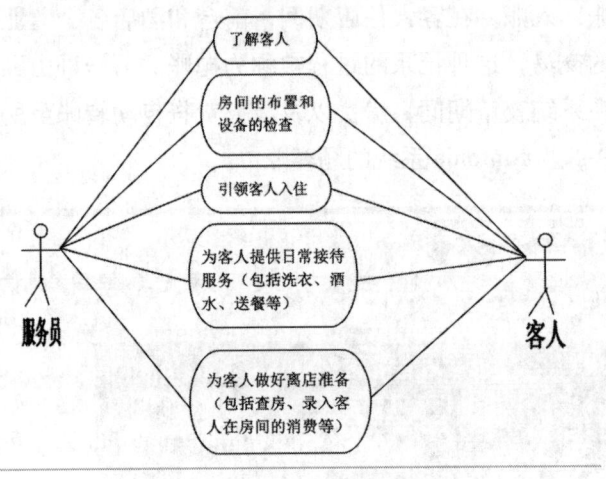

图9-9　客房管理子系统活动图

客房管理子系统由客房中心人员操作，主要工作是控制客房状态、客房设备以及客房用品。具体功能有房态管理，可进行可用房查询，提供房间是否空闲、出租、干净、脏房等信息，以便预订接待人员分配房间。动态刷新房态图，统计最新的客房营业信息，配合管理需要提供一系列报表如房态表、客账入账报表、住店客人抵住离报表等。还具有客房维护包括客房新增、调价、状态更改、客房历史查询、客房维修与管理等功能。图9-10为Sinfonia系统的房态图（House Status）。

图 9-10　系统客房信息一览窗口——Sinfonia 系统的 House Status

房态管理

客房管理模块是 PMS 的重要功能，它的主要目的在于加强前厅部和客房部的信息沟通和相互协作，实现优质的对客服务。客房管理模块将每个房间的状态展示给前台职员，前台职员只要输入房间号，就可以立即获得该客房的实时状态。当一间客房清理完毕后，客房部职员可以直接修改客房状态或者通过客房服务中心修改房态，这一信息被马上更新，前台职员可以实时获取实时房态。

客房管理模块在客人登记入住时能自动地处理房态和费用，管理模块在前台接待、总机和礼宾部的计算机上显示顾客信息，使前台能够及时地了解客人的情况。这些模块也使管理者能高效地安排客房服务员的工作量、工作进度等，并生成客房工作报表。另外，通过接口模块连接电话交换机，酒店可以更快捷地实现自动叫醒服务、信息留言服务等功能，为这些辅助性的顾客服务活动提供了强有力的帮助。

5. 电话计费管理子系统

电话计费系统与酒店管理信息系统高度集成，可以实现对酒店内各电话分机的实时自动计费，客人打完电话后立刻将话费转入客人账户。计算机通过接收到的程控交换机输出的每天话单内容，对每条话单进行分解、计算、存储、处理各种费率及计费参数，如基本话费、附加费、服务费、手续费、最短计费时间等。能按客房、长包房、饭店内部等使用者的性质计算不同的话费。还提供叫醒服务、留言服务，提供按秒计费功能，与前台系统无缝连接。

6. 餐饮管理模块

餐饮管理系统通过各种终端设备（普通计算机、触摸屏、掌上电脑）以及更先进的ipad来获取客人的用餐信息，将其中的菜品信息传递至厨房，收入信息传递至收银。在客人结账的时候，如果客人选择挂账或计入应收账，则需要通过POS接口将费用传递至PMS系统的顾客账务模块或者应收账款模块，并需要将客人的个人喜好信息传至PMS系统的个人客户资料中进行管理。

同时，还需要提供多种信息供餐饮管理者分析，如每一道菜品的基本出菜信息、菜品被点的次数、收入和利润等。根据不同服务员的点单信息，分析每位服务员的点单速度、效率等。

7. 总经理查询模块

总经理查询模块功能包括：实时显示界面（为总经理提供一个动态的数据分析工具，使其不出办公室就可以了解前厅的就餐情况）；各营业点收款分类查询；营业点账单列表；招待单据查询；营业点状况图示；当餐开餐情况统计；翻台率查询；当餐台位销售额查询；台位预订情况查询；销售排行榜；销售对比分析；营业收入报告；销售额分析；历史账单查询；营业汇总表；项目销售报告；项目分析查询；点菜员工业绩统计；消退菜的处理；折扣查询；结算方式查询；等等。

8. 夜审功能

在酒店电脑管理中，夜审的地位相当重要，它和预订、接待、账务共四部分组成最基本的前台管理系统。夜审程序执行的主要内容包括制作各种报表、房态更新、费用过账，最后，将系统日期更新一日。在夜审期间，顾客的账务模块会自动地把房费、服务费和其他固定费用转账到每个顾客的账单下。

9. 系统维护模块

该模块功能是设置各种代码、权限，并做相应维护，如设置操作人员及密码、权限维护；打折产品设置，操作员打折下限设置；餐饮娱乐收银点消费项目及客房编号维护等，以及资产类别、部门编码、各种报表定义、数据输出格式定义；还包括系统数据紧急修复、备份、初始化、系统设置等。

（二）后台系统

后台系统是面向酒店人、财、物信息的管理系统，是酒店后台各个职能部门借助现代信息技术而形成的相互联系的综合管理系统。服务对象是酒店后台各个行政管理部门和为酒店前台提供保障的各个业务服务部门，后台系统一般由以下几个模块组成。

1. 财务管理模块

该模块具有建账、期初处理、会计凭证录入、凭证预结算、凭证审核过账、输入明细分类账、查询、报表处理等功能，负责管理总账、明细账、分类账等，包括账务处理、原始凭证处理、科目设置处理、账户管理、凭证汇总处理、账目查询和打印处理、银行对账处理、月终年终报表处理、各类报表打印处理等。

2. 人事工资管理模块

该模块功能是管理酒店的人事关系及工资，包括员工档案管理、用工及考评管理、员工培训管理、人事变动管理、考勤管理、工资管理等。

3. 固定资产管理

该模块对固定资产的分类、用途、维护、统计等进行有效管理，完成资产的购入登记管理、调拨管理、折旧管理、报废管理以及设备查询打印等管理工作；进行固定资产用途类别、使用类别和所属类别、编号、名称、规格、用途、原值、使用年限、使用部门等内容的账目维护；选择计提折旧的方法，自动产生折旧率，自动汇总折旧表。

4. 仓库管理模块

模块中的建库管理包括对仓库的物品按类管理，以便于分类处理；入、出库管理详细记录每一笔原料物资出入库、领料、调拨等信息；日记账处理可按时间或类查询物品进出余额。还提供积压及不足物资管理、预计进料管理、供应商信息管理、供应商比价管理、财务查询管理以及各类统计报表等。

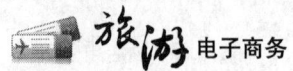

【案例阅读】

OPERA 前台管理系统

OPERA 前台管理系统的主要功能

客房预订功能： OPERA PMS 房间预订模块结合客户档案管理、收银，以及订金管理等多种功能为一体。此模块为建立、查询、更新客人预订、团队订房，以及商务团体预订等操作提供完善的功能，并提供了用房量控制、取消预订、确认订房、等候名单、房间分配、押金收取以及房间共享等功能，是为客人提供个性化服务的好帮手。

房价销售管理： OPERA PMS 中的房价管理模块，为房价设置、控制，提供了便捷的工具，可以对房价以及不同房间类型的销售进行管理、实时的监控和策略调整，并在系统中提供收入的预测以及统计分析等功能，成为行业内同类产品中最全面、最强大、最有效的房价管理系统。OPERA PMS 系统可以和 OPERA 收入管理系统实现无缝连接，并向其他主流收益管理应用软件提供接口。

客户资料管理功能： OPERA PMS 同样提供客户资料记录功能，全面记录统计包括客户、商务合作伙伴、联系人、集团、旅行社，以及来源等资料。客户资料包括地址、电话、会员信息、会员申请、住店历史信息及收入详情分析、客户喜好以及其他相关数据，使预订及其他操作的完成更快捷、更精确。

前台服务功能： OPERA PMS 中的前台服务功能，用于为到达的和已入住的客户提供服务。此模块不仅可以处理个人客户、集团客户，以及未预约客户的入住服务，还设有房间分配、客户留言管理、叫醒服务、电话簿信息以及部门间内部沟通跟进服务等功能。

收银功能： OPERA PMS 的收银功能包括客人账单录入、账单金额调整、预付订押金管理、费用结算、退房以及账单打印。收银功能可以支持多种支付方式，包括现金、支票、信用卡，以及应收挂账。在多酒店模式环境下，可以支持各营业场所跨酒店相互入账。

客房管理功能：OPERA PMS 中的房间管理功能，能够有效监督房态，包括可用房、正在清洁房、维修房，以及房间设施的管理。可以在系统中对客房打扫人员的区域分配、用工统计以及客房用品进行管理，并且在房间排队的功能中，可有效协调前台和客房清洁工作，针对已分配给客人的特殊房间，通过系统通知，安排优先打扫次序。

应收账功能：OPERA PMS 系统集成了应收账款功能，包括直接挂账、账单管理、账户账龄、支付账单、催款信及周期结算对账单，以及账户查询等功能。并可在系统切换时，根据账龄输入原有系统的余额。

佣金管理功能：OPERA PMS 系统同时支持佣金管理功能，用于计算、处理、追踪旅行社及其他形式的佣金数据收集、计算以及支付管理，可以支持支票打印或电子文本传递（EFT）的方式支付佣金。

报表功能：OPERA PMS 提供了超过 360 个标准报表。可根据酒店的需求调整报表设置，并在系统中提供内置报表模块，依据客户要求，创建全新格式的报表。

设置功能：OPERA PMS 可以根据酒店需求，对系统做出功能选择、参数设置以及缺省代码，严谨的用户权限设置可以对系统中的用户组甚至用户的操作权限进行限制，并且可根据客户的要求更改系统屏幕布局。

地域支持：OPERA PMS 系统支持多货币及多种语言功能以满足全球运营商的需求。房价和收益可由当地货币按照酒店需求换算成任何货币。可依据客户中的语言代码选择，控制打印相应语言的账单、登记卡等，支持多国地址输入，多种文字的输入、保存、打印。并提供多种语言的屏幕显示和信息提示。

后台接口功能：OPERA PMS 可非常方便地按照相应的格式将收入、市场分析、每日分析、应收账等数据输出，传输至酒店后台财务系统。

系统接口：OPERA PMS 系统与上百个第三方系统设有接口，例如收益管理、电话、房控系统、电视及音响娱乐、电子锁、酒店 POS、活动行程、迷你酒吧，以及叫醒服务等系统。

OPERA EXPRESS 系统是 OPERA 物业管理系统的标准版本，专为小型酒店或服务内容相对简单的酒店设计。酒店可以在 OPERA PMS 的核心功能中选择其需要的功能，以精简投资。

第六节 智慧酒店

互联网时代旅游中的"住"相比传统时期发生了翻天覆地的变化。除了传统酒店通过新技术升级用户体验外,还出现了智慧酒店、度假公寓、特色民宿等多种住宿形式。通过智能化方式来提升用户体验已经成为时下最流行的酒店改进升级措施。大数据、云计算、物联网、移动通信等技术都逐渐应用到旅游住宿中,这不仅是技术的革命,也是旅游住宿自身的革命。

物联网智能化酒店,集智能灯光管理、空调管理、呼叫管理与信息服务管理功能于一身,通过物联网技术将酒店的各种软、硬件设施更好地连接起来,为用户提供宾至如归的智能化、信息化、个性化服务,提升酒店管理水平,降低酒店运营成本,提高用户入住的满意度。

1. 智能入房

用户可以直接利用酒店的自助服务系统办理入住手续,通过身份证、手机验证码、人脸识别系统即可获得智能房卡,入住信息也会发送到注册手机上。之后在酒店的入住房间、消费、呼唤服务等都可以通过智能房卡来完成。

2. 智能调节

用户进入房间后,房间的欢迎模式会自动启动,音乐、香氛、灯光都会根据入住时间的不同调整到最佳模式,包括在房间正常使用的柔和、明亮、休闲、睡眠以及在卫生间使用的如厕、洗浴等模式。比如选择洗浴模式后,浴室的电动卷帘会自动放下,灯光会调节到最适宜的亮度,还会有舒缓的音乐缓缓流淌,为用户提供舒适的洗浴环境。当用户离开卫生间后,系统会自动检测卫生间的状况,即使用户忘了关灯也没有关系,一定时间无人后系统会自动关闭灯光,收起卷帘。

3. 服务管理

用户可以借助房间内的多媒体终端,实现对客房的照明、温度、休闲娱乐等设备的控制。当客房的门铃响起时,门外图像会自动呈现在显示屏上,用户可以选择是否开门。

通过智能技术还可以将酒店周边的信息整合到酒店的智能平台，客人通过手机可以轻易获得其他游客的经验分享。

4. 基于精准定位的营销服务

预订用户到店时自助办理入住，提前打开空调，在进入房间时自动推送Wi-Fi密码，自动开灯，离开房间时自动关灯。特殊时段推送美食清单，自动推送小商品信息，自动推送景点门票、美食、特产等介绍并促成购买。在付款时推送积分信息、优惠券等吸引再次到店。提供精准的定位服务，遵从人性的实际需求，从根本上提升用户体验。

【案例阅读】

洲际智慧酒店：重新定义旅行体验

随着科技的快速发展，酒店业正在经历一场变革。智慧酒店作为新兴的概念，越来越受到市场的关注和追捧。作为智慧酒店领域的佼佼者，洲际酒店集团凭借其独特的优势和前瞻性的思维，已经在市场上取得了显著的成果。

智慧酒店是指通过数字化、智能化技术，为宾客提供更加便捷、舒适、节能的住宿体验的酒店。洲际智慧酒店作为其中的代表，具有以下几个特点。

智能化设计：洲际智慧酒店采用智能化的设计理念，注重客房的舒适度和功能性。例如，客房内的智能照明、智能空调等设备，可以根据客人的需求自动调节，提供更加个性化的服务。

高效服务：洲际智慧酒店采用智能化的服务系统，为宾客提供高效、便捷的服务。客人可以通过手机或自助设备完成入住、退房、订餐等操作，大大缩短了等待时间，提高了服务效率。

节能环保：洲际智慧酒店注重节能环保，采用智能化的节能设备和技术，如智能门锁、人脸识别等，既节省了能源，又减少了碳排放，符合当今社会的绿色发展理念。

洲际智慧酒店除了具备上述特点外，还有以下优势。

1. 便捷性：洲际智慧酒店的智能化服务，让客人可以随时随地完成各种操作，如订房、订餐、叫车等，不再需要排队等待，更加便捷。

2. 舒适性：洲际智慧酒店的智能化客房设计，可以根据客人的需求自动调节灯光、温度等，让客人感受到更加舒适的居住环境。

3. 安全性：洲际智慧酒店采用智能化的安保系统，如人脸识别、智能监控等，可以更加有效地保障酒店的安全，让客人更加放心。

目前，洲际智慧酒店已经在全球范围内布局，成为市场上的主要竞争者之一。与其他智慧酒店相比，洲际智慧酒店的优势在于其丰富的品牌积淀和技术创新能力。作为全球知名的酒店品牌，洲际酒店集团在服务、管理、品牌影响力等方面具有较高的水平；同时，其强大的研发能力也使其能够不断推出具有创新性的智慧酒店解决方案，满足宾客的多样化需求。

随着科技的不断发展，洲际智慧酒店将继续升级和完善其智能化服务。未来，洲际智慧酒店将更加注重与宾客的互动与沟通，通过人工智能、大数据等技术的应用，为宾客提供更加个性化、精准的服务；同时，洲际智慧酒店也将不断探索绿色环保的发展模式，推动酒店的可持续发展。

综上所述，洲际智慧酒店以其独特的优势和前瞻性的思维，已经在市场上取得了显著的成果。未来，随着科技的进步和市场的发展，洲际智慧酒店将继续升级和完善其智能化服务，为宾客带来更加便捷、舒适、节能的住宿体验。同时，洲际智慧酒店也将不断探索绿色环保的发展模式，推动酒店的可持续发展。相信在不久的将来，洲际智慧酒店将成为全球酒店业的领跑者，引领着行业的发展方向。

思考与练习

1. 访问希尔顿酒店集团的中国网站（www.hilton.com.cn），分析网站主要有哪些模块，了解网站提供了哪些功能和服务。
2. 酒店管理信息系统都有哪几个主要模块？
3. 登录同程网，利用其酒店预订前台进行预订。
4. 基于酒店管理信息系统模拟实验平台，熟悉酒店管理信息系统，熟练掌握预订、接待、结账、夜间稽查、客房管理等模块。

第十章
旅游目的地电子商务

【本章内容】

本章通过分析旅游目的地电子商务的内涵、结构层次和功能,提出旅游目的地开展电子商务的必要性;介绍了旅游目的地营销系统,包括相关概念、营销推广方式及发展趋势;分析了旅游目的地网站信息的组织原则、建设类型、内容结构和建设模式;最后介绍了景区电子商务、智慧旅游服务和智慧景区。

【学习目标】

通过本章的学习,理解并掌握旅游目的地电子商务的内涵、结构层次和功能;能够对目的地电子商务网站建设提出具体的建设思路和方案;了解景区电子商务设计要求,能独立提出景区电子商务建设方案;掌握智慧旅游服务内容和智慧景区建设体系。

【关键概念】

旅游目的地营销系统;网站建设;智慧旅游服务;智慧景区

第一节 旅游目的地电子商务概述

一、旅游目的地电子商务的内涵

旅游目的地是一个特定的地理区域,但从市场的角度来看,旅游目的地将作为一个产品参与到旅游业的市场竞争中。由此,我们可以推出,旅游目的地必须具备以下四个条件:一是要拥有一定数量的能够满足旅游者需求的特定旅游资源,即能够吸引一定数量的旅游者前来的旅游产品;二是要拥有各种能够与旅游资源相配套的旅游接待设施,如酒店、旅行社、餐馆等旅游接待设施以及医院、公共服务机构等公共设施;三是旅游目的地具有可进入性,主要指目的地的交通设施如机场、车站、港口、公路等设施完善,旅游者可以顺利到达旅游目的地;四是设有旅游目的地相关的旅游组织,包括政府管理部门以及各种旅游行业协会等,保证旅游者在目的地的旅游活动能够顺利完成。世界各国,几乎所有的旅游目的地都设有旅游管理机构,并且设有与政府旅游管理机构合为一体或相对独立运作的旅游目的地营销组织(Destination Management Organization,简称DMO)。DMO对旅游目的地进行管理、规划,向旅游客源市场宣传整个目的地。随着互联网作为旅游信息传播媒介和销售渠道的作用日益增强,DMO也必须响应这一趋势。综上所述,本书将旅游目的地电子商务界定为:以旅游目的地营销组织为主导,政府部门、旅游企业、旅游者以及其他相关组织为参与者,利用互联网及电子商务手段,以推广目的地旅游并实现多方交易为主要目的的商务体系。

二、旅游目的地电子商务的结构层次

通过旅游目的地电子商务的概念可以看出,不同类型的用户通过自己的接口或用户界面,进入系统,用户可以应用多种功能并更新数据库中的信息。

完善的电子商务系统还可以根据 DMO 的营销计划，对用户进行进一步细分，让不同子类别用户得到不同的信息资源。

1. 信息层

信息层提供旅游目的地的信息发布功能，同时也用于所有用户的信息互动。

2. 商务层

这是旅游目的地电子商务的主要目的，这一层必须保证通畅，才可以保证旅游目的地电子商务系统的正常运转。

3. 政务层

政务层主要用于政府旅游信息的上传下达、相关政策和法规的公布，同时还可以对网站运行进行分析，参考分析结果可以出台相关政策和法规，并对行业进行监督和管理。

三、旅游目的地电子商务的功能

1. 信息发布与管理

通过网站、移动 APP、社交媒体等渠道，发布和管理旅游目的地相关的各类信息，如景点介绍、酒店预订、交通指南等。依托后台运营管理系统，对前台系统的信息进行管理和维护，如发布和管理旅游目的地相关的各类信息、处理游客的预订请求等。

2. 产品预订与交易

提供在线预订服务，包括机票、酒店、门票等各类旅游产品的预订，并支持在线支付和退款等操作。该功能主要通过前台系统实现，这是用户使用界面，游客可以通过这个界面获取旅游目的地的各类信息，如景点介绍、酒店预订、交通指南等。

此外，游客还可以通过这个界面进行在线预订，包括机票、酒店、门票等各类旅游产品的预订。通过与第三方支付平台、机票、酒店等第三方系统进行对接，保证信息、票务和现金流的通畅和高效。

3. 客户关系管理

依托客户关系管理系统，通过收集和分析旅游者的信息和行为数据，建立一个完整的客户数据库，根据游客的旅游偏好和历史行为，为旅游者提供个性化的服务和推荐。通过邮件、短信、电话等方式，定期与游客进行沟通，了解游客的需求和反馈，及时解决问题并提供帮助。建立有效的客户反馈机制，鼓励游客提供反馈和建议，及时了解市场需求和产品问题，为旅游目的地的改进和提升提供参考。

4. 数据分析与决策支持

依托数据分析系统，通过不同的渠道和方式，收集旅游目的地的各类数据，如游客信息、旅游行为、市场趋势等，并进行整合和处理，形成一个完整的数据集。利用数据分析工具和方法，对收集到的数据进行分析和挖掘，了解游客的需求和行为特点，以及市场趋势和竞争态势，为政府和企业提供决策支持。通过对历史数据和市场趋势的分析，预测未来的旅游市场趋势和游客需求，为旅游目的地的规划和开发提供参考。

5. 营销推广与品牌建设

在收集和分析游客的信息和行为数据的基础上，建立大数据精准营销系统，根据目标受众的偏好进行精准营销，通过各种营销手段，如文创 IP 营销、虚拟现实体验营销、自媒体营销、直播营销、综艺营销和圈层营销等方式进行营销推广与品牌建设，以提高旅游目的地的知名度和美誉度，吸引更多游客前来旅游。

四、旅游目的地开展电子商务的必要性

2016 年中国在线旅游市场持续扩大，艾瑞统计数据显示，2016 年中国在线旅游市场交易规模达 6026 亿元，同比增长 34%。《2019 年度中国在线旅游市场数据报告》显示，2019 年中国在线旅游市场交易规模达 10 059 亿元，首次突破万亿。由易观分析发布的《市场加速回暖，AI 逐步应用——中国在线旅游市场年度报告 2024》显示，2023 年中国在线旅游市场交易规模达到 11 112.6 亿元，略高于 2019 年。艾瑞分析认为，在线旅游市场交易规模的快速增长主要得益于用户和企业两端：从用户端看，用户旅游决策和旅游预订行为进一步向移动端迁移，用户周边游、度假游、出境游等多元旅游需求比例提升；从企业端看，在线机票、住宿、度假的市场中头部企业集中度提升，传统航空公司、酒店集团不断向线上延伸，满足用户长尾需求的创新企业也不断涌现，

在线旅游在旅游整体市场中的渗透率不断提升，未来仍将保持中高速增长。

1. 没有旅游服务商和旅游产品信息的旅游信息是不完整的

旅游是一项综合活动，除享受美景外还涉及一系列的消费活动。游客在出行之前，有一个相对比较复杂的决策过程，首先需要对旅游目的地的旅游信息多方了解，才能安排自己的具体行程。这些信息包括旅游景区、住宿、餐饮、娱乐、购物、交通等内容，这些内容都是由旅游服务商提供的。

2. 游客需要对产品内容和价格准确把握

游客在设计旅游行程的时候一般都会关心旅游的费用，他们需要详细的产品和价格信息作为选择依据。很多第三方的旅游咨询网站的旅游信息并不足够准确、真实。例如，有些旅游网站对某景区旅游门票的价格说明还是几年前的，而实际上价格早就上涨或者景区已经免费，有的景区有扫微信优惠活动，有的景区有节日优惠活动，这些信息也需要及时传递给游客。

3. 旅游计划安排需要电子商务的配合和确认

因为旅游人数的不确定性，旅游景区食宿行安排也难免要受到景区人数的影响，因此，旅游计划能否顺利实施，与是否及时预订、付款相关旅游项目有着直接关系。一般来说，越早预订越便宜，这是很多游客都知道的行业惯例。旅游旺季没有预订甚至没有支付的预订都是不保险的，旅游团也都有过满大街找酒店的经历。所以，一旦游客确定了旅游计划，在线预订不仅是水到渠成的事情，也是游客的实际需求。

第二节　旅游目的地营销系统

一、旅游目的地营销系统（DMS）及相关概念

1. 旅游目的地营销系统（DMS）

世界旅游组织（UNWTO）在20世纪90年代提出了关于建立完整的旅游目的地信息化体系的概念，该系统包含了旅游信息的展示、旅游网络营销、旅游电子商务和旅游行业管理等主要功能。随着互联网与人们生活的日益密

切，应用逐渐普及，越来越多的行业内专家建议在国内推广目的地营销系统概念。进入"十三五"后，国家提出建设旅游产业大数据平台。构建全国旅游产业运行监测平台，建立旅游与公安、交通、统计等部门数据共享机制，形成旅游产业大数据平台。实施"互联网＋旅游"创新创业行动计划。建设一批国家智慧旅游城市、智慧旅游景区、智慧旅游企业、智慧旅游乡村。支持"互联网＋旅游目的地联盟"建设。规范旅游业与互联网金融合作，探索"互联网＋旅游"新型消费信用体系。到"十三五"期末，在线旅游消费支出占旅游消费支出20%以上，AAAA级以上景区实现免费Wi-Fi、智能导游、电子讲解、在线预订、信息推送等功能全覆盖，对目的地营销系统的成熟发展起到了比较明显的推动作用。

旅游目的地营销系统（Destination Marketing System，简称DMS）是由政府主导、企业参与建设的一种旅游信息化应用系统，将目的地所有资源作为一个主体进行整合、策划，树立独具特色的目的地形象，满足旅游者个性化需求，并为之提供解决方案。经过多年的发展，DMS已经成为一个综合性的旅游服务平台，它通过各种技术手段（如互联网、移动互联网、大数据、云计算等）将旅游目的地的各类资源（如景点、酒店、交通等）进行集成和整合，为旅游者提供一站式的旅游信息服务和预订服务。DMS也可以被视为一种数据分析和管理工具。通过对旅游目的地各类数据的分析和挖掘，DMS可以为政府和企业提供决策支持，帮助他们更好地了解市场趋势和旅游者需求，从而制定更有效的营销策略和产品优化建议。

2. "互联网＋景区"

2015年12月，新华网与国家旅游局信息中心共同成立"中国互联网＋旅游景区大数据应用联盟"。联盟以大数据应用为主线，探索"十三五"期间新型旅游服务模式，积极推进产业转型和服务升级。联盟将为景区提供基于数据后台的处理分析和运营支撑，以及全媒体的运营能力，真正实现景区和用户之间的联动。联盟还将为景区所在地政府提供旅游目的地发展情况，为游客提供安全上网流量和个性化景区导游咨询服务，有效支持旅游大数据市场化应用的相关尝试。

2012年，中国确定首批18个智慧旅游试点城市。2015年8月出台的《关于进一步促进旅游投资和消费的若干意见》中提出，到2020年，全国AAAA

级以上景区和智慧乡村旅游试点单位实现免费 Wi-Fi、智能导游、电子讲解、在线预订、信息推送等功能全覆盖，在全国打造 1 万家智慧景区和智慧旅游乡村。于是，越来越多的景区开始"触网"，纷纷推出微信公众号、免费 APP 等，直接与游客"对话"，不仅有效地提高了景区的经营管理效率，更重要的是很好地提升了旅游体验。近年来，文化和旅游部下发《关于深化"互联网＋旅游"推动旅游业高质量发展的意见》《关于加强 5G+ 智慧旅游协同创新发展的通知》等多项政策。2023 年 11 月，文化和旅游部公布第一批"5G+ 智慧旅游"应用试点项目名单，要求各试点项目牵头申报单位和联合申报单位强化协同合作，切实发挥好试点项目的引领性标杆性作用，推动 5G 为旅游业高质量发展赋能增效。

以"互联网＋景区"为核心，推动互联网与传统旅游产业的融合，能有效提升景区管理运营效率和景区服务游客的质量。通过旅游智慧化将食、住、行、游、购、娱连在一起，构成了一个新的旅游消费业态。在大众旅游时代，传统景区服务没有办法很精细地去照顾每一个游客，而互联网概念可以把很多服务前置化，让游客提前享受景区服务。

对于景区而言，系统化有针对性的服务不仅便于景区精细化管理，也可以发挥旅游资源的集群优势。"互联网＋景区"将景区、商贸、旅游服务公司等板块纵向链接，有效降低了公司的经营管理成本。景区通过搭建"互联网＋"的平台，围绕景区加大衣、食、住、行产品的推广，深挖旅游资源，开发更加吸引游客的衍生产品，从根本上改善当前景区对门票的过度依赖的现状。随着大数据和云计算等业务逐渐融入智慧景区服务之中，依托庞大的景区数据，智慧景区所提供的大数据分析服务能更有效地从景区运营管理、景区服务质量、景区游客需求等多个纬度，帮助景区抓取核心问题，大幅度提升景区在市场中的竞争能力。

3. "金旅工程"

"金旅工程"是国家信息网络系统的重要组成部分，是旅游部门参与国家旅游业信息化建设的重要基石。"金旅工程"是覆盖全国旅游部门的国家—省—市—企业四级的计算机网络系统，建成后，为提高旅游行业整体管理水平、运行效率，改进业务流程，重组行业资源等方面提供强有力的技术支持；同时，全面发展旅游电子商务，与国际接轨，为世界旅游电子商务市场提供服务。

"金旅工程"可概括为"三网一库"，即内部办公网、管理业务网、公众商务网和公用数据库。内部办公网将国家旅游局与国务院办公网相连，为国家旅游局提供一个与国务院办公网和各部门进行安全保密和内部文件交互的网络，实现内部办公自动化。管理业务网则着力建立一个旅游系统内部信息上传下达的渠道和功能完善的业务管理平台，实现各项业务处理的自动化。公众商务网主要建立一个可供各旅游企业进行供求信息交换、电子商务运作的中国旅游电子商厦，向旅游企业提供整套的电子商务解决方案。同时，公众商务网还将建立一套中国旅游电子商务的标准结构体系，为将来旅游行业电子化、规范化发展打下坚实的基础。公众商务网主要处理为公众和旅游企业服务的业务，包括综合信息发布、宣传促销、电子商务公共服务、支付平台、旅游超市和其他通用应用服务。旅游企业在内可从事网上同业交易，为全球互联网用户提供旅游产品在线订购等电子商务活动。公用数据库则是以上三网公用的数据库。

二、旅游目的地营销推广的主要方式

1. 官方网站营销推广

旅游目的地网站由各地方政府部门主导建设，在整合当地整体旅游资源的基础上对旅游信息进行综合展示和介绍，目的地网站成为旅游目的地营销系统最重要的载体和表现形式。

从内容的角度考虑，目的地网站是目的地旅游信息的主要载体，既包含旅游资源的信息，也包含旅游产品和旅游服务的信息，以及帮助游客获取相关资源、产品和服务的辅助信息。相对成熟的网站可以通过文字、图片、影音视频、虚拟和交互技术，充分而全面地展示旅游目的地信息。

从产业链的角度分析，目的地网站是一个多方利益合理分配共赢的平台。通过这个网站，旅游主管部门实现了对旅游目的地资源的推荐和介绍；目的地旅游企业可以借助目的地网站扩大品牌影响力，并完成旅游产品推荐和交易；游客可以快速获取完整、准确的目的地旅游信息，从而更合理地安排旅游行程。由旅游主管部门建设和运营的目的地网站本身并不强调商业利益回报，但可以通过它实现对目的地旅游产业的引领和推动。

2. 微博营销推广

旅游目的地微博营销推广主要是指利用微博作为信息交流平台，通过介绍旅游线路、提出旅游攻略、推介地方美食、分享旅游心情等过程，借助语言、图片、视频等形式来实现对旅游目的地形象的塑造，从而达到营销推广的目的。其优势在于参与互动性强，效果实时反馈，推广精准度高，推广成本低。

3. 网络论坛推广

这些年来，网络论坛的讨论和转帖成为制造热点新闻的最佳推手，许多影响较大的新闻都起源于网络，这不得不归功于论坛。低廉的成本却能造就病毒式营销的效果，是论坛呈现出的最大优势。旅游网络论坛数量众多，类型多样，主要可以分成以下四类。第一类：大型门户网站的旅游论坛，如新浪、搜狐、网易三大门户网站都设有旅游论坛，且上线时间较长，积累了大量的目的地口碑信息。第二类：大型综合型社区的旅游论坛，如天涯社区的旅游论坛。第三类：旅游OTA网站的旅游论坛，如携程旅游社区、同程旅游社区的论坛，以及马蜂窝、艺龙、驴妈妈等。第四类：专业户外旅游社区的论坛，如磨房、绿野、三夫等在线社区的论坛。网络论坛主要对于两类目的地的影响更大：一类是旅游业尚未开发成熟，旅游出版物少有介绍的目的地；另一类是受到自助旅游者青睐的目的地。

4. 即时通信工具营销推广

即时通信工具是一个允许两人或多人使用网络即时地传递文字、信息、档案、语音和视频，建立起直接联系并进行实时交流的终端软件。这种网络即时通信软件的出现极大地拓展了人际传播的时空距离，已经成为人们在互联网上进行沟通交流的主要方式之一。目前，受欢迎的即时通信软件包括微信、QQ、钉钉、MSN等。即时通信最基本的特征就是即时信息传递，具有高效、快速、私密的传播特点。即时通信工具营销推广是旅游目的地以各种即时通信工具为平台，通过文字、图片、活动形式等帮助旅游目的地营销宣传的一种手段。目前基于微信平台通过公众号、小程序进行营销推广已成为各大旅游目的地的首选。

5. 影视营销推广

旅游目的地影视营销推广是旅游目的地主动促使目的地信息传播的过程，是指旅游目的地主动与影视制作方合作，借助影视剧、综艺节目等进行旅游目的地信息传播，提高旅游目的地知名度，创造、引导、激发旅游需求，从而为旅游目的地带来经济效益和社会效益的过程。旅游目的地影视营销推广的特征有四方面。一是传播信息的隐蔽性,让观众不知不觉收到旅游目的地的信息,如《爸爸去哪儿》对拍摄地的宣传、《去有风的地方》对云南大理的宣传。二是受众接收信息的主动性,观众看电影、电视是一个主动寻找和观看的行为,而且寻找影视剧、综艺节目中的地标,是现代观众的新追求。三是持续时间长,影视剧、综艺节目的热播和重播可以使推广重现。四是影响范围广泛,一部影视剧的热播可以使相关信息很快在大众中扩散,并很快成为茶余饭后的话题。

三、旅游目的地营销发展趋势

1. 数字化营销

随着互联网的普及和数字化技术的发展,数字化营销已经成为旅游营销的一个重要方向。数字化营销是一种利用数字技术,通过数据分析、消费者行为分析、市场趋势分析等方式,进行精准定位、个性化推荐、多渠道营销等一系列活动的总称。数字化营销可以通过各种数字渠道,如搜索引擎、社交媒体等,与潜在客户建立联系,提高品牌知名度,吸引更多的游客。

明十三陵的旅游营销中,大数据发挥了重要作用。运用数据爬取工具进行海量数据收集,共收集七大类型数据,126项数据维度,3920万条数据量。通过对目标受众的偏好进行可视化分析,并研究不同时间和区域的游客行为特征,形成明十三陵的产品主题形象定位。这样的定位就比较准确,能够真实反映明十三陵游客的旅游需求以及偏好特征,精准营销,实现曝光量780万人次,转化量达到59万人次,到访增长了30%。

2. 多元化营销

旅游目的地营销的手段越来越多元化,除了传统的广告、促销和公关外,还包括地方IP营销、内容营销、体验营销、情感营销、社交媒体营销等。这些新型营销手段更加注重与游客的沟通和互动,能够更好地满足游客的需求和期望。以地方IP营销为例,木渎古镇的IP打造就是以当地历史上著名的乾隆六下江南到木渎古镇作为资源依托,进行卡通形象塑造,然后与当地的苏氏生活相结合,形成具有当地精神内涵的产品衍生。同时与源自木渎古镇传统的《姑苏繁华图》中的传统糕点融合,打造了姑苏繁华糕等文旅产品,并且通过场景带来体验,将体验转化为情感,情感带来消费升级,从而实现文旅IP的全面植入，完成IP场景生态链的打造，将IP打造成全域化的体验项目，让游客可赏可玩可分享。未来，多元化的营销手段将继续发展，旅游目的地营销系统需要不断完善和整合各种营销手段，以提高营销效果和吸引力。

3. 跨界营销

随着旅游市场的不断扩大和竞争的加剧，跨界合作和创新模式的发展将成为旅游目的地营销的重要趋势。跨界合作可以通过与其他产业、品牌、媒体等的合作，共同推广旅游产品和服务，扩大市场份额和影响力。跨界营销意味着需要打破传统的营销思维模式，避免单独作战，寻求非业内的合作伙伴，发挥不同类别品牌的协同效应，实现多个品牌从不同角度诠释同一个用户特征。跨界合作对于品牌的最大益处，是让原本毫不相干的元素，相互渗透相互融合，从而给品牌一种立体感和纵深感。以康师傅牵手迪士尼为例，一个是全球最大的主题公园运营商，另一个是国内最具影响力的快消品品牌。在开园时，康师傅成为度假区内首要饮品供应商，在园区推出"一瓶迎客茶"活动，使游客在游玩的同时能够享受康师傅旗下各类饮品；不仅如此，康师傅冠名园内"漫月轩"景点，并包下唯一直达迪士尼园区的地铁11号线打广告，不仅为迪士尼带去了强有力的曝光，同时康师傅也把自己的产品融入进了上海迪士尼乐园。

第三节　旅游目的地网站建设

电子商务的发展，使得人们已经习惯了在网络上解决生活问题，即使是旅游这个高度非标准化的行为，也有越来越多的游客倾向于通过网络实现信息查询和预订。旅游目的地电子商务发展初期，由各地文化和旅游局建设的旅游目的地网站成为旅游者重要的信息来源，网站在提供信息服务的同时，如果能实现旅游预订和电子商务功能，将能在更大程度上方便游客。而旅游目的地官方网站要不要提供电子商务功能和在线预订服务，则具有一定争议性。经过近些年的发展，目前大部分旅游目的地的官方网站均不提供直接的电子商务功能和在线预订服务，其作为政府网站主要提供信息发布、宣传推广等公共服务。

一、旅游目的地网站信息组织原则

国外著名的目的地指南丛书 Lonely Planet（《孤独星球》）的出版人莫琳如此评价这套丛书："Lonely Planet 是最有趣的地方旅游指南书，在书中不仅可以知道各家旅店的优缺点，旅店旁边哪家饭店的菜好吃，甚至连饭店老板娘是否漂亮都可以找到，这是一套可以让旅游者按图索骥的书。"虽然这只是套传统旅游指南书籍，但对旅游目的地网站的信息组织具有比较强的参考借鉴价值。

1. 信息要素全面

游客对旅游信息的要求已经不再局限于"食、住、行、游、购、娱"旅游六要素。比如，景点介绍、节庆活动、旅游线路、特色小吃、交通和天气、游记和攻略都比较受游客关注，对目的地网站来说，相关的栏目和介绍一个也不能少。另外，还要通过图片库、视频库、虚拟景点导游等多媒体方式展示旅游资源，给顾客全方位的参考，引起游客的兴趣，方便游客规划行程。

旅游目的地网站具有一定的官方性质，必须保证信息客观而全面，在组织网站布局和内容的时候，要从游客需要的角度考虑旅游信息描述的标准并且要服务游客的搜索习惯，网页设计应具有游客思维。除了惯常的旅游信息外，对目的地景区和酒店等能否提供免费无线网络，是否可以刷信用卡，能不能在线预订等信息均应有比较准确的描述。部分省市在旅游标准化工作的基础上增加了旅游信息的相关标准，这在一定程度上保障了旅游信息要素的完整性。

2. 信息准确及时

旅游涉及要素多、覆盖范围广，因此旅游目的地网站信息必须客观、真实、准确，实时更新，对新景区、新酒店营业状况、景区活动、门票价格、交通信息的变化要实时收集发布。如果相关信息的准确性出现偏差，不但不能为游客提供服务，还会产生误导，影响游客的旅游决策和行程安排。例如，很多城市的公园和博物馆已经免费开放，如果旅游目的地网站还标注着门票价格，显然会把很多对价格敏感的游客拒之门外。如果已经营业开放的新景区，或者景区新设计的节庆活动等没有及时在目的地网站展现，也会给游客的游览带来遗憾。

但是，旅游信息的实时更新，单凭旅游目的地网站团队工作人员编制是不可能完成的。因为旅游信息繁多而且分散，隶属不同的区域、企业和管理部门，不易收集，因此在信息的更新维护上，就需要依靠下级旅游局和旅游企业的共同参与，实时将变动信息上传上报，共同确保目的地网站信息准确、及时。

3. 信息客观可信

在中国，旅游目的地的官方网站一般是政府部门主办，比较容易给游客信任感，因此，目的地网站的信息组织和语言描述就更要注意信息的真实性、及时性和客观性，以保障网站的可信度。

二、旅游目的地网站建设类型

旅游目的地网站既要保证目的地各方利益，又要维持自身正常、持续运营，因此，基于不同考虑网站的信息组织方式也有区别。从信息组织方式上看，目的地网站主要有两种类型，即综合型目的地网站和辅助导航型目的地网站。经过多年的发展和完善，综合型旅游目的地网站成为主导。综合型旅游目的地网站，是按照信息组织的原则，把各种旅游信息要素准确、及时、客观、可信地录入自身的数据库中，供游客查询。简言之，就是目的地旅游相关的信息齐全，内容由网站自主采编发布。这种类型的网站内容标准化程度较高，可信度强，但是对信息的更新较慢，有时不能及时反映相关旅游要素的最新变化信息。

三、旅游目的地网站内容结构

1. 基于旅游要素展现信息

基于旅游要素展现信息，就是按照"食、住、行、游、购、娱"等旅游要素，分类展示旅游信息。这种结构对同一类的旅游要素集中展现，方便游客在安排行程时对旅游信息进行比较和组合，网页内容的设计编排相对也比较简洁。

2. 基于游客兴趣展现信息

游客在出行之前一般对目的地缺乏直观的整体概念，做出一个旅游决策不单冲着某目的地的景区景点，对目的地的特色活动、特色节庆也会产生兴趣，甚至是冲着体验某个特别的节庆去的。如"爸爸去哪儿"节目的播出，节目涉及的地方迅速成为游客选择的热点，节目中爸爸和孩子的任务内容也成为游客体验的必选项目。所以网站上列出的目的地旅游主题，能让游客看到目的地有更多值得一游的去处。

国外很多旅游目的地网站采用这种信息组织方式，往往是近期活动、旅游主题占据了网站首页主要的版面。

3. 基于游客逻辑展现信息

这类结构形式充分考虑游客最关心哪些信息，根据不同游客需求特点设计不同的信息组织展现内容。例如，还在纠结要不要来的潜在游客、第一次来的游客、多次造访的游客，所需要的信息重点是不一样的。目的地网站应重视当前游客的特点，让处在不同需求状态下的游客能更方便地得到所需要的信息，从而对网站产生亲切感，更倾向于通过网站信息安排旅游内容。

目的地网站同时也要注重信息内容之间的关联。例如，在某景区介绍页面，除了可以看到这个景区的基本介绍、图片视频等，还可以查看这个景区周边的酒店、涉及这个景区的旅游线路，以及这个景区相关的游记攻略等。用户可以通过分类查找或者快速搜索的方式，进入各个旅游要素的页面，而这个旅游要素的页面上会关联其他的旅游要素。

按照地图查看景区、酒店等，或者是在日历上查看节庆活动，也都符合游客思维逻辑的展现形式。

4. 超越游客期望展现信息

做到超越游客期望，就要基于大量的数据积累和分析模型。游客会在大型购物网站某个商品页面看到购买本商品的用户也购买了其他商品的列表，一些旅游社区网站上会出现去过该景区的用户还对哪些景区感兴趣。对一些旅游要素，网站可以让游客进行游后评价，给后来的游客提供参考。

功能更强大的是，用户只要提交自己的一些想法，比如在什么时间、喜欢的类型、大致的预算等，系统就可以帮助游客自动推荐、安排合理的行程计划。这类行程计划的功能除了需要有大量的基础信息做支撑，对技术和算法也有较高要求。如果仅仅是为了行程计划而开发一个不完善的功能，反而可能对用户造成困扰。

四、旅游目的地网站建设模式

1. 信息展示模式

信息展示模式主要用于旅游目的地的宣传和推广，以吸引更多游客。目前绝大多数旅游目的地官方网站采用的是该模式，如"好客山东网"（见图10-1）。这类网站通常会提供丰富的旅游信息，包括景点介绍、酒店推荐、美食介绍、旅游线路推荐、特色主题活动等。此外，网站还会提供当地的天气、交通、货币兑换等实用信息，方便游客计划和安排行程。

好客山东网

图10-1　好客山东网网站首页

2. 电子商务模式

这种模式主要用于旅游产品和服务的在线销售。这类网站通常会提供在线预订系统，游客可以直接在网站上预订机票、酒店、门票等。此外，网站还可以提供支付和结算功能，方便游客完成交易。这种模式可以帮助旅游目的地提高销售额和市场份额。部分信息化程度较低的旅游目的地没有建设政府官方的旅游网站，其主要通过OTA平台开展旅游目的地相关产品的宣传和销售。

3. 综合管理模式

这种模式主要用于旅游目的地的综合管理和运营。这类官方网站通常包含政务版和资讯版，如"洛阳旅游网"（见图10-2）。资讯版主要向游客提供旅游目的地的相关信息，包括景区、住宿、线路等；政务版则主要用于为旅游企业及公众提供业务办理和公共服务，如旅游投诉、咨询、民意调查等。这类网站会提供后台管理系统，管理人员可以在系统上发布和管理旅游信息、处理投诉和收集意见、统计和分析数据等。此外，网站还可以提供与其他旅游相关系统的接口，实现数据共享和业务协同。这种模式可以帮助旅游目的地提高管理效率和运营水平。

图10-2 洛阳旅游网网站首页

坚定文化自信，文旅产业发展正当其时

第四节 景区电子商务

如果旅游电子商务发展到最终阶段，所有中介渠道都被省略，食、住、行、游、购、娱将是一定会被保留的要素，而景区是其中最核心的要素，也是最终受益者之一。与其他要素不同的是，主要目的地和景区会由游客自行确定并作为直接关键词进行搜索，游客会首先确定要去的目的地和景区，然后才渐次安排其他要素。因此,景区随着电子商务的发展将扮演越来越重要的角色。

景区电子商务系统是以景区为中心整合旅游资源,实现门票、索道票、酒店、旅游线路、旅游特产、演艺门票等旅游产品在线预订,为游客提供全方位、高质量的个性化旅游预订服务,同时面向同业实现旅游产品在线分销和结算。景区电子商务系统支持根据不同产品设定不同的产品描述参数,支持不同时间不同价格、多种价格形态等;支持购物车功能,用户可以一次性购买多个产品,统一预订支付;支持在线支付,支持短信提醒;支持无注册预订和快速预订。

景区电子商务系统注重电子商务流程和网下实际业务体系的对接,实现在线订单和景区门禁系统等数据对接。做到在对应运营模式下,所有在线预订由对应单位处理,并以邮件、短信提醒等方式提高订单处理的及时性,对门票、酒店等产品预订的退订流程进行合理的处理。

一、游客对景区电子商务网站的要求

1. 搜索情感化

旅游者开始规划一次行程前,内心已经积累了比较具体的对旅行的情感期望,对网络资料的搜集、筛选也以是否贴近内心期望为标准。景区电子商务网站上能够满足旅游者情感的变化的旅游信息更易引起旅游者的共鸣和信任。

2. 内容个性化

旅游者依托网络规划旅游行程,希望自己可以有不一样的独特的旅游体验,在旅游过程中彰显自己的个性和独特审美。旅游目的地可以不是著名地区或者景区,但是一定要有个性,景区产品、服务均有鲜明的个性特征更能吸引游客关注和选择。

3. 价值过程化

旅游者对旅游体验的期望不只孤立地与景区实地游玩相关,行程确定前能否搜集到有效、足够的信息是目的地的附加价值,而且这个价值从有旅游意向开始一直持续到行程结束。

4. 体验互动化

在旅行开始前和进行中,景区相关信息会对旅游选择产生影响,旅行进

行中和结束后游客发布的旅游信息又会对其他游客产生影响,甚至景区的网络营销活动成功与否也与游客的参与度密切相关,这种互动直接影响到旅游者的旅游体验。

5. 文化与美至上

旅游者对旅游美感的追求是永远的,旅游者比任何消费者都更注重心灵的感受。对景区和目的地来说,抓住旅游者的情感是制胜的关键。因此,景区电子商务网站不能仅仅是一个商务网站,它首先是一个富有吸引力的旅游景区网站,里面有生动的景区资源介绍和齐全的旅游行程信息,其次才是它的商务功能。没有文化内涵、没有美感的网站很难吸引游客关注。

图 10-3 清明上河园网站首页

二、基于旅游者网购体验的景区网站页面设计

目前国内各知名景区网站建设基本内容以景区景点图文视频介绍、食宿交通安排等为主,一些网站设计有门票预订以及游客互动功能,但是缺乏调动游客网站直接订购和互动的吸引物,以至于这些功能并没能充分发挥作用,游客依然依赖第三方网站购买景区产品。因此,从游客购物体验的角度设计景区网站,必须有别于传统的景区网站建设模式,应从提升旅游者网购体验入手。

1. 提升景区网站的视觉美感

网站的风格要以颜色为依托，以功能结构为主，网页的风格是由色调和结构共同构成的。网页设计中颜色的使用在三种以内比较合理，颜色太多会让人视觉美感降低，巧妙运用不同于主色调的小图标，可以提高网页的整体清新感。网页结构设计应合理，方便用户查找自己想要的信息，网页设计必须让用户觉得直观简便，易于使用。如果网页功能杂乱无章，用户是很难找到自己想要的信息的，这会大大降低旅游者的购物体验。网页设计要避免重复出现内容，在网页有滚动条时出现"返回顶部"的按钮，这样既不使网页内容重复，也不会造成看不到导航的后果。保持字号大小统一，如果有个性化的需求可以有些局部的小变化。网页设计就要经过反复的对比，寻求最合适的设计效果，可以适当把背景与内容颜色调换，或者把字号变大些，改变字体的类别，也许会有出人意料的效果。要解决好电脑分辨率问题，满足大部分浏览者的需求，目前选择 1024×768 的分辨率适用性更广。网页设计善用留白艺术，留白能让网页显得简洁，并能带给浏览者一些遐想的空间和缓冲的空间。

2. 准确详尽的景区资源介绍

目前景区网站基本以介绍景区资源为主，虽然文字、图片、视频等形式基本上都有应用，但是从对国内知名景区网站调查统计的情况来看，80% 以上的景区介绍都是从景区开发者或者管理者官方的角度组织内容，表述缺乏吸引力，不能针对旅游者的需要设计内容和目录，使得景区介绍不够全面，不能完全满足旅游者信息搜索的需求，另外也造成旅游者对信息的搜索使用不够方便、快捷。一个具有亲和力的景区网站，站在旅游者使用的角度准确、详尽地介绍景区资源是最基本的功能。因此，网站在景区资源介绍方面，要全面对旅游者可能希望在网站看到的内容进行描述、归类，文字、图片、视频的搜索打开方式要快捷、清晰，特别是视频播放要能够在所在页面直接点击，快速清晰播放，一般信息搜索者在网页停留的耐心不会超过 7 秒，7 秒内如果没有顺利打开，就会跳转至其他网站。除了传统的资源展现方式外，网站还可以使用 360 度全景模拟软件，给旅游者更真实、全面的视觉冲击。

3. 景区周边旅游资源组合

景区网站不能只展现一个景区的信息，从旅游者信息搜索需要的角度分析，旅游者更希望在选择某个景区的同时，能方便查询到这个景区周边的景区资源状况，以及几个景区之间的交通、住宿情况，最好能设计几个可供旅游者选择的旅游线路并实现旅游资源的网络预订，一方面可以方便旅游者进行信息查询组合，另一方面能有效提升旅游者在网站的停留时间，并产生对网站的信任和依赖。如果是大景区的网站，应设计有景区附近主要城市的交通线路如火车、飞机、轮船、客车的时刻及里程并在不离开网站的前提下进行信息查询的功能；如果是小景区网站，要善于利用附近大景区的影响力，网站上呈现与周边主要大景区的交通线路、交通工具及时刻表、里程表，以方便旅游者在游览大景区的同时也附加对自己景区的游览安排。景区周边旅游资源的有效整合，能够有效实现以大的品牌景区带动周边小的景区，形成区域旅游联盟，加强区域之间的协作，达到客户资源的共享、营销渠道的共享。

4. 景区票务、餐饮住宿预订与使用的成熟设计

随着"散客时代"不可抑制的来临，以及在线旅游市场的迅猛发展，景区对信息化也有了迫切的需求。随着科技的不断发展，电子化信息管理系统已经成为旅游景区管理的一大亮点，电子票务系统（又称旅游景区自动售检票系统）的推出为景区管理带来了革命性的变革。这一系统融合了计算机技术、信息技术、电子技术和机械制造，不仅提高了管理效率，还为景区带来了更高水平的智能化管理。

5. 在线咨询

在线咨询应在醒目的位置，图标最好选用与景区相关、与网站颜色协调的卡通图案，旅游者使用时不需要提供个人信息，点开就可以使用，能够即时得到回复。有的网站将此功能设计成留言板，留言板功能与在线咨询的即时回复相比，带给旅游者的体验完全不同。当旅游者浏览网站时产生疑问，会希望通过简单的方法快速得到专业回复，留言板回复通常都有一定的滞后性，好处是后来有相同问题的游客可以共享信息，但是不好的地方在于旅游者因不能快速得到答案就会马上去别处寻找，在跳转的过程中很可能会造成旅游者的流失，同时也造成了旅游者网购的不良体验。

6. 网页不断推出各种网购优惠组合

旅游者网购的另一个良好体验来自与网站的互动，网站不断推出的各种网购优惠活动，对旅游者有着强烈的吸引力。游客通过在网站注册参与活动，

会带来三个利益点：一是能收集到旅游者的有效联系信息，二是能提高旅游者在活动期间对网站的关注度，三是能提升景区的知名度和黏度，参与活动获得在景区游览的优惠能有效提升旅游者的网购愉快体验。但是在设计网站优惠活动的时候一定要充分考虑到旅游者的网购特点，紧紧抓住旅游者求新、求奇、求被重视这样的心理，精心设计优惠活动方案。2023 年 5 月 19 日，为迎接第 13 个中国旅游日，同程旅行积极响应文化和旅游部 2023 年中国旅游日活动，推出主题旅游直播、线上活动专题及主题航班等"线上＋线下"全场景营销活动，通过丰富多元的形式，为用户提供大量优惠、优质的旅游产品和服务。同程旅行发布的《2024 暑期旅行趋势报告》显示，针对暑期旅游市场，同程旅行联合合作伙伴推出了多项优惠措施，以满足游客的个性化、多元化需求。

图 10-4　故宫博物院文创产品

三、景区电子商务的运营模式

1. 自建平台

这种模式由景区自建平台，直接面向游客销售门票、酒店、餐饮、纪念品等产品。游客在景区网站查看产品信息，并在景区网站上预订景区门票及酒店等旅游产品。游客在网站上可以直接注册会员并预订旅游产品，由网站直接提供咨询、售后等相关服务。如清明上河园就采用了这种模式（见图10-5）。

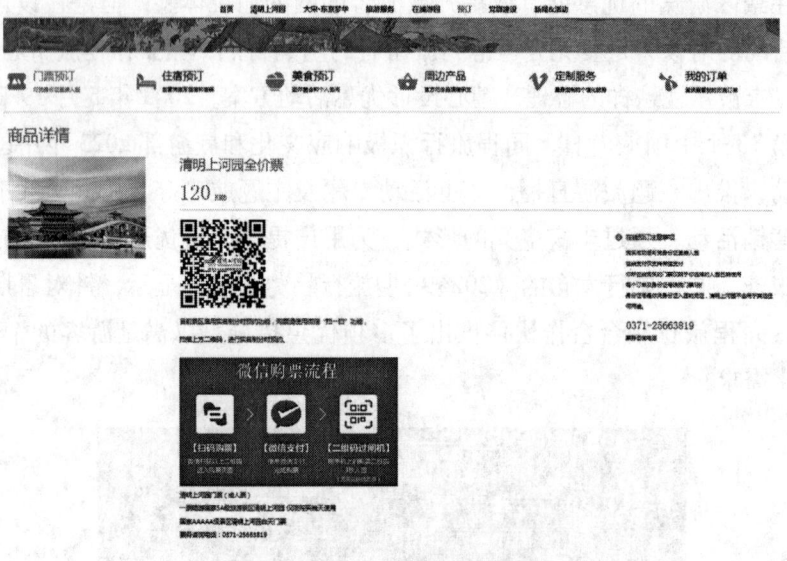

图 10-5　清明上河园门票预订界面

清明上河园门票预订

这种模式的优点在于，景区可以直接面向游客销售产品，避免了中间商的差价，从而提高了利润。同时，景区可以更好地控制产品的质量和价格，提高游客的满意度。此外，通过自建平台，景区可以收集到更多的游客信息，以便更好地了解游客需求并提供更优质的服务。然而，自建平台模式也有一些缺点。首先，建立和维护一个网站需要投入大量的资金和时间。其次，景区需要具备一定的技术和管理能力来运营和维护网站。最后，由于竞争激烈，自建平台可能需要投入更多的营销费用来提高知名度和吸引游客。

2. 与 OTA 平台合作

这种模式分为两类，其中一类景区有自己的官方网站和平台，游客在景区官方网站查看产品信息，转入 OTA 平台预订。如云台山官方网站采用了跳转预订的方式（见图 10-6）。游客点击"预订门票"后，就会跳转到携程的预订页面，后续服务由携程平台提供。另一类景区没有自己的官方网站和平台，这类景区的信息化程度一般较低，主要通过入驻 OTA 平台如携程、飞猪、去哪儿等开展电子商务。美团类的生活服务平台也提供景区门票预订服务，成为很多景区开展电子商务的选择之一。

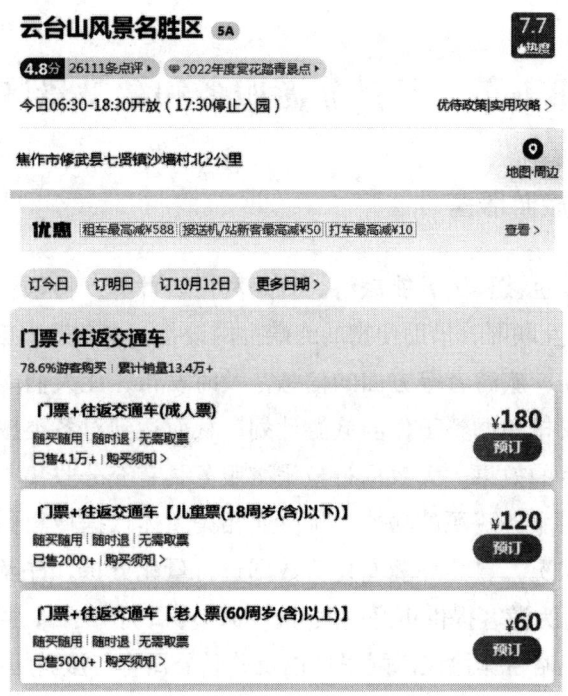

图 10-6　云台山门票预订界面

采用与 OTA 平台合作模式的优点在于，景区可以利用 OTA 平台的流量和用户资源，增加产品的曝光率和销售量。同时，OTA 平台可以提供专业的预订和售后服务，提高游客的满意度。此外，与 OTA 平台合作可以减少景区的建设和运营成本，降低市场风险和压力。与 OTA 平台合作也有一些缺点。首先，景区需要支付一定的佣金和服务费用给 OTA 平台，从而降低了利润。其次，景区在 OTA 平台上的展示和排名受到多种因素的影响，如价格、评分、销量等，需要投入更多的营销费用来提高竞争力和知名度。最后，由于 OTA 平台上存在大量的竞争对手和产品，景区的品牌和产品特色可能无法得到充分的体现和发挥。

云台山门票预订

第五节　智慧旅游服务和智慧景区

一、智慧旅游服务

智慧旅游，也被称为智能旅游。就是利用云计算、物联网等新技术，通过互联网/移动互联网，借助便携的终端上网设备，主动感知旅游资源、旅游经济、旅游活动、旅游者等方面的信息，及时发布，让人们能够及时了解这些信息，及时安排和调整工作与旅游计划，从而达到对各类旅游信息的智能感知、便捷利用的效果。大数据智慧旅游服务具有充分收集、分析、整合大数据以调配旅游服务资源的功能。旅游业相关主体依据搜集到的游客消费动向、旅游资源状况、自然环境变化等数据进行量化分析，并及时调整、制定相应的策略，可为游客提供更好的服务。2016年2月29日，阿里巴巴与中国旅游协会签署战略合作协议。阿里巴巴及关联公司将与旅游协会的旅游资源、会员、行业影响力等优势深度融合，在云计算与大数据、电子商务、移动支付、旅游创新、物流、信用建设等领域，开启全面合作。2020年11月，文化和旅游部、国家发展和改革委等十部门联合印发《关于深化"互联网+旅游"推动旅游业高质量发展的意见》。2023年4月，工业和信息化部、文化和旅游部下发《关于加强5G+智慧旅游协同创新发展的通知》，着力推动5G在旅游业的创新应用，构建5G+智慧旅游的新发展格局。

旅游协会在旅行社、餐饮、酒店等方面均拥有丰富的会员企业资源，是行业中的企业联系的桥梁和纽带；而阿里巴巴及其关联企业拥有庞大的多平台在线用户资源，双方将进行数据的互联互通，进而提升旅游信息化建设水平，降低信息化建设成本，共同推进旅游行业服务应用。在住宿、景区、旅行社、餐饮、购物、娱乐等旅游相关领域，基于云计算大数据的服务应用将着重被推进，为旅游协会的行业信息调研及向政府及业务主管单位的决策提供强大的数据支撑。

智慧旅游服务用最简单的语言描述就是通过新的信息技术手段的综合应用，让人性化、个性化、便捷的服务在游客的旅游过程中得以全方位体现，从而提高游客的满意度。从一次完整的旅游行程来看，游客对旅游目的地、旅游景区以及旅游过程中涉及的各类要素都希望有比较好的旅游体验并乐享其中，而这个旅游体验包括：旅游前旅游者通过网络进行的信息搜索、行程规划设计和旅游产品服务的预订；旅游中的旅游服务获取；旅游后的旅游评价及个人旅游信息发布。旅游前的网购体验主要包括：旅游信息获取是否方便、全面、真实；是否能获得行程安排所需要的准确信息；信息获取途径和方法是否简单易用；网站是否具备游客咨询即时应答功能；以上信息能否实现网上预订或者订购，并保证预订的安全性。旅游中的网购体验主要包括：通过网络预订的旅游产品和服务兑现是否方便、快捷、有效；网络预订是否可以享受多于传统渠道的优惠；景区资源状况和旅游氛围是否与网站信息描述一致。旅游后的网购体验主要包括：景区网站是否有游记发布平台；网站是否建有游客互动社区；网站是否建有游客投诉快速反应机制。

二、智慧旅游公共服务体系的构成

为游客提供智慧的旅游服务，主要是要建立完善的智慧旅游公共服务体系。智慧旅游公共服务体系就是要通过各种信息传播媒介和服务咨询通道，向游客提供全面的、立体的旅游信息和旅游咨询服务，并整合旅游服务商的产品和资源，为游客提供全面的预订服务和周到的旅游接待。

河南"智慧旅游"显身手：多家景区实现5G覆盖 坐家中就能身临其境

1. "一云多屏"的全媒介旅游信息服务

所谓"一云多屏"，就是在云计算数据中心统一的信息基础上，通过更丰富的信息载体传播旅游信息，实现同样的旅游信息在不同信息媒介上都有相对应的体现形式。

旅游公共信息服务不仅限于传统的旅游门户网站，还可以通过电脑、手机、触摸屏、数字电视和其他设备，全方位地向游客提供信息服务。包括通过 Web 网站、WAP 网站和手机应用软件发布旅游信息；建立旅游信息服务屏体系，在自助触摸屏、咨询中心 LED 屏等信息屏上实现信息统一发布管理；

通过和广电数字电视、酒店闭路电视系统等渠道合作,实现旅游信息在更广范围、更丰富的媒介上传播。

旅游公共信息服务平台无论是通过哪种信息载体,在面向游客提供信息服务时,都应该遵循以下原则:

(1) 按照游客思维逻辑组织和呈现旅游信息,而不是简单地陈列旅游资源和旅游要素。

(2) 为游客提供整体性的信息和相关服务,如提供完整的旅游方案、加强行程计划功能等。

(3) 建立信息之间的关联,特别是旅游信息和旅游产品预订的关联,让游客在预订旅游产品时能得到足够丰富的信息支撑。

(4) 注重旅游信息在不同载体上的表现形式和操作特点,让游客获得更好的用户体验。

(5) 提供实时的信息而不是过期的信息,建立合理的信息报送和信息传递制度,建立旅游信息纠错机制。

(6) 引导旅游企业、游客参与旅游信息的维护,通过问答、评论、用户分享等方式,为游客呈现更加鲜活可信的旅游信息。

2. "一云多路"的全通道旅游咨询服务

所谓"一云多路",就是在云计算数据中心统一的信息基础上,为游客提供来自不同渠道的全方位的旅游咨询服务,主要包括以下几个方面:

(1) 游客通过旅游门户网站、手机应用主动查询信息,通过位于旅行社门市、酒店、超市、景区中的触摸屏等设备自助获取信息。

(2) 游客通过位于机场、火车站、汽车站和景区周边的实体旅游咨询点进行人工咨询。

(3) 游客通过网站留言、在线问答、在线客服系统等进行咨询。

(4) 游客通过旅游服务热线呼叫中心进行电话咨询。

(5) 游客通过拨打各旅游服务商的电话等进行咨询。

无论游客通过什么形式咨询旅游服务,其获得的旅游信息都应该是一致的,工作人员均通过旅游咨询服务信息管理系统从统一的云计算数据中心获取信息。

3. "一云多应"的全业态预订接待服务

所谓"一云多应",就是在云计算数据中心统一的信息基础上,游客可以在统一的平台上预订不同业态、不同服务商的产品,并获得对应的接待服务。

游客可以预订某个服务商如旅行社提供的打包产品,也可以一次预订不同供应商如景区门票、酒店、租车等单项产品,对应产品的供应商根据预订订单对接相关服务。

三、智慧旅游公共服务体系的目标

1. 旅游信息内容和表现更完善

智慧旅游公共服务体系首先要为游客提供更加完善的旅游信息,这包含以下四层含义:

(1) 基础旅游资料全面完整,旅游信息准确并及时更新,游客能够获取到想要的信息。

(2) 旅游信息经过筛选和二次加工,并按照游客思维逻辑和操作习惯进行展现,避免游客因信息过剩产生困扰。

(3) 旅游信息有机关联,并可按照游客需要进行整合,为游客提供整体信息而不是零散数据。

(4) 行程旅游信息和游客互动,游客不仅是信息的获取者,也能成为信息内容的贡献者和信息的传播者。

2. 游客获取信息便捷且无障碍

游客旅游信息的获取渠道和手段多样化,即游客在旅游前、中、后可以通过自有设备(个人电脑、平板电脑、手机等)或公用设施(咨询中心、呼叫中心、信息查询屏等)方便地获取信息。游客在旅游过程中获取信息的能力增强,即游客可以通过自有设备从公用设施快速获取信息,并实现信息交互。

3. 提供个性化服务的能力增强

通过对旅游信息、旅游服务内容的分类、属性定义和归纳,实现和游客的个性化信息的交换。例如,根据游客提交不同的查询请求或表达某种旅游意愿,帮助游客快速获取针对性的信息和服务。

龙门石窟步入"大数据时代"开启智慧旅游2.0

利用各种技术手段和人工方式获取游客特征和消费特点，主动推出符合游客需求的信息和服务。借助无线网络、物联网等新技术应用，实现不同游客在旅游前、中、后都能感受到个性化和定制化的服务目标。

四、智慧景区建设

1. 数字化景区的发展

2004年，建设部结合风景名胜区监管信息系统建设的进展，将数字景区研究纳入国家"十五"科技攻关计划重点项目《城市规划、建设、管理与服务数字化工程》之中，结合九寨沟、黄山监管信息系统建设与电子商务建设的实践经验，推荐它们作为中国数字景区的示范项目进行建设。

2005年10月，建设部城市建设司在九寨沟组织召开了"国家重点风景名胜区监管信息系统暨数字化景区建设工作会议"，会上推广了九寨沟数字化景区建设的经验，与会代表实地考察了九寨沟数字景区信息化建设的有关工作。

2005年11月，建设部城市建设司下发《关于搞好国家重点风景名胜区数字化建设试点工作的通知》，提出了数字化景区建设试点工作的目标和具体任务，并正式确定24个景区（包括2个示范景区）为数字化景区建设的试点单位。

这一阶段的数字化景区建设中，主要建设项目包括电子监控系统、遥感防火监测、车辆调度和门禁系统等。在此基础上，建设部对数字化景区提出了在建立一个全国统一的国家重点风景名胜区管理信息系统网络平台的基础上，建设景区电子商务系统和景区LED信息发布系统，即"一个平台，两个系统"。

2007年10月，建设部组织制定了《国家级风景名胜区监管信息系统建设管理办法（试行）》。办法明确了"国家级风景名胜区监管信息系统是综合运用遥感技术等信息化手段，以风景名胜区规划为依据，对国家级风景名胜区资源保护和利用状况进行动态监测，服务于建设（园林）主管部门和国家级风景名胜区管理机构的辅助管理系统"。

2008年3月，建设部下发通知，提出国家级风景名胜区监管信息系统暨数字化景区试点工作的目标是：以国家级风景名胜区监管信息系统管理平台为依托，积极推进部、省、景区三级监管信息系统的网络化、规范化运行，强化遥感监测，核查在风景名胜区规划实施和资源保护方面的技术支撑和应用，加快推进数字化景区试点建设工作。

2010年8月，住房和城乡建设部《关于国家级风景名胜区数字化景区建设工作的指导意见》中指出："风景名胜区数字化景区建设是风景名胜区在总结监管信息系统建设经验基础上开展的一项信息化建设工作。建设风景名胜区数字化景区，要综合运用现代信息技术，以信息化基础设施为支撑，以业务应用系统为纽带，以数据中心和指挥调度中心为核心，整合景区管理资源，实现信息共享，推进风景名胜区信息化建设。通过数字化景区建设，提高风景名胜区在资源环境保护、规划建设管理、游览组织管理与公共服务、游客安全保障、防灾减灾、应对突发事件等方面的管理和服务能力，改进管理方法，降低管理成本，提高管理效率。"

2011年，智慧旅游概念兴起。部分景区从数字化景区开始向智慧景区迈进。

2015年，国务院办公厅印发《关于进一步促进旅游投资和消费的若干意见》，明确提出智慧景区和智慧旅游乡村的建设目标。

2022年，国务院印发的《"十四五"旅游业发展规划》，进一步强调加快推进以数字化、网络化、智能化为特征的智慧旅游，深化"互联网＋旅游"，扩大新技术场景应用。

2023年，文化和旅游部公布了首批全国智慧旅游沉浸式体验新空间培育试点名单和20个沉浸式文旅新业态示范案例。国内目的地核心景区正加速由观光式旅游向体验式旅游转变，通过打造智慧旅游沉浸式体验新空间，促进传统景区转型升级，延伸新型消费业态和产业链条。

2. 智慧景区与数字化景区的关系

随着九黄机场扩建，途经九寨沟兰成铁路、九环线公路升级改造，周边灾后旅游恢复基础工程的实施，有专家预计，九寨沟在不远的未来，日均游客量将达到2万多人次，年接待游客量将达400万～500万人次，游客规模将远超九寨沟现在的水平。因此，九寨沟将有可能碰到难以想象的、前所未有的挑战，如景区安全、车辆调度、景点游客流量控制、乘车站点游客排队、食品安全和气候问题等，任何一个问题解决不好，都有可能影响九寨沟国际旅游目的地的建设。

面对可能出现的压力，九寨沟管理局在"数字九寨"一期成果基础之上，积极推进二期工程的建设，并在中国旅游景区中第一个提出建设智慧景区。对九寨沟而言，建设智慧景区既是立足于解决九寨沟所面临的问题，更是满足建设现代旅游服务业的要求，使运行管理有序、可控、安全、节能；景区服务简捷、高效、可靠、随身；处置突发事件快速、准确、协同、并行，达到"信息实时、功能联动、运作分工、控制集中"的总体要求，并最终为游客提供安全有序、优质高效的服务。

从"智慧九寨"的规划和建设情况来看，智慧景区比数字景区在以下方面有所提升：

（1）智慧景区更关注对新技术的应用。智慧景区是在数字景区的基础上建立的，新的信息技术也将更多地为智慧景区服务。特别是互联网、空间定位技术、虚拟技术、基于智能手机的新技术等，都给智慧景区的建设提供了巨大的想象空间和实施可行性。

智慧景区建设对景区的信息化基础建设提出了更高的要求。例如无线信号覆盖率，手机基站的分布，很多数字景区建设成果成了智慧景区建设的基础设施。智慧景区在技术选用上高度关注各种新兴技术和设备在游客中的普及程度。例如，在手机应用的开发上，要根据手机操作系统的市场占有率来决定开发的先后次序。

（2）智慧景区更突出游客体验的提升。智慧景区建设不再是景区单方面的各种系统平台的建设，而是要立足于服务游客，让游客更加满意。智慧景区的建设重点是提升游客景区的旅游体验，重点的项目建设将和游客在景区内的各种活动紧密相关。例如，对通过手机、信息屏和 LED 显示屏实现对游客的导游导览，通过分流和疏导让游客感觉不那么拥挤，通过电子门票系统可以免除游客排队购票的困扰等。

（3）智慧景区更强调全面感知和互动。智慧景区充分利用物流网相关技术和设备，对景区地理事物、自然灾害、游客行为、社区居民、景区工作人员行迹、景区基础设施和服务设施进行全面、透彻、及时的感知并分析，便于立即采取应对措施和进行长期的规划。

旅游资源和景区生态环境的可持续与发展之间存在矛盾制约，但只要能及时、全面、准确地获取景区旅游资源、生态环境、游客等方面的信息，旅游景区管理者就能做出准确的决策和调控，从而缓解矛盾，实现人、地和谐。通过对新技术的应用，智慧景区的监控范围更广、设备更先进、数据采集更精细、数据返回效率更高。

（4）智慧景区更重视科学管理和发展。智慧景区通过高速网络和无线技术，将景区、社会和政府信息系统中收集和存储的分散信息及数据连接起来，进行交互和多方共享，对游客、社区居民、景区工作人员实现可视化管理，从而更好地对环境和游客进行实时监控，从全局的角度分析形势并实时解决问题，有效保护遗产资源的真实性和完整性，提高游客服务质量，实现景区环境、社会和经济全面、协调、可持续发展。

3. 智慧景区建设体系

（1）数据采集和信息呈现。智慧景区对景区基础数据更为重视，因为大量的技术应用高度依赖技术数据的全面准确。例如，基于位置服务的景区内导游导览，就对景区地理信息数据提出了更高的要求。一般的第三方地图数据无法对景区内各个景点的位置做出准确的定位，如果游客跟着这些地图数据的引导，可能会遇到找前山的景点却跑到了后山的尴尬。游客利用新的电子导游设备进行游览，景区则需要为导游提供更全面的资料，以备游客查阅和收听。

因此，智慧景区需要建立一个相对独立的数据中心，并形成持续性的信息采集整理机制，完善景区基础资料和相关信息。这些数据可以通过数据接口，应用于景区网站、手机应用、信息屏等各种载体和媒介。

（2）门禁系统和电子门票。很多景区早就建设了景区门禁系统，也有不少景区进行了电子门票的尝试，但有些门禁系统只是发挥了电子闸机的作用，电子门票也仅仅是门票载体发生了变化。智慧景区建设要充分发挥门禁系统和电子门票的作用。包括实现以下功能：

北斗助力国家文化旅游发展

①实现电子门票感知系统。门票不再只是一个进入景区的凭证，而是成为景区发放给每个游客的感知设备。游客在青城山—都江堰景区购买景区门票时，就能拿到一张游客感知卡，通过此卡，游客不管走到哪里，景区综合指挥平台都能快速定位。这张银行卡大小的卡片具备自动语音导游、电子标签、电子商务应用和应急求助等游客增值服务功能。卡片通过景区各个点位的感

应器，根据游客的线路为游客进行自主语音导游。而当游客迷路或是遇到山体滑坡等紧急情况时，只要按下卡片上的求助按钮，景区综合指挥平台就能在第一时间组织人员对游客进行帮助。感知卡和地铁单程票一样，要回收利用，所以游客在离开景区时，需要将卡返还。

②景区门票的虚拟化。作为打造智慧景区的举措之一，杭州西湖景区"门禁系统信息化"已经进入方案设计阶段。在不久的将来，"智慧门卡"将在西湖景区大多数收费公园统一使用，以取代之前的纸质门票。杭州动物园、植物园、灵隐飞来峰、郭庄、岳庙、黄龙洞、钱王祠、三潭印月、六和塔等收费景点都将使用"智慧门卡"。"智慧门卡"的未来应用将不再局限于一张小小的电子卡，身份证、市民卡或手机都可以成为"智慧门卡"的载体。

③无缝对接电子商务。同样以杭州西湖景区为例，"智慧门卡"还实现电子商务系统与局域网售检票系统的无缝对接，在家里就可以打印门票。另外，"智慧门卡"也将在客流量统计、顾客群分析、市场营销、景区考核、电子商务等方面发挥重要的作用。

乌镇旅游淘宝旗舰店正式开通二维码电子门票的在线销售，现在主要包括乌镇西栅景区门票、西栅夜游票两个票种。通过乌镇旅游淘宝旗舰店预订的游客无须再排队购票，可直接凭二维码至西栅景区游客服务中心检票口扫描后进入。

(3) 感知技术和监控技术。传统的景区监控主要通过布置监控摄像头，并实施传输数据到监控室，工作人员必须"盯"着监控显示屏，发现异常再采取行动。随着景区视频监控点的增加，特别是旺季景区内人头攒动的时候，对很多问题工作人员往往难以第一时间发现。

新的视频监控技术采用了人脸识别技术，可以准确地给出某个监控点的游客数。人脸识别技术和行为识别技术还能记住游客的特征，根据监控点的数据，分析出游客在景区内的行动路线。监控设备也不仅仅依赖于分布在景区各处的摄像头，还基于引入手机基站定位、GPS定位和通过感知设备系统来获取游客在景区内的活动信息。

(4) 环境监测和低碳旅游。景区环境已经成为重要的景区资源，从景区的温度湿度、空气质量、植被覆盖到负氧离子含量、碳排放指标等，都将成为游客关注的话题。特别是一些自然景区，植物的生长和动物的活动都有可能成为吸引游客的旅游主题。美国电影《观鸟大年》中，观鸟爱好者为了拍摄各种鸟类照片往来于不同景区和保护区的场景，也会随着国内游客市场的细分，变得越来越普遍。

一方面游客开始关心景区的环境，另一个方面过多的游客以及游客的不良行为也会给景区环境造成影响。通过一些检测设备和面向游客展示的实时数据，可以有效地影响游客在景区内的行为。

(5) 互动营销和电子商务。景区营销一直是景区的重点工作，从传统的报刊、电视和旅行社推介，到开始建设景区网站，越来越多的景区看到了互联网对游客的重大影响，并开始尝试网络营销。

但多数景区的网络营销还是处于一种无目的传播的阶段，往往是确定搞一个营销主题，选择几家网站就开始投放广告，或者开个官方微博，搞个论坛活动，就认为是和网友互动起来了。实际上，这些还只停留在最初级的网络营销阶段。智慧景区要有更智慧的营销方式，主要体现在对营销效果的评估和对新媒体渠道的及时跟进。

对景区电子商务来说，很多景区认为在景区官方网站提供门票预订甚至能够在线支付就是实现电子商务了，但这同样只是景区电子商务的一个初级阶段。景区电子商务应该实现以下目标：

①实现景区门票的在线直销和分销，包括通过景区官方网站面向游客的销售和通过门票分销系统面向传统旅行社、在线旅行社的销售。

②结合电子门票和景区门禁系统，打通在线销售和售检票体系，结合二维码、二代身份证等，实现在线预订游客快速取票、快速验票，最终实现无须取票直接凭身份证件、手机及相关电子设备进入。

③对第三方销售渠道特别是旅游预订网站销售价格和销售政策的实时监测和统一管理，维护核心产品价格体系。

④通过景区官方网站开展包括旅游线路、周边酒店、租车包车、旅游纪念品等相关产品的在线销售。

⑤不断优化景区官方网站的用户体验和在线预订流程，强化在线支付的安全性。

我国风景名胜区行业首个《智慧景区评价指标》正式发布

思考与练习

1. 简述旅游目的地营销系统。
2. 简述旅游目的地网站常用的信息展现形式。
3. 分析目的地开展电子商务的必要性。
4. 简述目的地网站开展电子商务运营模式的选择与分析。
5. 如何提升目的地网站体验？
6. 选择一个你熟悉的目的地手机应用系统，并进行分析与评价。
7. 简述景区电子商务系统。
8. 站在个人角度分析游客对景区网站的要求。
9. 什么是智慧旅游服务？
10. 什么是智慧景区？

第十一章
旅游电子商务的未来

【本章导读】

我国的旅游电子商务自从20世纪末进入互联网领域以来,经历过追捧,也经历过寒冬,最终迈入成熟发展的快车道;然而,今天的旅游电子商务早已不是互联网上的一个简单的网站,而是旅游业最重要的创新源头和驱动力量。随着旅游市场规模的持续扩大、互联网信息技术的高速发展和旅游电子商务生态的完善,旅游电子商务面临发展的巨大机遇和挑战。本章分析了中国旅游电子商务的发展背景,然后分析了未来旅游电子商务面临的机遇和挑战,最后展望了旅游电子商务的未来。

【学习目标】

通过本章的学习,了解中国旅游电子商务的发展背景,通过把握旅游电子商务的新机遇,在未来旅游电子商务浪潮中克服更大的挑战。

【关键概念】

中国旅游电子商务的发展历程;中国旅游电子商务的机遇与挑战;中国旅游电子商务的未来

一、中国旅游电子商务的发展背景

（一）旅游业成为经济增长的重要支柱

旅游业是全球最大的行业之一，伴随着世界经济的发展而成长起来，它的蓬勃兴起成为推动经济增长的重要动力。近50年来，旅游业持续以高于世界经济增长的速度快速发展，并于20世纪90年代超过石油工业、汽车工业，成为世界第一大产业。2022年，国务院印发的《"十四五"旅游业发展规划》显示，"十三五"期间，我国年人均出游超过4次，年出入境旅游总人数突破3亿人次。《"十四五"旅游业发展规划》指出，"十四五"时期，我国将全面进入大众旅游时代，旅游业发展仍处于重要战略机遇期。要坚持创新驱动发展，加快推进以数字化、网络化、智能化为特征的智慧旅游，深化"互联网+旅游"，扩大新技术场景应用。

（二）信息化技术高速发展

随着信息化技术的高速发展，特别是人工智能、大数据、区块链等新技术的出现，旅游电子商务具备了更多的创新和发展空间，以"互联网+旅游"为代表的行业变革让传统旅游行业释放出巨大的潜能。"互联网+旅游"以及未来的"大数据+旅游""人工智能+旅游"从四个方面助力了旅游电子商务的发展，一是助力旅游电子商务市场精准定位，全面打造企业品牌；二是助力旅游电子商务的营销升级，从传统的媒体广告到微博、微信再到抖音、TikTok等各种社交平台，从单一纸质宣传页到覆盖文本、照片、视频、音频、数据等全方位信息服务；三是助力打破传统旅游行业的壁垒，降低旅游的交易成本，使旅游电子商务平台更加便捷和高效；四是助力创新旅游电子商务产品新开发，真正实现每个人的个性化旅游定制。

（三）旅游消费需求不断升级

随着国内国际双循环发展格局的提出，中国消费者的消费水平不断提高，消费者在旅游活动中对品质、体验和服务的需求也在不断升级，旅游电子商务也必然需要不断升级和改进，提供更加高端、个性化、多元化的产品和服务。消费需求的升级体现在以下几个方面：一是网络升级。随着移动互联网的快速普及，旅游电子商务平台逐步以移动端为主，可以为消费者提供更加便捷、快速的服务。二是观念升级。人们的消费观念逐渐升级，对旅游体验的要求也越来越高，亟待为个人打造专属旅游空间。三是支付升级。随着支付手段的丰富化，人们可以使用多种支付方式来完成旅游电子商务交易，如支付宝、微信支付等，交易更加方便和安全。

(四) 中国旅游电子商务生态逐渐成熟

随着以互联网为核心的现代网络技术和全球经济一体化的不断发展，旅游电子商务不仅是一种互联网在线销售模式，它还标志着企业与企业之间、企业与消费者之间、企业与政府管理部门之间的信息交流过程，它们之间相互影响，相互促进，最终将影响政府部门对旅游行业的管理职能、旅游企业的生产和经营方式，甚至带来旅游行业结构的优化和升级。旅游电子商务平台与旅游供应链上下游的合作与整合，包括平台与旅游地、旅游供应商、分销商和消费者之间建立紧密的合作关系，共同提供高品质的旅游产品和服务，使得旅游电子商务生态日益成熟。

二、旅游电子商务面临的挑战

(一) 市场同质化竞争激烈

随着信息化的发展，旅游电子商务市场竞争激烈，大量的同类平台存在，且宣传模式单一，如都是通过建立网站、微信公众号、抖音号等方式进行宣传，但是做出特色、有明显标识度的很少。导致消费者既无法进行有效的筛选，浪费了大量的时间，也浪费了大量的资源。不少传统旅游企业，都以携程、去哪儿为模板进行网站建设和电商系统建设，网站上也只是进行一些诸如景点、旅游线路、旅游知识、价格等介绍性的描述，还没有充分利用电子商务在平台与消费者之间架起"直通桥梁"。如何让旅游电子商务同时服务好消费者和平台，对平台来说是一个挑战。

(二)企业品牌意识薄弱

旅游电子商务平台作为中介平台,需要处理供应商和消费者之间的交易,信任问题是一个关键挑战,而品牌就是信任的基础。企业没有将线上和线下的特色相结合,没有差异化、个性化的亮点,也不能提供全面的、专业的、实用的一整套的旅游服务,品牌自然无从谈起。品牌意识决定了未来旅游电子商务发展的方向,整个行业需要鼓励旅游电子商务树立品牌意识,通过品牌来实现消费者与企业的共赢,这是一个长期问题。

(三)发展模式亟待创新

我国旅游电商市场近几年来非常火爆,以携程、途牛、去哪儿等为代表的旅游电子商务平台快速抢占了先机,目前由他们把持着较大的市场份额,而驴妈妈、芒果等最新发展的在线旅游品牌则处于相对弱势的地位,大量垂直细分领域的平台还处在萌芽期。其实,随着消费者旅游意识的不断深入,将会出现更多样化、个性化的旅游服务需求,急需未来的旅游电子商务行业加大不同行业的整合力度,推出更加丰富的旅游电子商务模式,而不是局限于已有的成熟模式。只有产业发展模式创新升级了,大家不再挤在一个赛道上了,整个旅游电子商务市场的蛋糕才能越做越大。

(四)管理体系不够完善

现有旅游电子商务管理体系缺乏消费者网络权益保护体系,消费者在网络上进行旅游消费,非常重视服务的安全性,以及是否有一系列保证消费者权益的保护措施。而在旅游电子商务活动的管理、监管和网上交易纠纷处理方面,目前还缺乏成体系的良好解决渠道。此外,旅游电子商务平台需要依赖旅游供应链,但旅游供应链本身就是一个复杂体系,需要各个环节密切配合,多个主体互相协调,旅游供应链与电子商务之间两个复杂系统的对接更需要加强顶层设计,形成整体解决方案。

(五)网络信息安全管理有待加强

随着旅游电子商务市场的扩大,平台面临的安全风险也在不断增加。

如何保障用户的隐私安全，防止恶意攻击和数据泄露，是一个重要的挑战。2018年，华住酒店集团1.3亿人的个人信息及开房记录被泄露，涉及汉庭、海友、全季、宜必思、桔子、漫心、美居、禧玥、美爵等知名酒店品牌，引起整个行业的轩然大波。由于新的"互联网＋旅游"极大地降低了行业门槛，很多团队转型进入旅游行业，新的服务团队缺乏网络信息安全意识，隐患巨大；而各大互联网产品／移动终端APP鱼龙混杂、产品质量高低不一，已成为巨大隐患；此外，消费者的网络信息安全意识也需要时间慢慢培养。

（六）缺乏复合型人才

旅游电子商务所需的技术、硬件和软件都已经比较成熟，但旅游电子商务平台的建设、运营和管理涉及多方面的知识，从业人员不但要具备较高的网络技术、电子商务知识，同时还应具备旅游专业知识、市场营销及管理等方面的知识。由于专业旅游电子商务运营人才等复合型人才的缺乏，不少旅游电子商务平台建成网站、APP或者营销号后，不懂得如何引流，或者产品信息的更新不及时、不完整，从而造成下载量少，使用率低，也就无法完成收益转化，没有能够充分发挥旅游电子商务平台的优势。

三、旅游电子商务发展的机遇

（一）时代和社会的需求

随着信息时代的到来，网络和信息技术飞速发展，对社会各行各业都产生了重大影响。作为生产力中最为活跃的因素，信息技术从社会文化、生产营销、服务管理和市场结构等诸多方面加速了旅游业的国际化趋势，并为其带来了新的机遇。一方面，信息时代也带来了旅游信息的全球共享，世界各国的旅游业越来越相互依赖、紧密联系，旅游产品和旅游服务业也越来越丰富；另一方面，随着人们物质生活水平的逐步提高，文化消费比例也随之增长，旅游变成了人们生活中最基本的需求之一，大众旅游时代已经来临。

（二）信息技术带来前所未有的机遇

旅游电子商务是旅游业和电子商务的结合，信息技术的发展必然为旅游电子商务带来颠覆性改变，旅游电子商务平台可以利用新的技术来提高用户体验，开拓新的市场，增强竞争力。当前影响 IT 技术和信息产业发展新的五个要素可以总结为："云、物、移、大、智"，即云计算、物联网、移动互联网、大数据、人工智能。云计算是互联网的广泛普及和深度应用。它颠覆了个人计算，开创了崭新的技术领域，实现了从芯片操作系统、应用软件到服务产业链的垂直整合。物联网突破了机器到机器的连接，是感知、传输、处理等技术高速发展的产物。移动互联网，将移动通信和互联网二者结合起来，成为一体。大数据的特征就是 5V：Volume（大量）、Velocity（高速）、Variety（多样）、Value（低价值密度）、Veracity（真实性），是所有产业创新的源泉。人工智能为旅游电子商务提供了更加精准、高效和智能的服务和营销手段，增强了旅游电子商务的竞争力和发展潜力。此外，Web3.0、区块链等新技术也在不断发展，这些新技术要素的出现极大地影响了旅游电子商务的格局，产业的理念、布局、发展甚至是基础，为整个行业带来了新生的力量。

（三）旅游产品的特性为旅游电子商务的发展提供了得天独厚的先决条件

旅游产品具有无形性、不可贮藏性、综合性、信息性、产地消费性和动态性等典型特性，这些特性具有天然的电子商务属性。

无形性和不可贮藏性。旅游产品不是实际存在的物体，因而在交易之前，旅游者对旅游产品的感知程度较低，而且在交易时也无法得到展示。利用现代信息手段，旅游企业可以通过虚拟技术将旅游景点、服务设施等信息展现出来，以提高旅游产品在交易前的被感知程度，增强游客的信任。

综合性和信息性。旅游业是一项综合性的产业，其构成十分复杂，涉及旅游餐饮业、酒店业、旅行社业、旅游商品经营业等多个链条。因此，仅依靠传统交易模式来提供产品和服务，会出现服务效率低下、准确性欠佳等情况。为了满足旅游者的不同需求，需要多个不同类型的行业和部门通力合作、相互协调，共同提供综合性的服务，而旅游电子商务的出现正好为此提供了方便快捷的沟通方式。

产地消费性。旅游服务的过程是旅游企业员工与旅游者之间的互动,其中,旅游者参与了旅游产品生产的全过程。由于旅游产品如景点、旅游线路等无法移动,因此,旅游电子商务对旅游产品的销售实际上提前完成了信息的部分传递,最终以旅游者的流动、完成旅游消费而实现整个交易过程。

动态性。旅游产品的形成和价格会随时间的不同而发生变化,因此各旅游企业可以利用旅游电子商务不受时空限制、灵活便捷的特点,实时、动态地向旅游市场传递和更新信息,增强产品的吸引力。

四、旅游电子商务的未来

旅游电子商务的本质是资源、服务与交易。因此,未来的旅游电子商务最大的趋势就是获得更多的资源、提供更加优质的服务和更加安全的交易环境。

(一)旅游电子商务的未来是客户经济时代

旅游业属于服务业的一部分,在服务业中一直奉行"客户就是上帝"的服务理念,旅游电子商务真正让这一理念达到了极致。互联网的出现、发展和普及本身就是对传统经济社会中个人的一种解放,面向个人消费者,个性化、专业化的信息需求和商品需求将成为发展方向。消费者把个人的偏好融入商品的设计和制造过程中,对未来的旅游电子商务而言,能否提供多样化、个性化、专业化的服务,是决定今后成败的关键因素。

1. 亲子游

2021年8月20日,十三届全国人大常委会第三十次会议审议通过了人口与计划生育法修正草案,将现行人口计生法第十八条规定的"国家提倡一对夫妻生育两个子女"修改为"国家提倡适龄婚育、优生优育。一对夫妻可以生育三个子女。"未来的亲子游领域将成为各大旅游企业的布局重点,比如一批垂直类平台像麦淘亲子游、童游等已获得了资本市场的青睐。

2. 自定义高端旅游

自定义线路旅游定制被越来越多的游客认可和喜爱,这种想去哪儿就能去哪儿，不受约束又不用担心服务质量问题的旅游形式正是个性化消费的完美体现。未来的旅游电子商务服务应更多遵从游客自己的旅游意愿，通过私人定制、家庭旅游顾问等方式提供最佳的旅游服务。

3. 智能化旅游

未来的旅游电子商务平台将会通过大数据和人工智能分析，根据用户的兴趣、需求和偏好提供个性化的服务和产品推荐。智能化方向包括两个方面的重点：一是形成贴身服务；二是形成全面解决方案。为消费者提供全面的资讯以及全天候跨地域的服务，充分利用旅游电子商务提供产品价格竞争力的优势，为消费者带来更多实惠、优质的服务，既要体现出旅游的人文关怀，又要突出自身的产品特色。

（二）创新引领未来旅游电子商务服务新模式

旅游电子商务是将互联网技术生活化应用的一种普遍形式和未来发展的趋势，深刻影响着人们的旅游消费方式，重新构筑了旅游业的产业链条，不断创新的旅游电子商务模式将成为决定行业成功的关键。

1. 强强联合，走品牌国际化路线

我国电子商务将随着国际电子商务环境的规范和完善逐步走向世界。旅游电子商务在这个浪潮中应该尽快开拓国际市场、利用好国外各种资源，走旅游电子商务的品牌国际化路线。这是旅游企业生存发展的长远方向，也是旅游企业发展的明智之选。

2023年疫情放开后，伴随着旅游市场的全面复苏，多家酒店品牌也抓住旅游发展机遇，开始纷纷升级产品，从规模发展思路转型为高品质发展战略。国内高端酒店品牌在经过30年的历练后，逐步走上成熟之路，以开元、万达为代表的品牌已经站稳脚步，部分经济型酒店如华住和锦江，也开始探索高端酒店的路线。

2023年，山东淄博，一个不起眼的工业城市，凭借小小的烧烤，打造了旅游品牌的新范本。淄博烧烤的成功对国内旅游品牌的建设具有里程碑意义。淄博烧烤之所以能够成功，有三个关键因素，一是利用话题热度，从大学生们带动游客到全国爆火，打开了淄博烧烤的知名度；二是利用传播环节，传播网络彼此交织，形成合力，在抖音、小红书、B站、朋友圈完成流量汇集，最后引发更广泛的破圈层互动，刷屏式热搜应运而生；三是利用政府资源，淄博市政府对细分烧烤行业进行专项提升，筹建烧烤业协会及设立烧烤团体标准，推动食品快检进烧烤店工作并督导诚信经营明码标价等。现在淄博烧烤已经在优兔等境外网站进一步出圈，可以说淄博烧烤已经走向世界，成为中国旅游的新品牌。未来，中国必然会迎来产生国际性旅游大公司的机会。

2. 求同存异，不断创新发展模式

旅游电子商务服务品类逐渐丰富，有景点门票、机票、火车票、酒店等预订服务，也有"景点+住宿""景点+车票"等套餐服务，众多产品趋于同质化，有特色和个性的服务较少。同质化竞争会导致产业恶性循环，最终的出路就是创新服务形式，建立个性化服务发展模式。一是住宿模式的创新，比如以 Airbnb 为模板的非标准住宿平台创业潮，包括蚂蚁短租、大鱼、自在客等为代表的住宿平台，打破了传统的酒店式住宿，带来更新奇的旅游体验。二是旅游产品的创新，对于传统旅游目的地而言，旅游产品的升级换代显得尤为重要，从传统的景色游、美食游到现在的文化游、网红游，创新旅游产品成为一个重要的任务，效果好甚至可以改变传统的旅游格局，颠覆旅游目的地的经济结构。三是旅游体验的创新，社交媒体的普及使得旅游电子商务平台更加注重社交体验，包括用户之间的互动和分享，以及与目的地和旅游服务供应商之间的社交互动。

3. 跨界融合，建立旅游电子商务新捷径

旅游电子商务的跨界发展成为产业发展的新潮流，"旅游+影视""旅游+金融"等新模式不断涌现。2022年，位于青岛西海岸新区的东方影都影视产业园正式对外宣布，园区内40个摄影棚将开放部分电影拍摄使用过的万米摄影棚在内的5个大型摄影棚，打造全新的、也是青岛首个影视主题的游园会，进一步释放青岛的影视"核能"，以全新的"影视基地+主题乐园"形式吸引全国游客到访参观。

在跨界金融方面，旅游产业未来巨大的发展潜力让各方在旅游金融服务领域展开争夺，相关金融产品和服务模式推陈出新。全球旅行卡、旅游消费贷款等传统旅游金融业务地位正在受到挑战，近年兴起的旅游白条、首付出发、分期出游和旅游保险等多种互联网旅游金融产品和服务模式正在年轻人中流行，拥有了越来越多的用户群。长沙银行提出"金融+文化+新零售"的理念，助推文旅新消费。长沙银行联合本地文化窗口湖南省博物馆、长沙知名新中式茶饮网红茶颜悦色发行长沙银行茶颜悦色联名信用卡"喝呗卡"。"喝呗卡"全新演绎了湖南特色的"金融+文化+新零售"合作新模式。该项目获得"2021 中国金融创新奖十佳信用卡金融创新奖"、2021 年第十届中国金瞳奖 PR 与品牌建设组"品牌跨界营销金奖"和"整合营销银奖"。

（三）推动建立旅游电子商务安全和信用体系

安全性和信用问题是当前影响旅游电子商务发展的两个重要因素，旅游电子商务发展必须建立在旅游电子商务安全和信用体系之上。一是要强化旅游电子商务安全管理，通过完善旅游电子商务法律法规及政策，依法严厉打击利用旅游电子商务交易进行欺诈、欺骗、滥用旅游者个人资料的行为，规范旅游电子商务交易行为。二是要加强电子商务安全技术的研究和应用，通过防火墙和病毒防范技术、数据加密技术、数字签名技术、数字时间戳技术和认证技术等手段来防止信息被黑客恶意修改，保障旅游者的隐私权和财产安全。三是要提高从业人员的技术水平和整体素质，提升企业的日常管理水平，从内部消除网络安全隐患，保护旅游消费者合法权益。四是要加强旅游电子商务信用体系建设，对从事旅游电子商务的有关企业进行信用评估，促进其加强诚信建设。五是要使用新的安全技术，如使用零信任、区块链技术来增加交易的安全性和透明度，并降低交易成本。

旅游电子商务为旅游业带来新的经营模式，对改造传统的低效率商务运作方式、推动旅游企业发展具有重要的意义。虽然当前旅游电子商务的发展还存在着模式有待创新、技术不够完善等问题，但是旅游电子商务的发展已是大势所趋，旅游业应主动迎接信息化时代的机遇与挑战，不断进行旅游业管理创新、经营创新和市场创新，利用电子商务技术和手段为旅游者提供更满意的服务，实现旅游电子商务的再一次飞跃。

旅游产业作为新时代的朝阳产业，其市场前景非常广阔，世界旅游组织认为中国有望成为全球最大的旅游市场。依托这样庞大的市场，中国的旅游电子商务借助网络的交互性、实时性、丰富性和便捷性等优势促使传统旅游业迅速融入了网络旅游的浪潮。当然，中国的旅游电子商务起步较晚，相对国外成熟的运作模式还需要一步一步探索适合中国国情的发展模式。

在互联网应用爆炸式增长的时代，我们不得不说，网络经济已经深刻影响到了整个旅游业的发展，每个旅游者、每个旅游服务企业都将深刻地感受到互联网络带来的从消费方式到经营方式的巨大冲击。随着移动互联网及全球化大潮的推动，旅游全球化的时代必将到来，相信只要顺应时代的步伐就一定会有远大前景！

思考与练习

1. 简述中国旅游电子商务发展的背景。
2. 简述中国旅游电子商务面临的挑战。
3. 简述中国旅游电子商务的未来发展。

中国旅游电商行业发展现状研究与投资前景预测报告

参考文献

[1] 2020 营销盘点之十大短视频营销 [EB/OL]．(2021-02-14) [2024-04-08]．http://www.vmarketing.cn/index.php/index/NewsDetail/nid/40149.

[2] 5 个案例告诉你美妆品牌如何玩转抖音电商 [EB/OL]．(2021-10-09) [2024-04-08]．https://36kr.com/p/1433539612999305.

[3] 百度 AI 寻人获评《新周刊》"2021 年度公益项目"[EB/OL]．(2021-07-23) [2024-04-08]．https://ai.baidu.com/support/news?action=detail&id=2531.

[4] 北斗助力国家文化旅游发展 [EB/OL]．(2021-06-03) [2024-04-08]．http://www.beidou.gov.cn/yw/xydt/202106/t20210604_22673.html.

[5] 卜荔娜．基于顾客体验的酒店新媒体营销优化路径研究 [J]．商业经济，2023（08）：59-62.

[6] 常皓然．新媒体时代下小红书营销策略分析 [J]．商场现代化，2023（16）：65-67.

[7] 陈洁，王亚鹏．携程网旅游产品的网络营销策略研究 [J]．电子商务，2023（11）：72-76.

[8] 从这个案例，窥探小众品牌如何突围小红书 [EB/OL]．(2021-08-03) [2024-04-08]．https://www.digitaling.com/articles/500072.html.

[9] 大地风景文旅集团．旅游目的地营销的全体系构建：大数据、地方 IP 与国际品牌 [EB/OL]．(2020-11-05) [2024-03-26]．https://baijiahao.baidu.com/s?id=1682522747729972780&wfr=spider&for=pc.

[10] 杜晓东，丁永慧．中国在线旅游行业发展浅析 [J]．产业经济，2023（10）：79-81.

[11] 发挥短视频功效，助力乡村振兴 [EB/OL]．(2022-07-20) [2024-04-08]．http://opinion.people.com.cn/n1/2022/0720/c1003-32480040.html.

[12] 方彬楠. Airbnb 的首个盈利年 [J]. 北京商报，2023-02-16（08）.

[13] 高文涛，董志文. 中国旅行社业电子商务发展模式研究 [J]，企业经济，2009（02）：147-150.

[14] 高质高效传播弘扬中华优秀传统文化 [EB/OL].（2023-11-01）[2024-04-08]. http://www.xinhuanet.com/politics/20231101/1858b6b6723e4196b3244426a2e44f0e/c.html.

[15] 工匠精神打造臻品游 携程旅游发布跟团新钻级标准 [EB/OL].（2017-06-20）[2024-04-08]. https://www.sohu.com/a/150477282_115267.

[16] 光明网 - 光明日报. 电子商务发展：惠及亿万百姓生活 [EB/OL].（2022-06-09）[2024-04-08]. https://m.gmw.cn/baijia/2022-06/09/35797295.html.

[17] 航司微信营销有套路：南航推送最积极，春秋航空粉丝互动最好 [EB/OL].（2018-07-06）[2024-04-08]. https://www.traveldaily.cn/article/12299.

[18] 郝一鸣. 星级酒店管理中的酒店营销分析 [J]. 管理纵横，2021(31)：134-136.

[19] 河南"智慧旅游"显身手：多家景区实现 5G 覆盖 坐家中就能身临其境 [EB/OL].（2020-05-14）[2024-04-08]. https://www.henan.gov.cn/2020/05-14/1454671.html.

[20] 蒋彤茜. 旅游抖音短视频的营销传播策略研究 [J]. 市场周刊，2024，37（02）：94-97.

[21] 看这里→"史上最成功的"旅游营销案例 [EB/OL].（2017-12-02）[2024-04-08]. https://www.sohu.com/a/208216043_99906744.

[22] 李纯青，贺艳婷，刘伟. "内容＋交易"平台型企业商业模式的构建及其演化机制：基于马蜂窝的案例研究 [J]. 广西财经学院学报，2020(12)：105-117.

[23] 李佳琦卖爆了，花西子却暴跌 90% [EB/OL].（2023-09-25）[2024-04-08]. https://www.thepaper.cn/newsDetail_forward_24731524.

[24] 李思达. 网络直播营销策略研究：以抖音直播带货为例 [J]. 江苏经贸职业技术学院学报，2022（06）：21-24.

[25] 李卫琳.基于搜索引擎的精准营销分析［J］.电子商务,2020（05）：53-54.

[26] 刘梦玮.新媒体营销下微信公众号营销实践策略探究［J］.新闻研究导刊,2023,14（21）：250-252.

[27] 龙门石窟步入"大数据时代"开启智慧旅游2.0［EB/OL］.（2016-09-13）[2024-04-08]. http://www.lyta.com.cn/news/getContentDetail/4028808b56db80ab0157236f85ee0402/LM00535.

[28] 旅行搜索引擎Point.me完成1000万美元A轮融资,扩展礼宾服务［EB/OL］.（2023-09-06）[2024-04-08]. https://www.traveldaily.cn/express/17630.

[29] 旅游目的地营销的全体系构建：大数据、地方IP与国际品牌［EB/OL］.（2020-11-05）[2024-04-08]. https://baijiahao.baidu.com/s?id=1682522747729972780&wfr=spider&for=pc.

[30] 马梦成.社交媒体时代的营销变革：以微博营销为例［J］.秦智,2022（01）：123-125.

[31] 阮云胜.浅析E时代下的网络软文营销［J］.商场现代化,2010(28)：47-48.

[32] 软文营销成功案例-华为用猫设置手机解锁密码［EB/OL］.（2021-03-09）[2024-04-08]. https：//zhuanlan.zhihu.com/p/355674698.

[33] 尚奕彤,张铷钫.消费者行为对电商旅游平台的影响研究：以马蜂窝旅游平台为例［J］.营销探秘,2020（11）：180-181.

[34] 史汶佩,曹苗苗,朱婧雯.小红书口碑营销的优势、策略与价值［J］.新媒体研究,2023,09（12）：57-60.

[35] 宋扬.传统旅行社发展旅游电子商务的现状及对策探讨［J］.现代商贸工业,2020,41（30）：67-68.

[36] 孙德健.基于在线旅游代理商的产品销量与影响因素研究：以北京市酒店为例［J］.经济研究导刊,2021（34）：133-137.

[37] 孙莉.中国传统村落国际旅游形象感知研究：基于tripadvisor网站游客评论的分析（2015-2020）［J］.南阳理工学院学报,2023（01）：106-111.

[38] 孙梦雨. 微信中基于html5的移动营销 [J]. 数码世界, 2017 (11): 407.

[39] 汤跃光. 旅游电子商务 [M]. 重庆: 重庆大学出版社, 2017.

[40] 天眼新知 | 坚定文化自信, 文旅产业发展正当其时 [EB/OL]. (2023-08-31) [2024-04-08]. https://www.sohu.com/a/716536169_120914498.

[41] 王广元. 企业微信公众号在宣传营销方面的运营策略探析 [J]. 现代企业文化, 2023 (24): 65-68.

[42] 王婧, 杨遥. 流量经济背景下L市H酒店营销策略研究 [J]. 投资与创业, 2023 (03): 125-127.

[43] 王芊滋. 颠覆式创新的实践之路: 以Airbnb为例 [J]. 商业流通, 2022 (13): 18-21.

[44] 王青军, 宁波. 飞猪旅游平台发展策略研究 [J]. 产业研究, 2020 (04): 41-43.

[45] 网易连续打造刷屏级H5, 这些爆款案例真能复制吗? [EB/OL]. (2019-07-25) [2024-04-08]. https://www.digitaling.com/articles/186752.html.

[46] 我国风景名胜区行业首个《智慧景区评价指标》正式发布 [EB/OL]. (2023-07-31) [2024-04-08]. https://baijiahao.baidu.com/s?id=1772902621634754475&wfr=spider&for=pc.

[47] 新文旅: 五个被广泛借鉴的经典旅游景区营销模式_品牌_视频_情感 [EB/OL]. (2023-07-17) [2024-04-08]. http://news.sohu.com/a/700741439_121124434.

[48] 薛武. "直播+电商"模式对居民旅游消费的影响 [J]. 商业经济研究, 2022 (21): 60-63.

[49] 闫利娜, 林婧. 我国旅游电子商务发展的现状、问题与应对策略分析 [J]. 中小企业管理与科技, 2020 (12): 16-17.

[50] 叶春庭. 基于微博平台的品牌营销研究 [J]. 采写编, 2022 (07): 172-174.

[51] 英国旅游局"英国等你来命名"营销活动, 获戛纳创意节金狮大奖 [EB/OL]. (2015-06-30) [2024-04-08]. https://www.digitaling.com/articles/17372.html.

[52] 余芳菲.酒店的网络营销策略研究[J].商讯,2021(21):161-163.

[53] 曾琪洁.基于Airbnb平台的旅游者共享住宿消费行为研究[J].佳木斯大学学报,2022(05):160-164.

[54] 张华.大数据背景下的酒店网络营销策略研究[J].江西电力职业技术学院学报,2021(12):141-142.

[55] 张鹏,马俊,董绍增,等.人工还是智能？AI时代电商在线客服策略选择[J].管理评论,2023,35(11):166-178.

[56] 张文池,殷杰.品牌商短视频营销、心流体验与顾客消费意向关系分析[J].商业经济研究,2023(04):73-76.

[57] 张咏梅.1+1>2的价值共创：以腾讯入股同程艺龙为例[J].航空财会,2022(03):81-86.

[58] 赵雯璐,赵秋梅.美团的盈利能力分析[J].企业与经济,2022(01):169-171.

[59] 周雨欣,宫睿.我国第三方支付的发展历程及趋势分析[J].商业流通,2022(12):3-5.

相关网站：

[1] 春秋旅游网[EB/OL].https://trip.ch.com.

[2] 飞猪旅行[EB/OL].https://www.fliggy.com.

[3] 好客山东网[EB/OL].https://www.sdta.cn.

[4] 洛阳旅游网[EB/OL].http://www.lyta.com.cn/guide/page.

[5] 清明上河园[EB/OL].https://www.qmsyun.com.

[6] 同程旅行[EB/OL].https://www.ly.com.

[7] 携程旅行[EB/OL].https://www.ctrip.com.

[8] 云台山[EB/OL].http://www.yuntaishan.net/website/pc/index.html#home.

[9] 中旅旅行[EB/OL].https://www.ourtour.com/bj.

[10] 中青旅遨游网[EB/OL].http://www.aoyou.com.